公共施設マネジメントハンドブック

——「新しくつくる」から「賢くつかう」へ

監修 小松 幸夫 早稲田大学教授

著
五十嵐 健　有川 智
山本 康友　門脇 章子
李 祥準　板谷 敏正
松村 俊英　山下 光博
円満 隆平　平井 健嗣
堤 洋樹

公共施設マネジメントハンドブック

――「新しくつくる」から「賢くつかう」へ

目次

はじめに

監修　早稲田大学教授　小松　幸夫

公共施設に危機が迫っている。足音を忍ばせながら、ひたひたと背後に迫る強大な影のように。その影に気づいた人たちはすでに危機対策を始めているが、まったく気づいていない人たちもまだ多い。

公共施設の現場に携わっている方々はすでにこの影に気づいていて、少しずつ大きくなる足音を感じておられるはずである。その一方で、では一体どうすればよいのかと考えあぐねておられる方も多いのではないだろうか。本書はそういう方々のために、この危機に対処していくための助けになればという意図で書かれたものである。

２０１２年12月２日に中央自動車道の笹子トンネルで、プレキャストコンクリート製の天井板が落下した。走行中の車が複数巻き込まれ、多くの死傷者を出す事故となってしまった。事故の原因は天井板を吊っていた金具のアンカーボルトが抜けたためとされているが、それが経年劣化によるのか、施工不良によるのかは執筆時点でははっきりしていない。いずれにせよ、アンカーボルトの不具合を検知できなかったトンネル管理者の責任は免れず、業務上過失致傷罪で捜査が行われることとなった。

この事故を契機に、公共施設、それもとくに土木系インフラの老朽化が世間の注目を浴びるようになった。土木系インフラは生活の基盤であり、そのトラブルはただちに日常生活に影響を与える。老朽化した橋梁はいずれ必ず落下し、トンネルは崩落する。また、上下水道のトラブルが日常生活を麻痺《まひ》させることは、いく度かの震災ですでに経験済みである。

　こうした土木系のインフラに比べると、建築系の公共施設の老朽化は日常生活に対して直接的で甚大な影響を及ぼすわけではない。しかしながら、その危機はボディブローのように市民生活に影響してくるはずである。この危機の本質は、竣工から時間が経過し老朽化が進み始めた建物が多くなり、それらを更新するには多額の費用がかかる一方で、人口の減少や高齢化にともなって、そのために使える予算は減っていかざるを得ないというジレンマである。

　ことに、これまでのスクラップアンドビルドの手法が通用しなくなってきたこと、つまり、古くなった建物は解体して新しい建物を建てればよいという方法での施設の更新が、負債の増大や税収の減少という財政的な理由で不可能になりつつあることのインパクトが大きい。そのため、建て替えではなく既存施設の長寿命化をはかるという方針が、国をはじめとしてあちらこちらの団体で打ち出されているが、もし単に建て替えの時期を先送りするというだけであるならば、それは問題の解決にはならない。

　このような公共施設の老朽化進行と財政収入減少のジレンマを解決する方法が、本書で述べる公共施設マネジメントである。とはいっても、公共施設マネジメントは問題を一挙に解決するような魔法の杖では決してない。

　一般のマネジメントと同様、公共施設マネジメントは目標に向かって状況を改善するためのステップの積み重ねであり、そのプロセスをどう進めていくかは、実行するそれぞれの主

はじめに

小松　幸夫

体が考えなくてはならないものである。しかしながら、公共施設のマネジメントにおいて、考え方や進め方には共有できる部分も少なくない。本書は、これまで各地で公共施設の問題にかかわってきた著者らの経験をもとに、公共施設マネジメントの推進に必要と思われる事柄をまとめたものである。本書の構成はおおむね以下のようになっている。

1章は公共施設がつくられてきた時代の状況を戦後から現在までの期間を区切って整理し、公共施設が危機に至るまでの社会的あるいは経済的背景を概説したものである。2章は公共施設の危機を具体的に解説したもので、続く3章で公共施設改革の大きな方向を述べている。4章は財政面から公共施設の問題を論じたものであるが、いずれは公共施設マネジメントと深く関連をもつことになるであろう公会計改革の現状についても述べている。また、5章では公開されている地方公共団体の財政情報を用いると地方公共団体相互の比較が可能となり、とくに詳細な調査をしなくても、ある程度まで公共施設の抱える問題を把握することができることを述べている。6章は具体的に公共施設マネジメントを実践する場合を想定し、どの段階で何をすればよいかを整理したものである。公共施設の問題に具体的に取り組もうとする場合に参考になるであろう。7章はマネジメントに不可欠な情報管理について述べている。とくに情報の整理の方法や、既存の各種台帳を活用することなどに重点をおいている。8章は戦略論である。戦略というとやや意外な印象があるかもしれないが、公共施設マネジメントを実行するうえではどのようなポリシーをもつかが非常に重要になることを述べたものである。そのほかに先進的な地方公共団体における施設マネジメントの実践事例を掲載した。また、有川智氏には公共施設の便益と評価に関して寄稿していただいた。公共施設の存廃などを議論する場合に参考にしていただけるものと考えている。

本書は公共施設の危機を解決する方法を述べた、いわゆるハウツー本ではない。ハウツー本を書くためには著者の側に十分なノウハウの蓄積が必要であるが、公共施設マネジメントに関しては、わが国での経験はまだまだ不十分といわざるを得ない状況である。

公共施設の危機を認識する人が多くなり、さらに公共施設マネジメントが多くの団体で実践されるようになれば、そのノウハウもおのずと蓄積されていくことであろう。その折には改めてハウツー本も書くことができるかもしれない。

なお、本書は各章の執筆分担者の責任で内容を構成している。ある程度の調整は行っているが、記述内容が一部において重複する場合がある点については、ご容赦いただきたい。

本書が公共施設危機の改善に少しでも役立つことができるとすれば、著者らの望外の喜びである。

1章

公共施設
マネジメント時代到来の背景

近年、公共施設マネジメントに対する社会の関心が急速に高まっている。しかし、以前から庁舎や学校など地方公共団体が所有する施設は多くあり、その維持や管理の業務は、地方公共団体の重要な仕事の１つであった。なぜいま、そうした施設のマネジメントに関心が集まるのか、その背景を主に社会経済の視点から考えてみたい。

明治以降、日本が近代国家として発展するなかで、さまざまな建物が建てられてきた。しかし現在、第２次大戦から70年近くが経過し、戦前に建てられた建物の多くが戦争で破壊され、残った建物も戦後の経済発展のなかでその機能を終えて建て替えられてきた。また、現存する歴史的に価値のある建物は、保存の対象になっている。そのため、これから施設マネジメントの対象となる公共施設の多くは、戦後に建てられた建物になる。

ここでは、戦後から現在までの社会経済の変化をたどりながら、公共施設がどのようにつくられて使われ、そしていまどのような状況にあるのかを俯瞰《ふかん》し、そのうえで公共施設マネジメント時代到来の背景について考えてみたい。

社会経済の変化と公共施設ニーズの変遷

戦後の社会経済の発展段階については、政治、経済、文化、人口構造など、それぞれの観点からその期間や呼称にさまざまな考え方がある。

建築社会学的にみると、戦後の復興期、１９７３年前後の第１次不動産ブーム（列島改造ブーム）と１９９０年前後の第2次不動産ブーム（不動産バブル）がその転換の区切りとなる。また、２００４年前後の人口増から減少への転換点も、公共施設のニーズや建設活動の変化

五十嵐　健

図１　戦後の発展と公共施設ニーズの変化

年代区分	1945　1950	1960　1970	1980	1990　2000	2010
	復興期	高度成長期	発展期	調整期	転換期
イベント	1945:敗戦 1951:平和条約	1964:オリンピック 1970:大阪万博	1975:第一次オイルショック	1991:バブル崩壊 1997:通貨危機	2011:東日本大震災
テーマ	住宅や産業基本施設の量の確保	経済発展に対応した質・量の充実	施設の高級化・多様化・付加価値化	公共主導によるバブル後の再建	コスト重視の施設経営
経済と施設整備の概要	朝鮮動乱の特需による経済の復活を受け、住宅や学校など基本的施設の整備が進行	経済発展による国民生活の向上を受け、公共施設の質と量の向上を目指した整備を推進	経済発展による生活レベルの一段の上昇を受け、文化・高級志向のハコモノ施設の整備競争	バブル崩壊後の景気下支えのため、大型の公共投資を継続的に実施⇒公共財政の悪化	公共財政の立て直しのため、先進的自治体等によるCRE戦略の取り組みが始まる
特筆すべき政策	1951:公営住宅法	1960:所得倍増計画(池田内閣) 1961:ILO勧告受入(持ち家制度促進)	1972:列島改造計画(田中内閣)	1986:民間活力活用(中曽根内閣) 1985:プラザ合意⇒円高進行	2001:小泉構造改革 2006:公会計制度整備⇒PRE戦略

次世代建設産業モデル研究会　五十嵐健　作成

を把握するうえでわかりやすい。

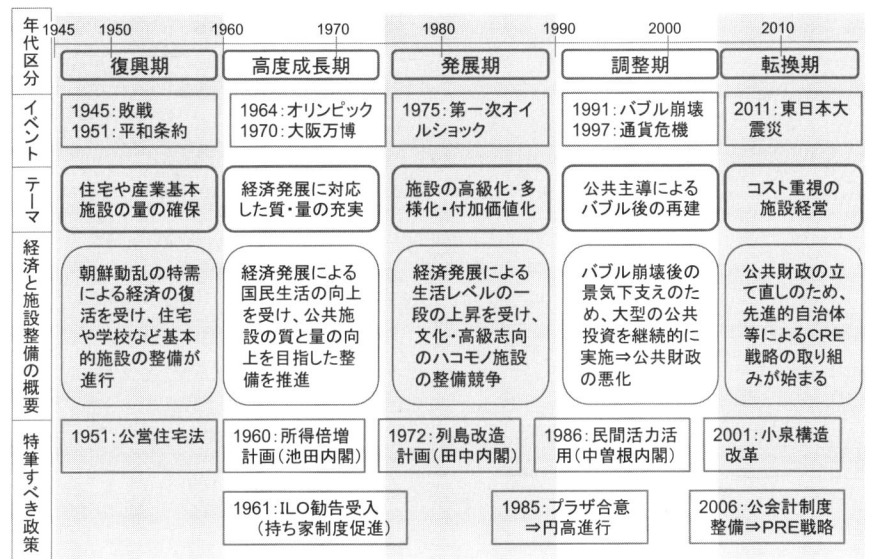

　そのため、ここでは**図１**のように１９４５年から１９６０年ころまでを戦後の復興期、１９６０年から１９７５年までを経済の高度成長期、１９７５年から１９９０年までを社会経済の発展期、１９９０年から２００５年までを社会経済の調整期、２００５年から現在までをその転換期と呼ぶことにする。

　こうした区分は期間的にほぼ15年間隔になり、建築の劣化速度や改修・更新などを総合的に加味した施設マネジメントを考える際にも使いやすい。そうしたことから、本稿では、この５つの期間に分けて、公共施設に対する社会ニーズとそれに対する行政の対応を考える。

戦後の復興期（１９４５〜１９６０年）

この時期は、日本が戦後の焦土から復興を遂げ、政治経済が一応の自立を果たすまでの時期にあたる。この時期の建築施設の課題は、戦争で破壊された住宅と産業施設の再整備であった。そのうち、工場や商業施設などの産業施設は主に民間の手でつくられたが、住宅と学校は公共が主導してその整備が行われた。

とくに復興の初期段階である１９４５年から１９５０年ころまでは、戦災で焼失した住宅の再建が急務で、人びとは当面の住む場所を確保するために、焼け跡から建築に使える材料を拾い集め、バラック建築と呼ばれる応急住宅を建てて住んだ。

それと同時期に、大都市の駅前や中心市街地にはバラック建ての木造店舗が密集して建ち並ぶ「ヤミ市」と呼ばれる商店街が自然発生的につくられた。そうしたなかで、公共建築として優先的に整備した建物は、戦火で消失した学校だった。当時、まちなかでは校舎の焼け跡の青空のもとで授業が行われている状態であり、まずは教室数の充足を急いで行うために、木造の粗末な規格型校舎が全国各地につくられた。

こうした状況をへて、当面の生活の場が確保され、焼け残った工場施設を利用して生産活動も順次再開された。そして、１９５０年に始まる朝鮮戦争の特需を機に、工場の生産活動が軌道に乗り始めると、生産活動の拡大にともなう大規模な都市への人口移動が始まる。

これに対応して、都市部で働くサラリーマン層に恒久的な住宅を大量に供給するため、１

９５５年に日本住宅公団（現・都市再生機構、ＵＲ）が創設され、１９６０年代になると都市近郊に多くの大規模団地がつくられた。それは４階前後の中層集合住宅で、各住戸にダイニングキッチンと便所、浴室がつき、ダイニングキッチンを中心に個室を配した、新たな和洋折衷《せっちゅう》式の生活が送れるコンパクトで機能的な住宅だった。

　１９５１年に施行された公営住宅法によって、この流れは地方公共団体がつくる公営住宅や、その後に民間によって供給されるマンション住宅にも継承され、いわゆるｎＬＤＫと呼ばれる現在の集合住宅の基本型になった。

高度成長期（１９６１～１９７５年）

　１９５０年代後半から日本経済は成長軌道に乗り、年間の経済成長率が９％前後で推移する高度成長期を迎える。そうした経済の発展にともない、官民を問わず建設投資が活発になり、建てられる建物の量だけでなく質も急速に向上した。それにあわせて建築技術も進歩し、東京を中心に大都市には高層の大規模建築群が建設され、建設業ではいかに早く、安く、高性能の建築をつくるかに向けて努力が注がれた。

　公共建築についても、戦後の復興期に急造された庁舎や学校施設の建て替えが順次行われ、さらに市民生活の向上にともなって必要性が高まった文化施設や高等教育施設、医療や福祉施設などの多様な公共施設も各地につくられた。その際、建物の不燃化は施設機能の向上とともに重要なテーマで、建て替えを機にＲＣ造やＳ造の建物が全国に普及することになる。

　そうしたなか、１９６４年には東京オリンピックが、１９７０年には大阪万博が開かれた。

この2つのイベントを通して、国民の間に世界のなかの日本という意識が定着し、以降、公共施設の質も大きく向上することになる。

その後、1970年代に入ると列島改造ブームと呼ばれる開発、建設の気運が全国規模で起こり、高級指向の住宅や観光レジャー施設が多く開発された。しかし、その後に起こった田中角栄元首相のスキャンダルと第1次石油ショックでその流れは終焉《しゅうえん》し、省エネルギーや実質的な機能を追求する建築施設づくりに戻ることになる。

また、この時期は建築だけでなく高速道路や新幹線など多くのインフラ施設の建設も行われたが、そのためにコンクリート骨材への海砂の使用や人手不足などもあって、なかには低品質の構造物もつくられ、その後、社会問題になった。

いま、この時期につくられた施設の多くが改修・更新期を迎えており、その改修や建て替えをどう進めるかが公共施設マネジメントの課題になっている。

社会経済の発展期（1975~1990年）

列島改造ブームからバブル景気までの期間は経済が緩やかに成長した時期で、一方では石油価格の高騰や環境問題への関心の高まりなどもあって、日本のものづくり産業は機能と品質の追求に努めた。そのため、日本製品の品質は向上し輸出が増え、経済活動は比較的順調に推移した時期である。

建設投資の推移をみると、1990年当初のバブル崩壊まで建設投資は一貫して拡大したように思う人も多いが、**図2**の建設物価デフレーターを使って価格上昇の影響を修正した建

図２　建設投資（実質値）の推移

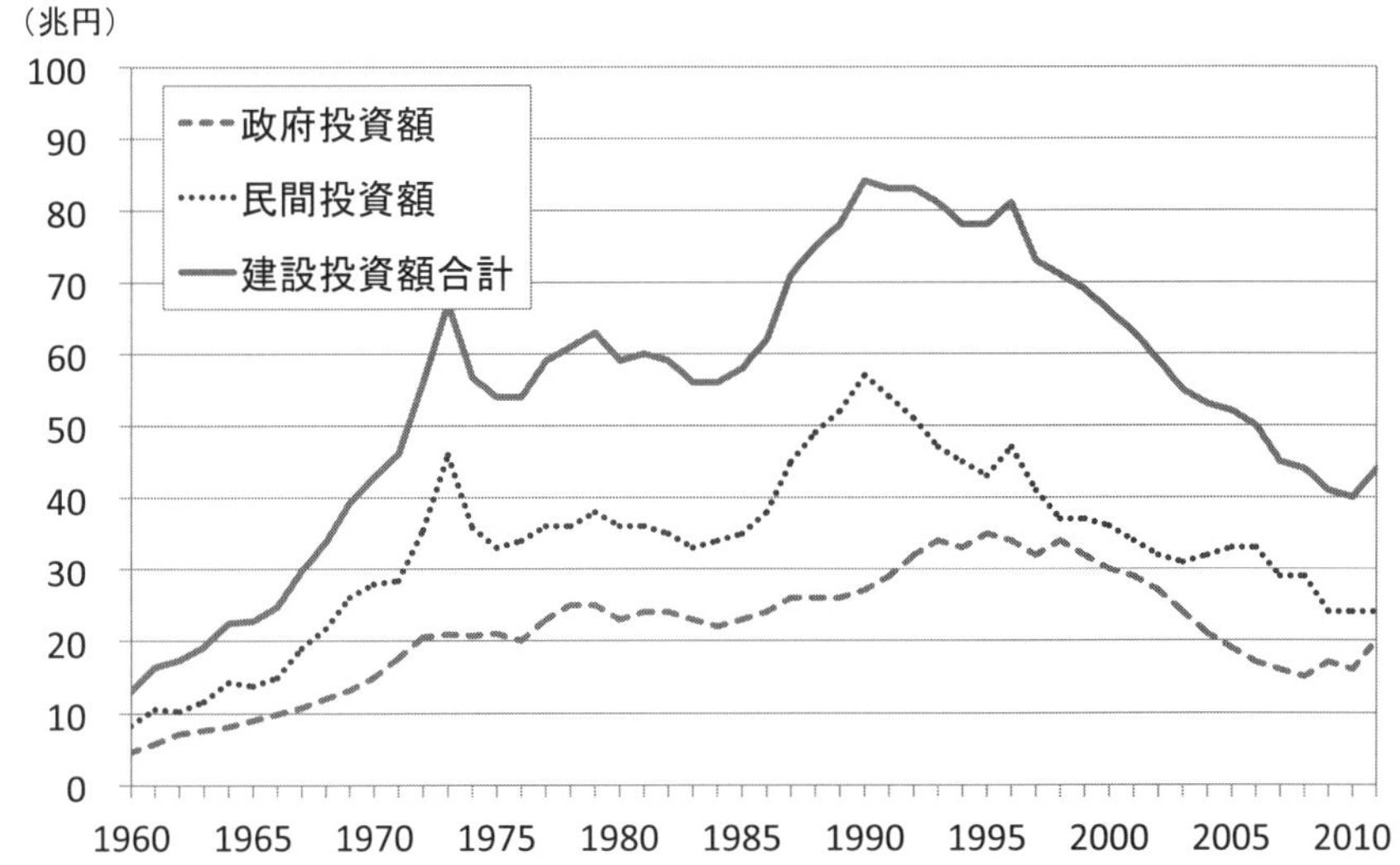

国土交通省統計資料建設投資額を建設物価デフレーターを用いて修正
五十嵐健　作成

設投資の実質値の変化をみると、１９７０年代初め（列島改造ブーム）と１９９０年年前後（バブル景気）に２つのピークがあり、その間は緩やかな上昇傾向にあったことがわかる。

　これは、建築やインフラ施設が高度成長期に一応の整備を終えたこともあり、施設ニーズからくる建設投資の需要はそれほど増えなかったためと思える。しかし、この間、民間企業は需要を喚起しようと、テーマパークやアミューズメント施設などの大型開発事業を全国で展開する。また、税収の増加により財政的にゆとりのあった地方公共団体も、住民サービスや地域振興を目的に美術館やミュージアム、リゾート施設などの、いわゆるハコモノ行政に注力した。

　しかし、こうした施設のなかには経済性の面から課題のある施設も多く、高度成長期につくられ更新期を迎えつつある基幹的公共施設の再整備とは別に、これらの建物について経済性を考慮に入れながら、いかに利活用していくかも公共不動産（ＰＲＥ：Public Real Estate）戦略の重要な課題となっている。その意味で、公共施設マネジメントの施設的要因は、この２つの期間につくられたといえる。

　１９８０年代後半には、こうした開発指向の高まりと金融経済の活況により、人びとは争って金融商品や不動産の投資に走り、バブル経済といわれる状況を生むことになる。しかし、１９９０年の金融引き締めを契機に不動産価格は下落に転じ、それまで右肩上がりで上昇を続けていた土地価格も崩壊する。

社会経済の調整期（１９９０〜２００５年）

　１９９０年代前半は銀行など金融機関を中心に、バブル破綻《はたん》後の負の遺産の処理に追われる。そして、90年代半ばにはリストラと称される大規模な人員整理も終わり、経済活動は深刻な危機的状態を脱することができた。また、この時期に有力な製造業はいっせいに生産や販売活動の場を海外へ移すことになる。

　一方、地方公共団体のほうは高度成長期の財政的な余力もあり、バブル後に経営危機を迎えた企業に代わって地域経済の下支えをするため、インフラやハコモノの整備を積極的に進める。その結果、建設業では公共バブルと呼ばれる需要が生まれ、経営的には救われるが、一方では金融機関が行ったような、大胆な不良債権処理や体質改善の機会を逸することになり、２０００年以降の過当競争時代を迎えることになる。

国や地方公共団体は、この間の積極的な公共投資によって財政状態が急速に悪化する。１９９２年から２０００年の間に使われた景気対策費は総額１３０兆円に及び、その結果、２０００年度の国債債務残高は３６７兆円となった。こうした状況は地方公共団体でも同様で、多くの地方債残高を抱えながら、一方では長引く不況のなかで税収が減り、その後、財政の悪化に苦しむことになる。

しかし、ＩＴ（情報技術）の進歩と製造業の海外展開、政府主導による金融機関の不良債権処理によって、１９９０年代後半から日本経済は落ち着きを取り戻す。そして、２０００年の「資産の流動化に関する法律」の施行による不動産投資スキームの整備もあり、不動産市場にはキャピタルゲインを追求する従来のやり方から、運営利回りを中心とした不動産投資の事業スタイルが定着していく。このため、東京など大都市の業務ビルやマンション開発が再び活発化し、２００５年にはミニバブルと呼ばれる不動産ブームが現れる。

成熟社会への転換期（２００５年～現在）

日本社会は、２００４年前後に人口増加社会から人口減少社会への転換期を迎えた。

戦後の日本の人口構成は、団塊の世代と呼ばれる１９４５年から１９５０年に生まれた年代がもっとも多く、それ以降の世代人口は次第に低下していく。人口構成の高齢化はそれ以前から進んでいたが、平均寿命が伸びたこともあって総人口は微増ながら増加傾向にあった。

しかし、この世代が定年を迎え、経済活動から引退する２００５年ころから、労働人口の減少と高齢人口の増加が顕著になる。

それにより、経済活力が低下していくなかで年金や医療など社会負担は増加していくという、人口構造的に厳しい状況を迎えることになる。１９７０年代以降の欧州先進国や、１９８０年代以降の米国もその状態にあった。しかし、欧州先進国は高度成長期に形成された社会システムを成熟型社会に転換していくことで、これを乗り切ることができた。

現在の日本の閉塞状態も欧米先進国の高度成長の後と似た状況にある。そうしたなかでの新しい公共施設マネジメントの導入は、地方公共団体の施設マネジメントを、成長社会型から成熟社会型のマネジメントに転換するための計画づくりだと考えることができる。

現在の公共施設をとりまく環境

各時代区分に分け、これまでの建築施設に対する社会ニーズとその対応をみてきた。しかし、戦略を立案するには過去の状況把握とともに将来の地域の姿も見通して、それに向けた検討が重要になる。そうした判断の手がかりになるよう、次に経済活動と人口構成の長期的変化、施設ニーズの変化と財政悪化への対応、インフラ整備の基本視点の変化、不動産事業の環境変化とその対応の各課題に分けてとらえ、将来に向けたトレンドを考えてみたい。

経済活動と人口構成の長期的変化

これまでみてきたように、高度成長期には、都市への人口集中、経済活動の拡大にともな

図３　日本の人口構成の長期変化

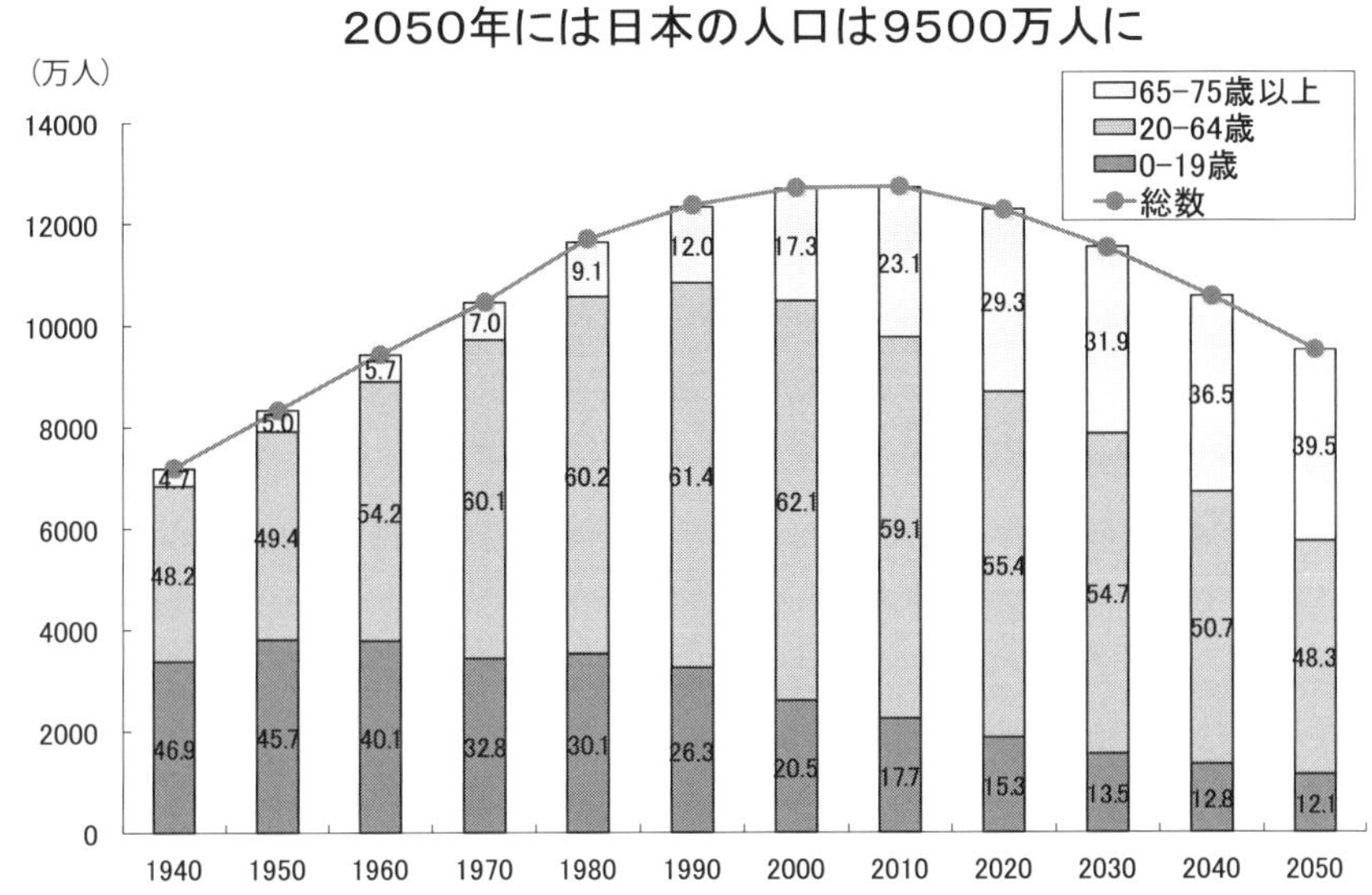

国立社会保障・人口問題研究所の資料をもとに作成

う施設量の増加、生活レベルの向上に対応した高度な教育・文化施設に対するニーズの増大と多様化により、さまざまな施設がつくられてきた。

　しかし、経済活動が一定の水準に達すると賃金や社会コストが上昇し、経済競争力が新興国に比較して弱まる。第２次大戦前の欧州先進国に対する米国の台頭、１９８０年代の米国に対する日本の台頭、そして、現在の日本に対するアジア諸国の台頭も同様の現象とみることができる。

　こうした現象は、その国の人口構成と連動して現れることが一般的である。経済が発展し始めると食料事情や生活環境が改善され、乳幼児の死亡率が低下し人口の増加が起こる。しかし、それが一定水準に達すると出生率が低下する現象が起こる。

それは、子どもの育児・教育コストの増加や女性の社会進出のほか、生活のゆとり指向など多様な精神的変化が絡みあって起こると考えられるが、先進国で共通して発生している社会現象である。

そして、その傾向が継続し、年数が経過すると、年齢構成における就労世代の割合が大きくなり、高齢者や若年世代の割合が小さい経済活動にとって有利な人口ボーナス期が生まれる。そのため、この時期に高度経済成長が可能な状況が生まれるといわれる。日本の高度成長期も人口ボーナス期と重なっている。

図3は日本の人口構成の長期変化をみたもので、高度成長期である１９７５年ころまでは人口も増加しているが子どもの割合も多く、そのなかで就業年齢人口も増加している。これに対し、１９７５年以降２０００年まで子どもの割合が減り、高齢人口は増えるが、まだ就業年齢人口も増加している。

しかし、２００４年をピークに人口は減少期に入り、そのなかで若年人口は減り、高齢人口が増え、そのうえ就業年齢人口も減っていく。しかも、その傾向は年々顕著になり、２０５０年には日本の人口は９５００万人まで減少し、高齢化率は4割になる。こうした予測は年代ごとの出生と死亡の割合をもとに算定しているので、戦争などのドラスチックな事件がなければ、出生率の改善だけでは大きな変化はないといわれている。

そのため、人口ボーナス説に従えば、今後は就労者の割合が減り、社会負担が増大するため、当然、経済活力は低下していくことになり、経済活動が高度成長期のような状態に戻ることはむずかしい。現在の日本はその転換期にあると考えることができる。

　したがって、今後はヨーロッパ先進国のように社会システムの転換を経て、一定の範囲内での経済レベルの持続的成長が続く成熟型の社会になると思われる。

しかし、日本の状況は欧米に比べてスピードが速く、その影響が顕著に現れると思われる。

このため、公共施設マネジメントの視点から考えると、将来必要となる公共施設の削減量やマネジメントコストの設定にあたっては、より厳しい想定で行う必要があると考えている。

施設ニーズの変化と財政悪化への対応

　次に、建築施設に対する整備ニーズの変化について考えてみたい。今後の建築施設整備の課題は、マクロ的にみると社会の成熟化やグローバル化に対応して、生活や社会の基盤をどう維持整備していくかということになる。

　前項の人口構成の変化から考えると、高齢化の進行によって、まずは介護施設や医療施設、高齢者向け住宅などの高齢者施設が増える。また、就業年齢人口の減少にともない、女性の社会進出が進むと考えられるため、託児所などの子育て支援施設のニーズも増える。

　その一方で、少子化の進行により学校施設やファミリー世帯向け住宅の必要量は減少していく。こうした規模的に余剰の出る施設を、必要量の増加する施設にどう転用して利活用していくかが、今後の課題になる。また、人口の減少と高齢化にともない、地域経営の効率性を高め、居住の安心・安全性を確保するには、まちの中心部に商業や公共施設、居住施設の集約を図る、いわゆるコンパクトシティに向けた既成市街地の整備も進むと思われる。

　今後、人口が減少していくなかで公共施設の絶対量は減る傾向にあり、グロスの施設面積では余剰床が発生する計算になる。また、将来、金額的に不足する予算のことも勘案《かんあん》すると、こうした施設の利活用にあたって、商業、業務、生産、物流など、民間施設としての利用も考える必要がある。

考えてみると明治以来、日本の社会経済環境の整備は官が先行し、民がそれについていくかたちで行われてきた。そのため、庁舎や学校など古くからある公共施設は利便性のよいところにあることが多い。そのため、公共施設の用地を見直してみると、民間にとって魅力のある場所や施設も多くあり、こうした不動産の売却やオフバランス化も検討要素になる。

さらに、観光施設整備や海外からの産業施設の誘致など、グローバル化する社会に対応して地域の振興をどう図るか、そのために何をどう整備したらよいかという前向きの検討も重要になる。国土交通省の成長戦略でも、地域に関する市場環境の整備として「自立した活力ある地域づくり」「安全・安心で豊かな社会づくり」「歴史、風土に根ざした地域づくりと観光交流の拡大」「環境時代に対応した暮らしづくり」「アジアの成長への対応」などをあげている。

しかし、個別の地方公共団体レベルでみると人口構成の将来変化には大きな違いがある。東京や名古屋などの大都市圏では就労世代の割合が大きく、今後も子どもの出生が見込めるため、比較的人口減少の流れは緩やかだが、地方圏で高齢者の割合が高い地域では、その変化が早く現れる。こうしたことを踏まえ、地域の成長戦略を考えながら施設マネジメントを行うことも、ＰＲＥ戦略の重要な視点になるだろう。

図４　わが国の企業・公的不動産の資産規模

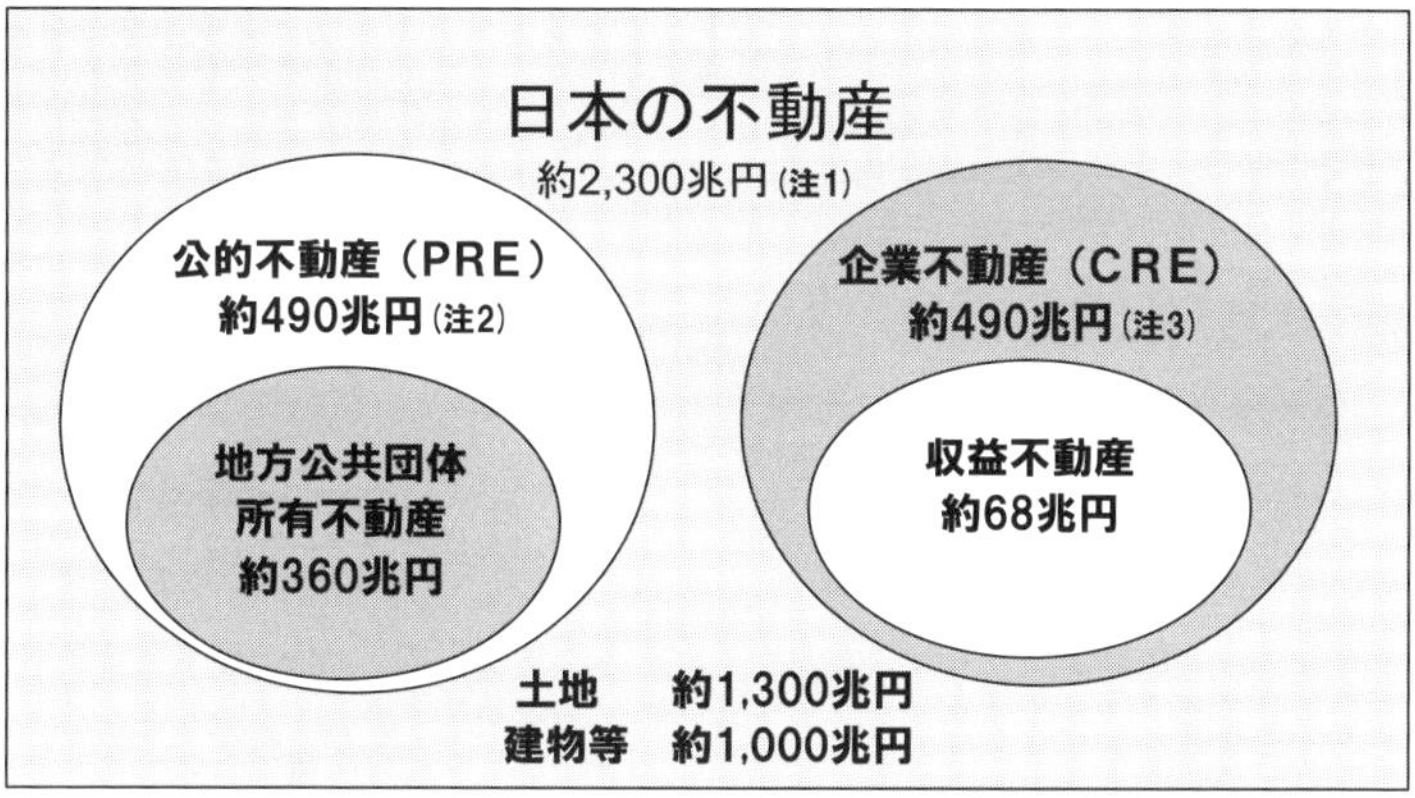

※国民経済計算における公的総資本形成のうち総固定資本形成累計額（1980～2008年度）の比率から按分

（注1）国民経済計算確報に基づく 住宅、住宅以外の建物、その他の構築物および土地の総額（2008年末時点）
（注2）国民経済計算確報に基づく 固定資産および土地の総額（2008年末時点）
（注3）土地基本調査に基づく時価ベースの金額（2003年１月１日時点）

国土交通省「ＰＲＥ戦略を実践するための手引書」より

インフラ施設整備の基本視点の変化

図４は国土交通省の「ＰＲＥ戦略を実践するための手引書」に掲載された図をもとに作成したものであるが、これをみると、土地が約１３００兆円、建物やインフラなどの資産総額が約１０００兆円で、日本の不動産ストックの総額は２３００兆円ある。さらに、そのうちで民間企業や個人の資産を除く公共不動産の総額は約４９０兆円あるといわれている。

現在の年間の建設投資は40～50兆円であることを考えると、施設ストックの量はその20倍にあたり、総額は非常に大きい。しかも、この額は年々増加していく。このため、今後は新たな施設の整備よりも、既存施設を有効に活用して、国民生活や企業の経済活動の

図5　持続的発展に向けた社会基盤の見直し

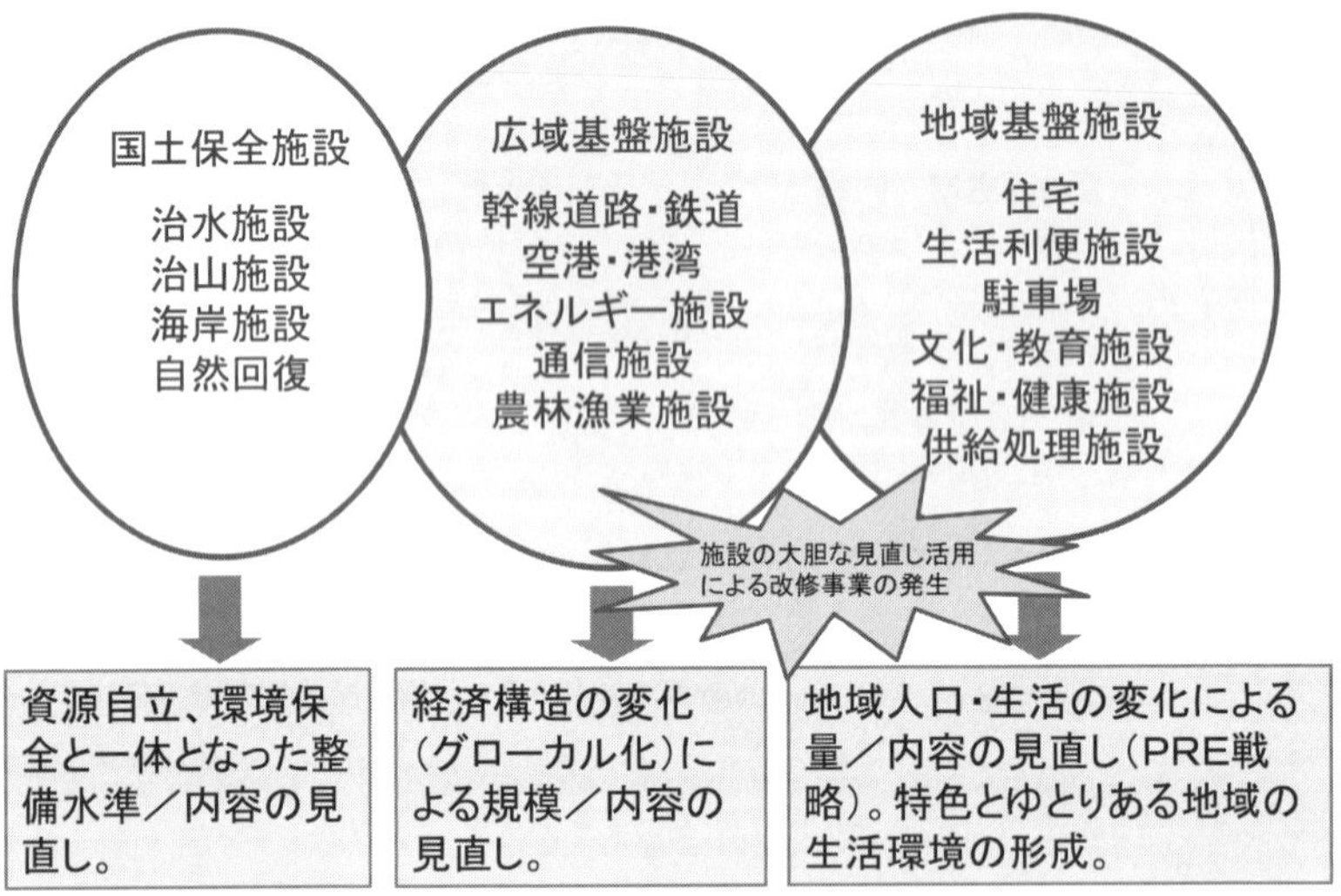

次世代建設産業モデル研究会　五十嵐健　作成

基盤をどう整備していくかということが重要になる。

また、新たな施設の整備を行う際にも既存施設との関係性を考慮し、地域全体としていかにコストセーブを行いながら、全体として利便性の高いインフラ施設を実現し、その経営を行うかが課題になる。

これまでインフラ施設の整備にあたって、治水、道路、教育、医療など、各機能分野を1つの地域システムとしてとらえ、そのシステムをいかに効率よくつくり、維持していくかに腐心してきた。

そのため、縦割り行政といわれるように、その管理体制は機能分野ごとにわかれ、予算の配分割合も原則的には変わらなかった。しかし、公共予算が減少傾向で推移するなか、今後もそう

図６　財政悪化の状況下で社会環境を維持するために

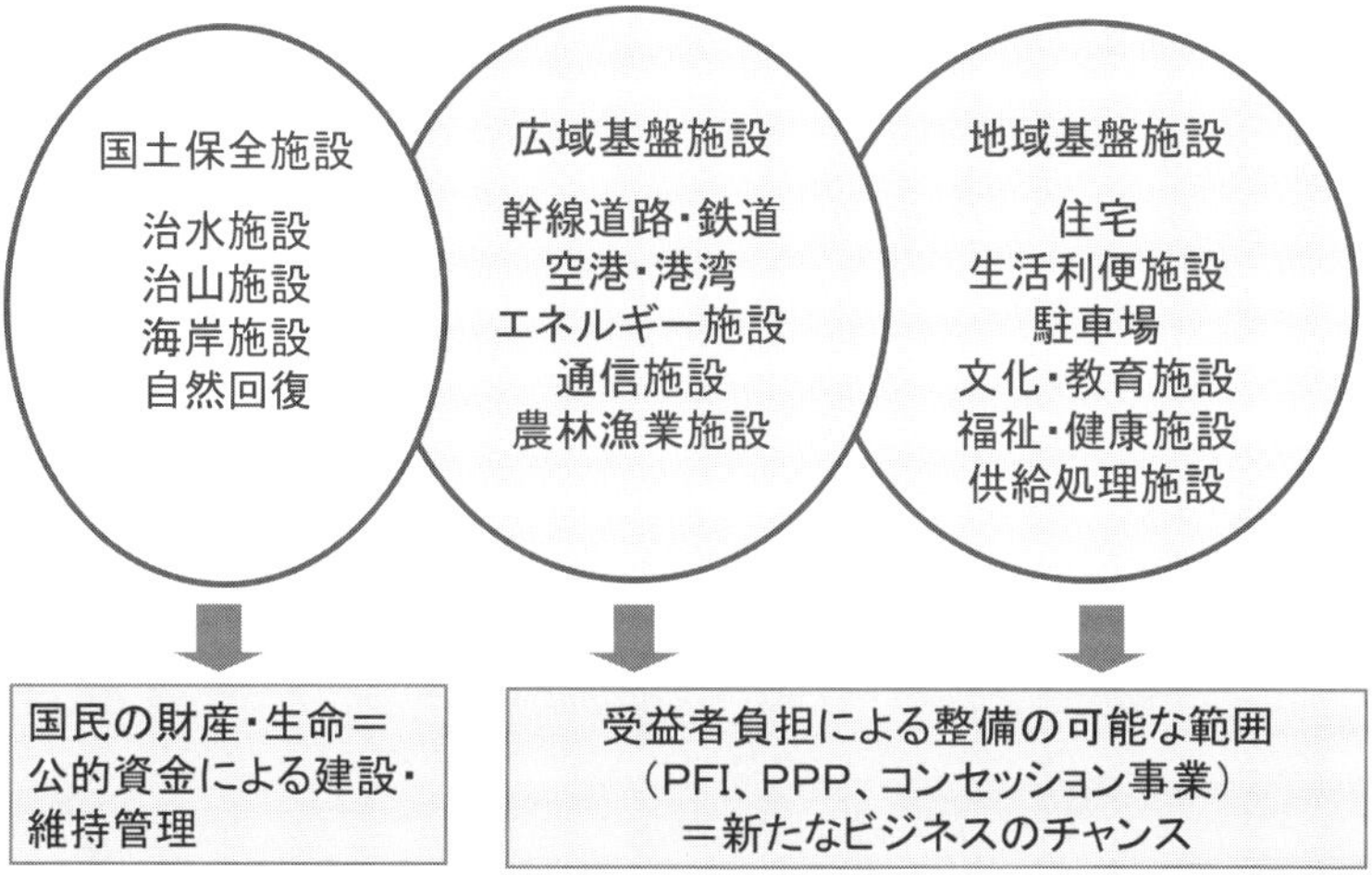

次世代建設産業モデル研究会　五十嵐健　作成

した原則を維持していくことはむずかしい。将来の税収や人口構成に見あった持続可能な地域をつくるには、インフラ施設の構成を大胆に見直す必要がある。

図５、図６はそうした考え方で、マクロの社会基盤の維持について見直しの考え方を示した私案である。ここでは、これまでの機能分野や国、県、市町村という行政体区分にとらわれることなく、国土保全施設、広域基盤施設、地域基盤施設という３つの大きな目的区分でインフラ施設を区分し、図５では今後に向けたその量や内容の見直しの方針を、図６では公共財政が厳しいなかで維持する方策を整理している。

このなかで、治山や治水などの国土保全施設は人命の安全に直接的にかかわるため、必要な品質の確保が大事であり、地球温暖化による気候変動の激化や高齢人口の増加などを考えると、さらなる強化が必要になる。

また、すでに整備した堤防の劣化など、その改修費用も見込まなければならない。少ない予算のなかでこれを行うには、森林保全や農業など、ほかの事業と組み合わせながらコストの削減を図る必要もある。

広域基盤施設については、空港をはじめ物流面の整備や情報基盤の整備などは、経済構造の変化やグローバル化にどう対応するのか見直しが必要になる。公共建築施設とも関連の深い地域基盤整備は、地域の人口構造や生活スタイルが変わるので、それに対応して変えていく必要がある。とくに、その量的削減については大胆に見直すことが必要になる。

次に、少ない財源で社会基盤を維持するにはどうしたらいいのかについて考えてみたい。基本的に国民の生命に関する問題については、公的資金で行わざるを得ないが、広域基盤施設、地域基盤整備のうち、便益を受ける人があきらかなものは、できるだけそれを利用する人たちに負担してもらうことを考え、今後はＰＦＩ、ＰＰＰ、コンセッションなどの事業スキームを活用する必要があると考える。

不動産事業環境の変化への対応

高度成長期には施設ニーズが旺盛で、また、都市や地域には土地の利用密度が低く、開発余地が多くあったので、不動産を取得し開発することで、利益を享受することができた。しかし、バブル崩壊後はそのメリットも減少し、土地価格も下落したので、不動産がリスク

図7　不動産事業に対するニーズの変化

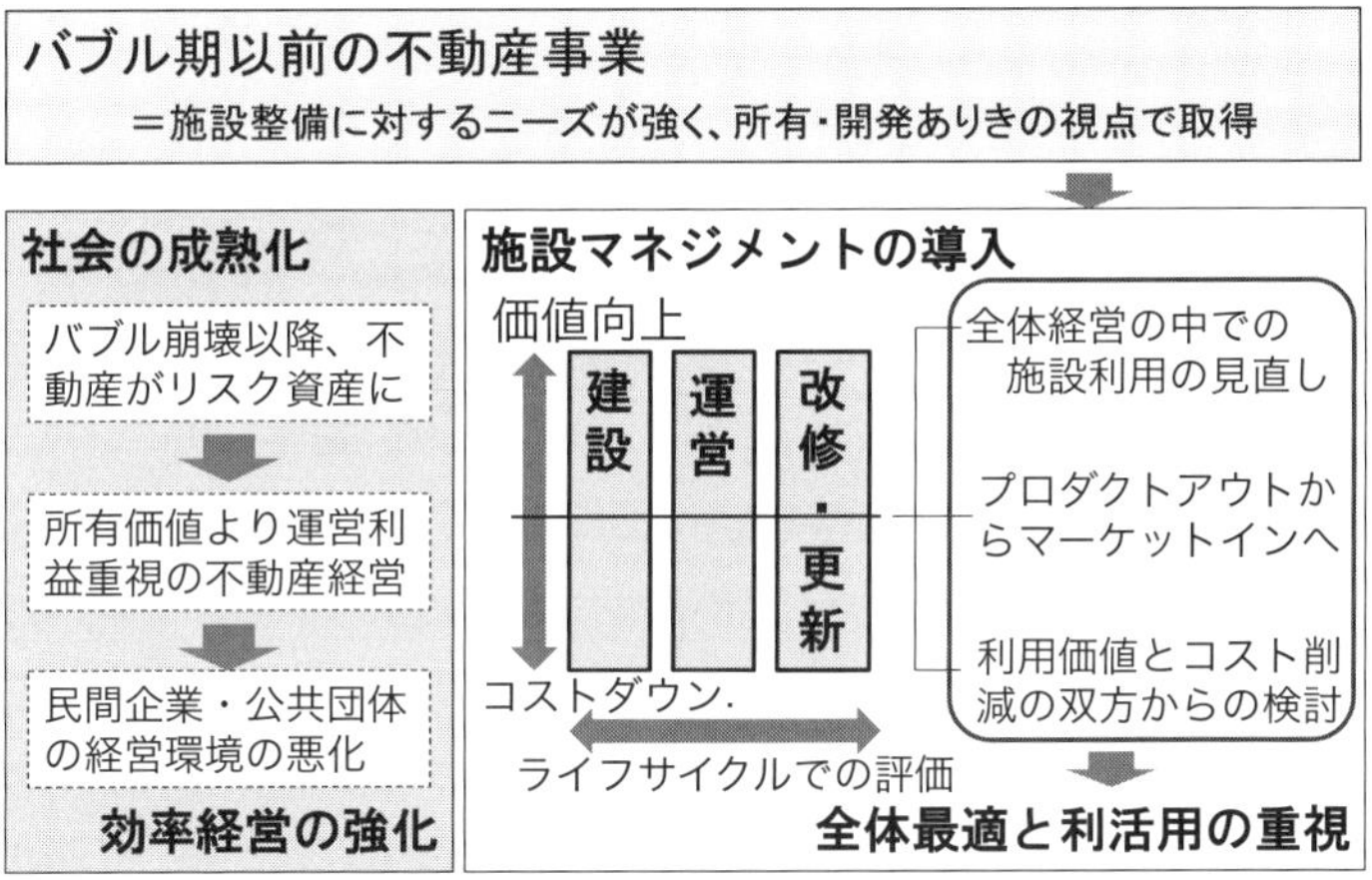

次世代建設産業モデル研究会　五十嵐健　作成

資産に変わった。そのため図7に示すように、不動産は所有価値よりも利用価値が重要になり、このため、不動産事業は開発より不動産経営のほうに力点がおかれるようになった。

また、民間企業も地方公共団体もともに財務状態が厳しくなり、施設の運営や建設に対するニーズが低下している。そして、官民を問わず不動産の資産戦略をどうするかということが経営の重要課題になり、CRE（Corporate Real Estate：企業不動産）戦略やPRE戦略がいわれるようになった。そして、建設や管理コストの削減以外に、いかに価値を上げて収益性を向上させるかも重要視されるように変わった。

こうした変化は、2000年に「資産の流動化に関する法律」（SPC法）の施行で、所有と利用を分離する事業スキームがとりやすくなったことに始まる。次いで2003年には商法の改正があり、企業不動産に対する

図８　リスク資産化時代の不動産の事業スキーム

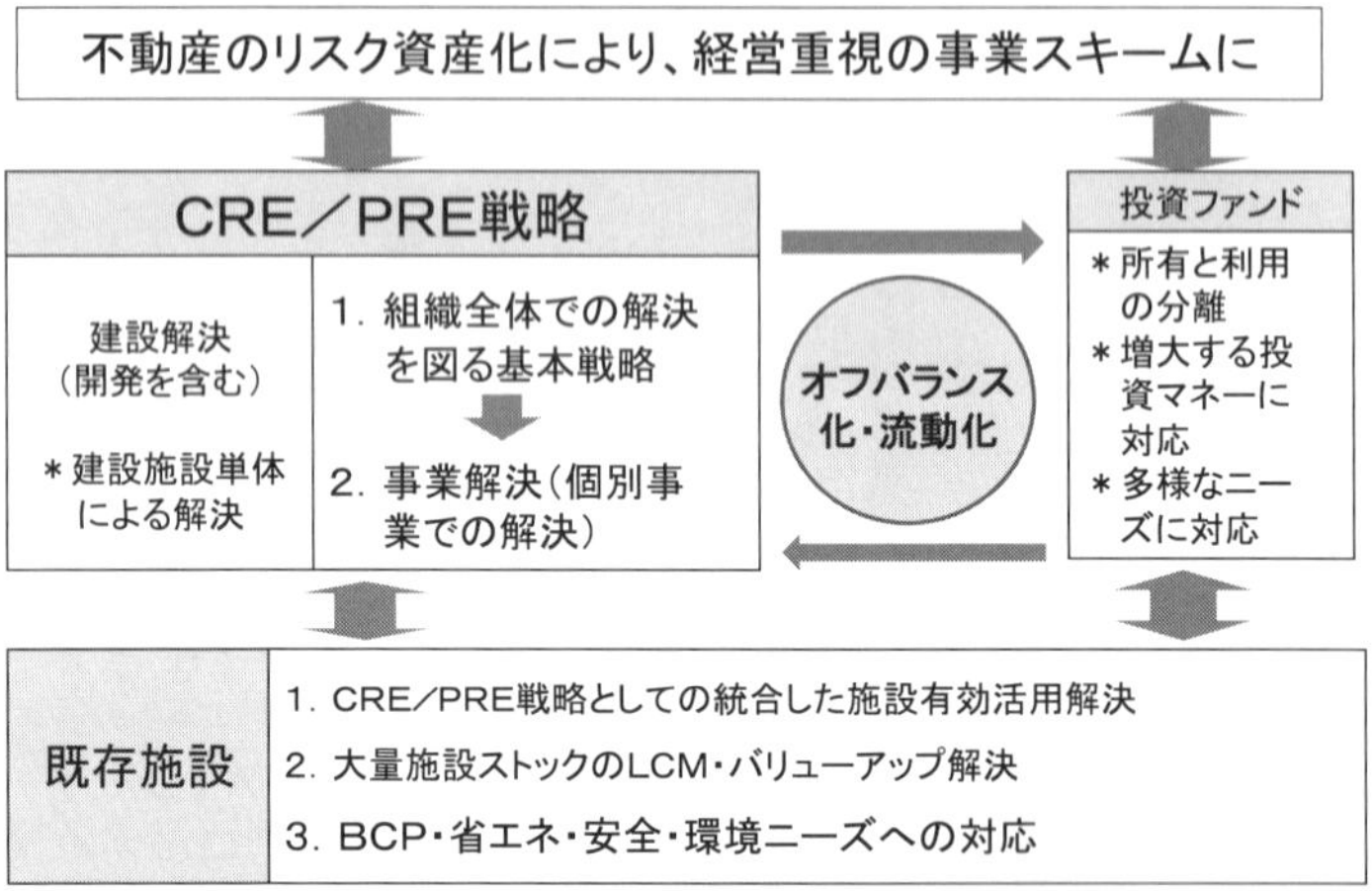

次世代建設産業モデル研究会　五十嵐健　作成

事業の意思決定に関する透明性の要求が高まり、２００６年には「固定資産の減損会計」が導入されて、不動産の時価評価が義務づけられ、これらを契機にＣＲＥ戦略を導入する企業が増えた。

また、２００６年から国は、地方公共団体の財政再建のために、公会計制度を総合的に推進することになり、それによってＰＲＥ戦略の推進ニーズが高まることになる。

まとめ

今日、企業や公共の資金需要が厳しくなるなかで、年金や個人資産など、長期安定型の不動産事業に向く資金は多くある。**図8**をみてわかるように、こうした不動産に関する制度の整備は、不動産の所有を利用から分離して第三者の投資を行いやすくする事業スキームを誘発し、これによって、そうした資金が投資を行いやすくなる環境を整えた。

さらに現在、官民連携インフラファンドの設立構想や、公共施設の運営のための包括的な権利設定の手法も整備されつつあり、多様な戦略をとりやすい環境ができつつある。

こうしたことから、今後急速に多くの地方公共団体でＰＲＥ戦略の策定が進み、公共施設マネジメントの業務が普及していくことが期待できるが、そうした具体の内容については次章以降のテーマとし、ここでは背景の論述にとどめたい。

五十嵐　健

参考文献

①「成熟型社会に向けた建築産業の在り方――建築の長寿命化ニーズと機能提供型産業への転換の必要性」、五十嵐健、日本建築学会総合論文誌、№５、２００７・７・２
②「建設産業の新たな発展に向けて――次世代建設産業モデルを考える」、次世代建設産業モデル研究部会24年度報告書、五十嵐健ほか、早稲田大学理工学術院総合研究所、２０１３・２

2章

迫る7つの危機

公共施設の定義

公共施設とは、どういうものを指すのか。

都市計画法第４条第14項では、公共施設は「道路、公園その他政令で定める公共の用に供する施設をいう」と定義されている。同法施行令第１条の２では、公共の用に供する施設は「下水道、緑地、広場、河川、運河、水路及び消防の用に供する貯水施設とする」となっており、インフラ施設およびプラント施設と定義されている。

地方自治法では、第２４４条で「普通地方公共団体は、住民の福祉を増進する目的をもってその利用に供するための施設（これを公の施設という）を設ける」ものとされている。公の施設における住民の利用に供する目的は、直接住民の福祉を増進するためであって、利用そのものが福祉の増進となるものでなければならないとされている。つまり、住民に対して、直接の福祉目的でなくてはならないとされている。

また、総務省消防庁が毎年報告している防災拠点となる公共施設等の耐震化推進調査結果概要では、公共施設等とは「防災拠点となる庁舎、消防署、避難所となる学校施設など」となっており、公用・公共用を問わず、防災拠点となる公共建物を対象としている。

２０１４年４月22日に総務省から出された「公共施設等総合管理計画の策定要請」では、公共施設等とは「公共施設、公用施設その他の当該地方公共団体が所有する建築物その他の工作物をいう」、そして、「具体的には、いわゆるハコモノの他、道路・橋りょう等の土木構造物、公営企業の施設（上水道、下水道等）、プラント系施設（廃棄物処理場、斎場、浄水場、

表1　社会資本の分類

	社会資本	
	公共資本	民間資本
1. 交通・通信施設	道路、港湾、空港、鉄道、電信電話、郵便	私鉄、有線放送施設
2. 住宅・生活環境施設	公営住宅、公務員住宅、住宅公団賃貸住宅、上下水道、簡易水道、下水道、終末処理施設、ごみ処理施設、し尿処理施設、都市公園	住宅
3. 厚生福祉施設	公立病院、公立診療所、保健衛生施設、社会福祉施設、児童福祉施設、労働福祉施設	私立病院・診療所・歯科診療所、社会福祉施設
4. 教育訓練施設	公立学校施設（幼稚園～大学、各種学校）、社会教育施設、社会体育施設、職業訓練施設	民間（同左）
5. 国土保全施設	治山、治水、海岸の各施設	
6. 農林漁業施設	農業、林業、漁業の各施設	
7. その他	公共工業用水道、1～6に該当しない地方政府社会資本（庁舎等）	

下線あり：公共建物　　下線なし：インフラ施設・プラント施設

出典：内閣府政策統括官「日本の社会資本2012」

汚水処理場等）等も含む包括的な概念である」と記載されている。

このように、公共施設ということばの定義は、法の目的によって、インフラ施設、プラント施設だけなのか、公共建物を対象とするのか、さらには、インフラ施設、プラント施設に公共建物を含むものなのか——とさまざまに異なっている。

対象とする社会資本（公共施設）

さて、社会資本の分類には、生産関連や市場関係によるもの、事業主体が公共性か民間性かによるものがある。「日本の社会資本2012（内閣府政策統括官）」によると、1967年の経済審議会地域部会社会資本分科会で用いられた範囲が、もっとも広義な社会資本とされており、おおむね公共建物とインフラ施設およびプラント施設に分類されている（表1）。

対象とする公共施設としては、すべての社会資本のうち民間資本を除いた公共資本（国、都道府県および市町村所管分）を考えている。そのなかで、公共施設マネジメントは公共資本に含まれる公共建物、インフラ施設およびプラント施設のすべてが対象となる。

しかし、公共施設のうちインフラ施設およびプラント施設は、一部の交通機関や通信施設を除いては代替機能がないものが多く、また、施設の廃止や機能の統廃合などがむずかしい。

インフラ施設およびプラント施設の整備や維持更新に関する対策は、基本的に施設の長寿命化に限定されており、国土交通省の長寿命化計画などによってすでに一定の方向性が示され、全国的にも、その取り組みが広まりつつある。そのため、インフラ施設およびプラント施設については、公会計上における資産としての金額が大きい点などを勘案《かんあん》し、財政面への影響などについてのみ検討するものとする。

したがって、ここで扱う公共施設マネジメントは、今後の取り組みの方向性を含めて、対象を公共建物に限定することとした。

公共施設マネジメントの考え方

マネジメント（Management）とは、一般的には経営、管理、調整、運営、運用などと訳して用いられ、企業経営の中枢的な行為である。すなわち企業が自らの投資効率と評価分析を行い、次の投資形態や方法を修正しながら、その繰り返しを行うことで、最大限の利益、発展を目指す行為の体系化がマネジメントともいえる。

これまでの公共施設では、単年度会計のこともあり、地方公共団体にはマネジメントの概念が欠如していた。しかし、近年の公共施設の整備、維持管理や運営に対しては大きな課題が山積みとなっている。今後の公共施設を取り巻く厳しい環境を考えると、地方公共団体が目指すべき行政目標実現のため、公共施設をより戦略的な観点からマネジメントすることが必要かつ重要となってきている。

公共施設マネジメントでは、民間企業の経営手法として効果をあげているファシリティマネジメント（ＦＭ）やアセットマネジメント（ＡＭ）の理念や手法を行政経営に取り入れることからスタートしている。

ＦＭは、日本ファシリティマネジメント協会（ＪＦＭＡ）の定義では「企業・団体などが組織活動のために施設とその環境を総合的に企画、管理、活用する経営活動」としており、具体的には土地、建物、設備などを、最適な状態（最小のコストで最大の効果）で保有、賃借、使用、運営、維持する経営活動とされている。

先進的な地方公共団体ではＦＭの担当部署を設けて、保有するファシリティの一元的な管理・運営から資産管理・運用までが行われ始めている。ただし、公共施設がもつ公共性、公益性に配慮しつつ、民間企業などとは異なるＦＭ手法や運用が用いられている。

また、ＡＭは企業などが保有資産（アセット）を効率よく管理・運営する手法を指しており、証券や不動産の分野でよく使われている。民間では、株式などの金融資産や不動産など実質資産の資産全般を対象に、安全性を確保しながら、投資利回りを最大化することといわれている。

地方公共団体ではＡＭの考え方はとくに土木部門で導入が進められており、実質資産であるインフラ施設を効率よく管理し、低コストで維持、補修、更新、新設していくこととして行われている。

以上のように、公共施設の整備や管理・運営に対する課題や今後の公共施設を取り巻く厳しい環境を踏まえ、先進的な地方公共団体では新たな視点に立った公共施設の整備や管理・運営の手法が導入されている。

こうした新しい取り組みは、「公共施設マネジメント」と称され、今後の地方公共団体経営に必要不可欠な手法として考えられてきている。このような状況のなかにおける「公共施設マネジメント」とは、公共施設においては、真に住民にとって必要な機能を重視し、民間公共を問わず、機能を担える整備・運営を行財政運営のなかで行うことであり、また、インフラ・プラント施設におけるマネジメントは、効率よく管理し、低コストで維持、補修、更新、新設していくことであるといえる。

公共施設に迫る７つの危機と１つの変化

公共施設を取り巻く社会経済環境は大きく変化し、７つの重大な危機が迫っている。そして、この危機は相互に関連しながら一気に押し寄せてきている。また、住民についても大きな変化の兆しがみられる。以下に、７つの危機と、１つの変化について述べる。

・第1の危機：安全への危機

２００５年1月17日に発生した阪神・淡路大震災では、兵庫県を中心に大きな人的・物的被害をもたらし、公共施設をはじめ多くの建物が深刻な被害を受けるとともに、建物の崩壊などにより貴重な人命や財産が多数失われた。また、２０１１年3月11日に発生した東日本大震災では、東北地方を中心に全国の多くの公共施設が重大な被害を受けた。被害を受けた公共施設のなかには、建物の天井材の崩落などにより死傷者が発生したケースや、施設が使用不能になり行政機能や行政サービスがストップした例もみられた。さらに、笹子トンネル事故が発生したこともあり、施設の安全に対する見直しが求められてきている。

その一方で、多くの公共施設が災害復旧の司令本部として、あるいは被災者や帰宅困難者などの避難場所として利用されており、その有用性や必要性が再認識されている。震災時に被害を受けた公共施設をみると、耐震化などの対策が十分に行われていない施設が多いが、なかには十分な耐震化が行われていた公共施設においても、想定外の被害が発生した例もある。耐震化済みの公共建物のうち深刻な被害を受けた建物については、老朽化に対応したメンテナンスなどが十分に実施されていなかったことなどがその原因として指摘されている。

このため、今後想定される大地震などの発生時においても、十分に機能するように公共施設の維持管理が必要である。そのため、公共施設が安心かつ安全に利用できる環境づくりは、施設管理者である行政のもっとも重要な役割の１つである。大震災を教訓に、各地方公共団体において公共施設の耐震性や安全性を再度確認することが求められている。

・第２の危機：公共施設などのいっせい老朽化

地方公共団体の公共施設や道路、橋梁、上下水道などのインフラ施設の多くが１９７０年代～１９９０年代の高度成長期を中心に整備されている。こうした公共施設が老朽化の時期を迎えるため、今後いっせいに更新（大規模改修や建て替え、架け替えなど）が必要となってくる。

また、公共施設の建築設備も年々老朽化しており、竣工後20年以上を経過した建物では、建築設備の大規模な改修・修繕が必要になってきている。

・第３の危機：余剰・重複施設への対策

平成の大合併により生じた余剰・重複施設（機能）への対応である。２００３年から２００５年にかけて市町村合併がピークを迎え、１９９９年３月末に３２３２あった市町村の数は、２０１３年１月末の時点で１７１９にまで減少した。合併した市町村は、庁舎や議会棟（議事堂）、文化ホールなどの多くの余剰施設、重複施設、類似施設を抱えて、施設の再配置や機能の再編などが必要となってきている。

市町村の合併を推進した目的の１つが、健全で効率的な行財政運営の推進である。合併の効果をあげていくためには公共施設の再編が大きな課題であり、今後は住民ニーズなどを踏まえ、利用率のデータなどをもとに、余剰や重複となっている施設や機能を点検、再編することが求められている。

・第4の危機：地方公共団体の厳しい財政状況

　長引く経済的低迷により、国や地方公共団体の歳入は大きく減少しており、行財政運営が厳しさを増している。２０１４年現在で少しずつ活発化している経済活動も、いまだ地方まで波及していない状況であり、地方公共団体は厳しい財政状況を強いられている。

　このような地域経済の状況などを背景に、簡素で効率的な行財政システムを構築するとともに、自らの行財政運営について透明性を高めながら、公共サービスの質の維持向上に努めることが喫緊《きっきん》の課題となっている。このため、地方公共団体は職員給与や定数管理の削減をはじめとして、行政改革に積極的に取り組んできている。しかしながら、今後の厳しい財政見通しなどを勘案すると、これまでの取り組みに加え、よりいっそうの改革の推進に迫られているのが実情である。

　合併市町村では、合併特例措置終了後の普通交付税交付金の縮減にも対応していかなければならない。合併市町村は、合併年度を含めた10年間（東日本大震災の被災地は15年間）は、合併前の旧市町村ごとに計算した普通交付税交付金の合算額が交付額となる合併算定替が特例として認められている。しかし、合併後10年（被災地は15年）を経過すると交付金の額は5年間をかけて調整され、15年後（被災地は20年後）には特例措置が終了して、合併した新しい地方公共団体の財政需要に応じた交付額に適正化されることとなっている。

　このため、合併市町村では合併特例措置終了後を見据えた歳出の適正化を図る必要があり、公共施設にかかる歳出の見直しが必要不可欠となっている。将来的な財政見通しに立った行財政運営はすべての地方公共団体で必須であるが、とりわけ合併市町村においては、行政改革などを通じた新たな行政体制の整備が強く求められている。当然、公共施設についても、将来的な財政見通しに立脚した総量や維持管理、施設配置の適正化を検討する必要がある。

・第５の危機：総人口数の減少

国立社会保障・人口問題研究所では、総務省統計局の人口推計にもとづき、新たなわが国の将来人口推計を２０１３年３月に公表した。推計結果をみると、２０１１年の日本の総人口は１億２７７９万人となっており、初めて日本の総人口が減少に転じた。今後ともこの傾向は続くものと考えられ、長期の人口減少になるものと予測される。日本の将来推計人口（２０１２年１月）によると、２０３０年には１億１６６２万人、２０４８年には１億人を割って９９１３万人となると推計されている。

都道府県別の人口および増減率の将来推計では、２００５年と２０１０年を比べてみると、すでに多くの都道府県、市町村で人口減少が続いている。都道府県では、秋田県、和歌山県、青森県などの40道府県で人口減少となっており、人口増加は東京都、神奈川県、愛知県などの７都県に限られている。

市町村については、人口統計資料２０１３年（国立社会保障・人口問題研究所）によれば、２００５年から２０１０年にかけて、全国１８０５市町村のうち、１２４５の市町村（全体の69・０％）での人口減少が進んでいる。この傾向はさらに進み、２０１０年から２０１５年にかけては１５４６市町村（85・７％）、２０１５年から２０２０年にかけては１７００

市町村（94・２%）、２０３０年から２０３５年にかけては１７６７市町村（97・９%）に達する。

このような総人口の減少によって、これまで必要とされていた公共施設が、今後は余剰化や遊休化がさらに進むことが予測される。今後、人口規模の減少が予測される地方公共団体では、利用者の減少にともない活用が十分に行われていない施設が増加し、とくに過疎地域などにおいてその傾向が顕著になると考えられる。このため、人口規模に応じた公共建物の再編や統廃合などが必要になってくる。

・第６の危機：人口構成の変化

少子高齢化の進行にともない、人口構成が短期間のうちに大きく変化してきていることである。

２０１０年の国勢調査結果によってわが国の人口構造をみると、総人口１億２８０６万人のうち、年少人口（15歳未満人口）は１６８０万人（総人口の13・２%）、生産年齢人口（15～64歳人口）は８１０３万人（63・８%）、老年人口（65歳以上人口）は２９２５万人（23・０%）となっている。２００５年と比べると、年少人口が４・１%減、生産年齢人口が３・６%減であるのに対して、老年人口は13・９%増となっており、少子高齢化が着実に進行している。とくに人口減少地域、過疎地域などでは少子高齢化の進行が急激で、地域活力の低下や地域コミュニティの衰弱などが問題となっている。

こうした人口構造の変化は、地方公共団体における公共施設のあり方に大きな影響を与え、少子化にともない、保育所などの児童福祉施設、幼稚園・学校などの教育施設の余剰が発生するとともに、急速な高齢化をともなったことにより、高齢者福祉施設、介護施設などの不足をもたらしている。

また、高齢者の増加にともない、公共施設のバリアフリー化もしくはユニバーサルデザイン化、すなわち住民の誰もが安心・安全に公共施設を利用するためのハードウェア面のリニューアルも求められてきている。

・第7の危機：深刻な環境問題

地球温暖化が進むなかで、CO^2（二酸化炭素）排出抑制などの地球環境に配慮したまちづくりが求められてきている。さらに東日本大震災による原子力発電所事故を契機に、電力節約などの省エネルギー化が求められ、公共施設、インフラ施設などにおける電気・ガス・水道などのエネルギー全体の利用効率化を進めることが必要になってきている。

また、原子力発電の停止や円安進行による公共施設全体の光熱水費の上昇は、地方公共団体にも大きく影響を及ぼしている。環境問題に配慮した公共施設運営を進めていくことは、地球環境への配慮にとどまらず、無駄なコストの削減や利用者の利便性の向上など、さまざまなプラスの効果が期待できる。

さらに、公共施設を利用した再生エネルギーの活用（太陽光発電、太陽熱利用など）や、環境緩和方策（公共施設の緑化、敷地などの緑地保全によるヒートアイランド現象の抑制など）による環境への先導的な取り組みは、環境問題の解決のために社会的に大きな意味をもつといえる。

環境問題への対応は、個別施設の最適化だけでなく、地方公共団体全体の最適化を進めることが必要である。その際には、国・関係地方公共団体、民間企業、大学などの研究機関との連携も必要である。

・変化：公共施設整備に対する住民意見や意向の大きな変化

住民相互間でも多様な考えがあり、また、地域による意識差などがみられるため、今後の公共施設のあり方についても住民間での価値観の差異がある。公共施設の利用者などの意見は、比較的行政に届きやすくなっているが、一般の住民の意見・意向は潜在化しやすく（サイレントマジョリティ）、その意向把握には無作為による調査や新たな住民参加の手法を導入することなどが必要といえる。

他方で意識の差を克服して、全体的な視点からのあり方を考える住民がみられるようになってきている。地方公共団体を取り巻く厳しい行財政の状況についても、公表される施設白書などを通して深刻に受け止めている住民の存在が顕著になってきている。今後の持続可能な行財政のあり方に対しての関心も高く、適正な行財政運営の実現に向けた改革・改善に対する期待や要望が徐々にではあるが強くなってきている。

そのため、公共事業のあり方にも大きな見直しが必要となってきており、とくに公共施設のみならず、インフラなどのハードウェアの整備は、住民側が多額の負担を長期間にわたって求められることから、新規の整備に対しては真に必要なものに限定することが強く求められてきている。さらに、近年の公共施設の老朽化が大きな社会問題となってきていることから、公共施設に対する投資についても、既存施設の維持管理に重点をおいた配分を行うべきだとする意見も強く出されてきている。

このため、真に必要な公共施設を整備する住民参加・協働型の公共施設整備手法の導入や、新規の公共施設の整備抑制、既存の公共施設の建て替えなどをストップしている地方公共団体も増加してきている。今後の公共施設の整備にあたっては、住民の意見、ニーズなどを十分に反映したシステム構築が重要といえる。

以上の7つの危機と1つの変化は、全国の地方公共団体の共通の課題である。このことは既存の公共施設、インフラ施設のあり方について、ゼロ・リセットを進めることにもなりうる。また、住民にとっての真に必要な公共施設を行政側と住民との共通理解のもとで整備することにもつながる。今後、ほんとうに必要な公共施設などを再整備するためにも、早急な公共施設マネジメントのシステム構築と実施が急務になってきたといえる。

従来の公共施設管理における課題

前述のように公共施設を取り巻く厳しい環境は、全国の地方公共団体の共通の課題となっている。一般の地方公共団体の状況と先進的な地方公共団体で導入・推進されている公共施設マネジメントとを比較すると、次のような課題がみられる。

統一的・一元的な施設管理が必要

公共施設の整備や管理・運営は、所管する行政各部署が担っているところが多く、一元的な管理を実現している地方公共団体は一部に限られている。また、統一的に管理されている地方公共団体でも、すべての公共施設を対象として行っているわけではなく、限定的な管理形態が一般的である。統一的かつ一元的な管理を行っていないため、所有や運営している公共施設の全体像が把握できないことや、修繕や建て替えについても所管する行政各部署が、いわゆる縦割り型で進めていることが多い。そのため、統一的かつ効率的な予算の執行が阻害されていることなどが指摘されている。

とくに合併市町村では、市町村ごとの管理形態や様式類が合併以前の市町村で異なるため、所管管内での統一的な管理の実施どころではなく、台帳などの帳票類の不統一も見受けられる例が多い。

その点、先進的な地方公共団体は所有や運営している公共施設の情報を的確に収集・更新し、さらには施設情報の適正な分析・評価を行っている。同時に、公共施設管理台帳や資産台帳などの整備を積極的に行い、公共施設の統一的かつ一元的な管理を進めている。

現在および将来コスト把握と効率的な投資計画が必要

公共施設にかかる費用は、土地の取得や建築などにかかるイニシャルコストのほかに、毎年の施設の管理・運営にかかるコストおよび老朽化や耐震化などに関連した更新にかかるコストがある。計画構想段階から建物寿命を終えて取り壊すまでのコストをライフサイクルコストといい、イニシャルコストの3～4倍程度を見込む必要があるといわれている。

多くの地方公共団体では、高度経済成長期に新設、建築された大量の公共施設がいっせいに更新を必要とする時期を迎えようとしている。今後、大規模修繕、建て替え・更新、取り壊しなどにかかる多額の更新費用の発生が予測される。こうした公共施設の運営や管理・運営に必要な多額のコストを負担していくためには、中長期の見通しに立って、必要となるコストを把握・分析し、財源の確保と効率的な配分や投資方法を検討する必要がある。

先進的な地方公共団体では、インフラ・プラント施設の効率的な長寿命化を図る工夫を行い、公共施設については、統廃合や再配置なども念頭においた効率的な投資計画を策定するとともに、中長期の平準化の視点も考えた適切な投資計画を講じようとしている。

また、合併市町村では、特例として認められている交付税の合併算定替や合併特例債の有効な活用によって、公共施設の効果的な改善が推進可能となっている。このうち合併特例債の活用については、当初は合併年度を含む10カ年度の発行が条件となっていたが、東日本大震災後の地震対策などの見直しを求める地方公共団体からの要望などを受け、被災地では20年間、被災地以外では15年間にわたり特例債の発行が可能になった。こうした合併特例措置を生かして、公共施設の整備や改善などを有効に進めていくことも考えられる。

住民ニーズに対応した機能の評価と見直しが必要

社会環境の変化や住民ニーズに対応した公共施設の整備や管理・運営が求められてきているが、現状ではこのような条件を満足する公共施設は限られている。このため、住民利用の視点やコスト分析にもとづいた評価を行い、規模や機能・サービスの見直し、あるいは社会的な役割の終わった施設の転用や廃止などを進めていくことが必要になってきている。

また、合併市町村では合併を契機に住民にとって利用できる公共施設の選択肢が広がり、ライフスタイルや目的にあわせて、特色のある多様な種類の公共施設を利活用する環境が整備されたともいえる。こうした多様性を有する公共施設とその機能を有効に活用することで、行政サービスの向上や住民にとっての豊かな生活の実現がかない、活力ある地域社会の形成などを実現することが可能になるといえる。

しかしながら、機能が重複したものは整理が必要であり、先進的な地方公共団体では重複した公共施設を整理するまえに、コスト評価、利用度評価、物理的劣化度評価などの行政評価などと連動した総合的な施設評価を行い、多くの公共施設の改善や統廃合などを進めている。こうした施設評価を徹底させることで公共施設の機能やサービスの陳腐化を防ぎ、住民あるいは利用者にとって使いやすく、有意で有益な施設づくりが可能となるものと考えられる。

効率的・効果的な行政組織の構築が必要

現在、多くの地方公共団体では公共施設の整備や維持管理は、施設を所管する行政各部署が担っているのが実情である。庁舎などの行政系施設、保健福祉施設、公営住宅などは首長部局が、学校系施設や社会教育系施設、スポーツ系施設などは教育委員会が所管していることが多い。こうした施設を所管する行政各部署が、一定の方針や相互の連携・調整を欠いたまま、公共施設の整備や運営、維持管理をばらばらに進めていくことは、財政的に非効率であるだけでなく、公共施設が抱える問題や課題への対応を遅らせる要因ともなっている。

先進的な地方公共団体では、公共施設情報の一元的管理や評価を進める一方、効率的な投資計画などを実現するため、公共施設マネジメントを推進する行政組織の整備を着々と進めている。具体的には、公共施設マネジメントを所管する新たな部署の創設、庁内の連携を強化するためのプロジェクトチームの設置、やわらかな相互の連携など、また、それ以外では施設評価を行うための付属機関、研究会などの設置（有識者委員会など）などがあげられる。

住民に対する説明責任および住民参加の観点が必要

公共施設の見直しを進めていくと、公共施設の統廃合や利用料金の値上げなども必要となる。住民、とくに公共施設の利用者には大きな負担を求めることになる。例えば、社会教育施設、高齢者や障害者などの保健・福祉施設、保育所などの子育て支援施設、住民自治活動を進めるコミュニティ施設などは住民生活にたいへん密接にかかわってくる。

そのため、今後の公共施設のあり方については、行政内部だけで意思決定するのではなく、広く地域全体の住民およびその所在する地域の住民の意向や意思を反映することが必要となる。このためには、公共施設の現状や課題を多くの住民に広く周知して、理解してもらえる説明責任の徹底が必要である。また、公共施設についての多くの住民意見を収集することが重要であり、今後の公共施設のあり方を住民と行政、住民同士で検討する機会や議論する場の整備などが必要となる。

先進的な地方公共団体の取り組みをみると、公共施設の実態を住民にわかりやすく情報提供する「公共施設白書」の作成と公表を行い、さらに一歩踏み込んだ公共施設マネジメントの理念や方向性を住民と共有する仕組みも考えられている。また、「基本方針」や「推進計画」などの策定にあたっては、無作為の幅広い住民アンケート、住民説明会、シンポジウムなどを通じた住民意見の集約や合意形成などの推進などを積極的に進めており、行政内部だけでの判断を優先することがないような工夫が必要である。

山本　康友

参考文献

①「日本の社会資本２０１２」、内閣府政策統括官
②「道路橋の予防保全に向けた提言」、国土交通省、２０１３・５
③「ＰＲＥ戦略を実践するための手引書」２０１０年改訂版、公的不動産の合理的な所有・利用に関する研究会（ＰＲＥ

研究会）編
④「合併効果を活かした公共施設の適正配置及びマネジメントに関する調査研究」、茨城県古河市・財団法人地方自治研究機構、２０１３・３
⑤「公共施設の台帳整備に関する調査研究」、埼玉県秩父市・財団法人地方自治研究機構、２０１３・３
⑥「目黒区施設白書」、東京都目黒区、２０１３・３
⑦「『地域社会資本ストックの整備・維持・更新と取り組みの方向性調査』報告書」、財団法人東北活性化研究センター、２０１２・２
⑧「相模原市公共施設白書」、神奈川県相模原市、２０１２

李　祥準

▼トピック▲

施設の老朽化状況

筆者らが行った公共施設の老朽化状況の事例を紹介したい。

事例1

１９７３年竣工のＲＣ造建物で、漏水による外壁の部分改修履歴がある。築年数35年にもかかわらず、屋上防水改修工事は行われていない。防水層の劣化が進んでいて、天井からの雨漏りで蛍光灯を外している場所もある。２００３年には地下にあった空調設備を屋上に移設、更新する工事を行ったが、その後に行った屋上防水改修工事の工事費がさらに高くなる原因となった。

長期修繕計画があれば、こうした事態は防ぐことができたであろう。専門家なら屋上防水改修工事が必要になることはわかるだろうが、所管部門からの空調設備更新工事依頼のために単独に工事を行うから、このような結果になったと考えられる。

営繕部門がこの施設に関する施設情報、工事履歴などをもっていたら、このような予算の無駄づかいにはならない。

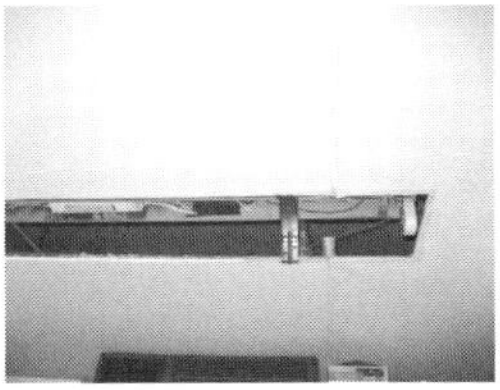

事例2

屋上の配管部分が錆びて穴が開いてしまったケースである。配管の劣化はほとんどが内側の腐食およびスケール・スライム堆積障害であるが、本事例のように外側から配管の劣化が進むこともある。

これは少なくとも10年に1回程度の防錆塗装をすることで防止することができる。ただし、防錆塗装だけでは工事規模が小さくなるので、単価が高くなるという理由から時期を延ばし、ほかの工事とまとめて実施する傾向がある。

この場合、単価は安くなるものの、錆が進行してしまい、配管の寿命は短くなる。結局、長期的な視点からみればコストの縮減にはなっていない。

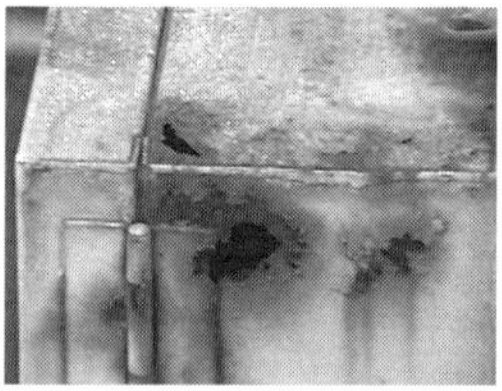

事例3

屋上の排水口詰まりによる水溜りが長期間放置されてしまい、屋上防水層の劣化が進行した事例である。また、パラペットのモルタル笠木《かさぎ》の劣化が進み、剥離《はくり》・剥落が発生していたため、人身事故が起こる危険性もある。

しかしながら、施設担当者は屋上にあがったことがなく、清掃の対象にもなってない。日常的なメンテナンスについての意識改革が必要である。屋上防水は問題がなければ25年ほどは維持できる。ところが、清掃不足などによって排水口の排水機能が失われると、モルタル保護層の破損により防水層の寿命は短くなる。

例えば、屋上を定期的に清掃すれば、屋上防水工事の更新時期を遅らせることができ、結果的に維持管理コストの縮減が可能となる。

李　祥準

3章

求められる
量と質の変化

公共施設マネジメントの導入・推進に向けたロードマップ

公共施設マネジメントの導入・推進は、総合的・計画的な視点に立って全庁的に行う必要がある。今後の取り組みとしては、次の3つが必要となる。

・社会的合意の形成

第1の取り組みとしては、公共施設の現状、課題、今後の方向性に対する社会的合意の形成である。公共施設の現状や課題についての情報を市民、施設利用者、関係機関などと行政とが共有し、今後の公共施設を総合的に見直す方向性についての社会的な合意を形成することが必要である。このためには、公共施設白書の公表や、市民に対する情報提供を拡充する取り組みとしての公共施設情報の共有化、すなわち「可視化」が重要となる。

また、多様な住民の意見・意向の把握を十分に行うことが必要であり、施設利用者だけではなく、サイレントマジョリティといわれる潜在化している市民層の意見・意向の把握も重要となる。

・基本方針の策定

第2の取り組みとしては、公共施設改革に向けた基本方針の策定である。公共施設改革を総合的・計画的に進めていくために、改革の理念や方向性について、住民と行政とが、あるいは行政内部の各部署が十分な合意形成を図りながら改革に取り組む必要がある。そのためには、公共施設マネジメントの基本方針の早期な策定が重要となる。

山本　康友

・改革の推進

第3の取り組みとしては、目標の実現に向けた公共施設改革の実際の推進である。戦略的な視点に立って公共施設改革を推進するため、公共施設マネジメントの目標を掲げ、その実現に向けた具体的な取り組みを展開する必要がある。具体的な取り組みは今後の改革を進めるうえでの試金石となることから、迅速な対応が求められる。地方公共団体がおかれている厳しい財政状況をみると、公共施設改革に与えられた時間は限られており、公共施設にかかる行政改革は短期間での解決の見通しを図ることが必要となる。

以上に加えて、公共施設改革のなかでとくに重要となる取り組みとなる公共施設の「量の改革」と「質の改革」の実現についても、早期の対応が必要である。

量の改革の必要性

合併地方公共団体においては、同種施設などの整理などにより、公共施設の数は減少しなければいけないのに、逆に公共施設が増加を続けている場合がある。今後は多くの地方公共団体で人口減少が予想されることから、公共施設の新規整備を抑制したとしても、公共施設やスペースには余剰が生じてくることになる。多くの地方公共団体における厳しい財政状況をかんがみると、今後は公共施設の統廃合を通じて、公共施設の量を縮減することが重要となってくる。公共施設数、スペース（延べ床面積など）の見直しを行い、無駄な施設やスペースの廃止、人口や財政の規模に見合った最適な施設ボリュームへの調整といった公共施設の「量の改革」が重要となってくる。

「量の改革」は、３つの側面から検討し、改革を進めていく必要がある。

第１は、現在すでに余剰となっている施設やスペースの改革であり、使われていない施設、利用率が低い施設の現状や課題を分析し、真に必要な施設を精査する必要がある。また、国や他の地方公共団体が所有している公共施設と重複しているものや、民間と競合している施設についても、行政として保有を続けるべき施設かどうかを検証する必要がある。

第２は、将来的な需要にもとづく量の改革である。人口構成の動向や少子高齢化の進展によって、公共施設の量や種類を将来的に変更していくことが必要となる。こうした変化に適切に対応できない場合、無駄な施設が残される一方で必要な施設が不足するといったミスマッチが大きくなる。公共施設の転用や廃止には長い時間と一定のコストが必要となるため、将来に備えた早期の検討および計画性のある財源の確保や再配置を進めていく視点が重要となる。

第３は、中長期の財政見通しに立った公共施設の量の改革である。行財政運営から適正量に調整したとしても、公共施設の整備や管理・運営に充てることができる財源は限られている。多くの地方公共団体の財政規模は縮小傾向にあり、中長期の財政見通しでもこうした傾向が続くと考えられている。行政としては、持続性のある健全な財政を維持するための事業見直し、人件費の削減などの行財政改革が進められているところである。当然、行財政改革の対象には公共施設も含まれており、今後の財政状況に見合った公共施設の量へと圧縮していく必要がある。

質の改革の推進

次に公共施設の質の改革の実現が求められる。質の改革には、状態的側面と機能的側面の2つの改革があげられる。

状態的側面では、公共施設や建築設備の老朽化への対応があげられる。老朽化は公共施設の質を低下させる主要な要因の1つとなるため、公共施設の保全行為が大きな効果をもたらす。

また、公共施設が適切に機能し、住民から一定の評価を得るためには、ハードウェアの面だけではなく、公共施設の機能、サービス、人材といったソフトウェア、ヒューマンウェアといった面の質の拡充も必要となる。時代の要請や住民ニーズを踏まえた質の向上への取り組みも重要である。具体的には、質の保全を目的としたマネジメント面での改革を推進し、公共施設や設備の定期的な検査と更新（修繕や修理、交換など）を計画的に進め、公共施設の質を保全し、施設の長寿命化を図る必要がある。

現在、公共施設の管理・運営については、営繕部局と教育委員会の2つにわかれて新築、改築、改修を行っており、管理・運営については、基本的には施設を所管する事業部局が担当していることが多い。教育委員会においては学校の管理・運営について、委員会と学校が金額の違いで分担して行っている例が多い。今後は公共施設マネジメントの導入・推進にあわせて、効果的・効率的な公共施設の管理・運営を実現するための行政体制の見直しや施設管理システムの整備などが求められている。

機能的側面では、住民のライフスタイル、サービスニーズに対応できる公共施設の改革を推進する必要がある。施設の現状と課題を客観的に評価し、住民の視点に立った質の改革やレベルアップを進めていくのであるが、市民の意向、ニーズを反映するためには、公共施設の管理・運営や評価に住民参加の拡充を図る必要がある。

また、状態と機能両方の側面において、社会経済の変化や時代の要請に応じた公共施設の機能を確保することが求められている。少子高齢化の進展にともなう施設のバリアフリー化、地球環境や地域環境に配慮した環境共生型の施設づくりなどである。こうした分野における公共施設のレベルアップは、行政だけで進めていくのではなく、住民、民間企業、大学、研究機関などとの連携や協働の取り組みも重要となる。

量の改革と質の改革の実現

量の改革と質の改革の実現には、次のことが必要である。

第1には、使用面でのミスマッチ解消を通じた利用率の改善があげられる。住民利用の施設については、地域内には十分に活用されていない利用率の低い施設がみられる。利用率の低い施設のなかには、そもそも社会的ニーズが十分に存在しないものや、社会的役割がすでに終了したものなどもあり、こうした施設は廃止や統合を行う必要がある。

しかしながら、なかには利用料が安いことによって、ごく一部ではあるが住民からのニーズがあるため、利用率が低くてもなかなか統合や廃止ができずに、そのまま使用され続けている例がみられる。

また、施設利用に関する情報などが、十分に利用者へ提供されていないことによる利用率の低さも考えられる。利用率の低い施設については、統合や廃止といった量の改革に着手する前に、いま一度利用者の視点や立場から利用環境の改革・改善を進める必要がある。

また、行政のホームページでは、施設情報の提供や空き状況の確認、利用時の抽選の申し込みなどができるようになっている場合があるが、必要な情報が十分に提供されていない公共施設もみられる。公共施設の利用上の課題などについて、住民や利用者からの意見あるいはニーズを反映できる仕組みの構築も早急に行う必要もある。先進的な地方公共団体では、住民、利用者の意見、ニーズを反映できる仕組みの構築を進めており、こうしたなかから、住民や利用者の視点に立った公共施設の評価、見直しなどを着実に行うことで、量と質の改革が実現していく。

第2には、重複した余剰施設や機能の整理があげられる。人口減少や人口構成の変化にともない、公共施設のなかに余剰スペースが生じてきている。小中学校においても、児童・生徒数の減少にともない、余裕教室や空きスペースが多数生じている。教育委員会では、子どもの教育環境の充実などを目的に余裕教室などを有効に活用する取り組みを続けているが、こうした問題は個々の学校ごとで考えていくことなりがちである。しかし、それには限界があり、全庁的な視点に立って学校も含めた公共施設全体の再編を考えることが必要である。

また、社会的な役割を終えた公共施設、住民ニーズが低下した施設、国あるいは他の地方公共団体や民間企業などの施設と競合している施設については、その必要性について十分な評価を行い、施設の存続などについて検討を行うことが必要である。

さらに、合併をした地方公共団体では、合併前に整備された公共施設の種類や機能に重複が数多くみられることが多い。重複施設・機能の有効活用は、合併時において当然検討が行われているはずであるが、合併以降の活用条件や活用方策が示されていないことが多い。時代の変化とともに、住民生活を取り巻く環境や行財政の状況にも変化がみられることがあり、利用状況も合併以前と以後で、さらには現時点とでは大きく変化している施設もある。こうした施設の現状を踏まえ、合併後の公共施設の種類や機能の重複状況をいま一度検証し、不要な施設・機能の解消を図る必要がある。先進的な地方公共団体の取り組みをみると、重複施設の民間企業への貸出しなどの活用、住民の利用状況やコスト状況にあわせた再配置を行っている。

第3には、公共施設全体の総量を減少させることである。多くの地方公共団体は総人口の減少傾向が続いている。また、厳しい財政状況のなかで、高度経済成長期に整備された公共施設がいっせいに更新検討の時期を迎えるなど、各地方公共団体とも事態が深刻化する様相を示している。

いくつかの地方公共団体では、人口減少に転じた後でも公共施設が増加している。また、合併した地方公共団体では、合併特例措置の終了にともない、財政規模が縮小することが見込まれているにもかかわらず、維持更新費用などの増大が見受けられるところも多い。

こうした厳しい現状にあわせて、公共施設の全体を適正量にしていくことが必要である。さらに、人口減少や財政状況を勘案《かんあん》すると、施設総数や延べ面積を削減する総量削減が必要である。先進的な地方公共団体では、利用状況や財政状況から具体的な削減目標を掲げることや、不要と判断した公有財産の売却などを行っている。

第4には、利活用している公共施設については、効果的・効率的な管理・運営の実現と施設の長寿命化を行うことである。公共施設は、コンクリートなどの躯体以外に、空調設備や給排水設備、エレベーターなどの多種多様な設備・備品で構成されている。それらの耐久性や耐用年数はすべて異なるため、施設・設備の情報を一元的に管理して、現状把握や将来的な更新計画を立案し、施設・設備の総合的なマネジメントを実施する必要がある。

公共施設マネジメントを行わないことは、老朽化の進行により施設の寿命を縮めるだけではなく、更新費用を含めたライフサイクルコストの増大も招くことになる。先進的な地方公共団体では、施設の長寿命化に向けた指針や保全計画の策定、検査体制の整備など進めると同時に、ライフサイクルコストの縮減に取り組んでいる。

第5には、受益者負担の適正化が必要である。公共施設のコスト状況をみると、有料の住民利用型の諸室を有している場合でも、利用料の収入だけで運営できる施設は少なく、管理・運営にかかるコストを公費が、いいかえると広く市民が負担している施設が一般的である。こうした施設の利用実態をみると、結果的に特定の地域住民や団体だけが利用している例も存在し、利用面での格差が生じて受益と負担の関係が不均衡になっているケースがみられる。

また、利用料金の体系が施設の種類によって異なっており、類似した機能を有する施設でも利用料金が異なるケースも見受けられる。公共施設マネジメントを通じてコスト状況の検証を行い、施設の利用条件やコストにかかる地域間、世代間、利用者と非利用者間の負担格差を軽減し、結果的に市民誰もが等しい条件で施設を利用できる環境を整備することが求められている。

第6に、公民連携や公民協働を通じた住民参加型の施設運営があげられる。行政だけの取り組みだけでは限界があるため、住民や民間企業が有する視点やノウハウ、人材、資金などを最大限に活用した公共施設の改革を推進することで、より実効性の高い成果が実現できよう。このためには、公共施設の管理・運営面や改革の推進において、十分な住民参加や民間企業などの参入を実現できる環境の整備が必要となってきている。

住民が利用時に感じる施設の問題点や課題は、施設を管理・運営している行政側では把握できていないものも多い。子どもや若者、子育て世帯、高齢者などの多様な住民の視点から、公共施設の問題点や課題を明らかにしていくことが重要である。また、住民参加とともに、企業や大学などが有する資金やノウハウなどを活用することは、柔軟なサービス提供やユニークな施設の運営を進めるために、また今後の公共施設の建設や改修、運営を効率的に行うためにはきわめて重要である。先進的な地方公共団体の取り組みをみると、住民や民間企業、ＮＰＯ団体などの提案を公共施設管理に反映させ、民間資金の活用で施設改修などを効果的に推進する例が徐々に増えてきている。

第7に、公共施設の整備における優先度の考え方である。すべての公共施設を整備し、運営するだけの財政的な基盤がない現在の地方公共団体では、住民ニーズにもとづいた投資優先順位の決定をいかに行っていくのかが重要である。別のいい方をすれば、どの公共施設を残すかの優先度の決定である。先進的な地方公共団体では、優先度の順位づけを住民とともに協議し決定している。また、優先度の低い施設については、住民団体への所管替えを行っている。

優先度の高い施設についても、民間に任せられるものは民間に任せている。地理的条件などで、優先度が低くてもどうしても残さなければいけない施設については、人件費を抑制するために行政職員が巡回し、週のうちでの短時間の開設としたり、利用料金の負担割合を大きくするなどの対策がとられている。

地域経済活性化、健全化への貢献からまちづくりへ

住民や民間企業やＮＰＯ団体の優れた提案を生かすことで、新しいノウハウやアイデアが地域雇用の創出や地域経済活動の活発化を促す。また、まちづくりにおいても、その地域特有の個性や特殊性を活かすような事業に対して、住民目線からの活用を図ることが事業をいきいきとしたものとし、まちづくりへの貢献につながっていくと考える。

そのためには、既存の補助制度や公共施設をゼロベースでリセットし、新たな仕組みに集中投資し優先順位づけを行うことが必要で、それにより、まちの活性化や健全化が可能になるものと確信している。ここに新たなまちづくりへの萌芽が生じる。

山本　康友

参考文献

①「合併効果を活かした公共施設の適正配置及びマネジメントに関する調査研究」、茨城県古河市・財団法人地方自治研究機構、２０１３・３

②「公共施設の台帳整備に関する調査研究」、埼玉県秩父市・財団法人地方自治研究機構、２０１３・３

③「目黒区施設白書」、東京都目黒区、２０１３・３

④「『地域社会資本ストックの整備・維持・更新と取り組みの方向性調査』報告書」、財団法人東北活性化研究センター、２０１２・２

⑤「相模原市公共施設白書」、神奈川県相模原市、２０１２

4章

財政的な課題と公会計改革

日本の財政状況――「国の財務書類」より

表1は２０１２年度の国の貸借対照表（一般会計＋特別会計）である。このような国の財務状態について、企業会計の方法を取り入れたかたちで表現する試みは、すでに「国の貸借対照表（試案）」の作成・公表（２０００年10月公表（１９９８年度決算分））から今日まで行われている。最近の国の貸借対照表の中身を概観することで、わが国がおかれている財政状況を確認してみよう。

　国のもつ資産は、現金・預金や有価証券のような換金性の高いものから、港湾施設や国道のような売れないものまで多種多様である。そのなかでも施設マネジメントの対象となりうる有形固定資産についてみてみよう。有形固定資産は、大きく、国有財産、公共用財産、物品、そ

表1　2012年度 国の貸借対照表の概要

(兆円)	前年度	2012年度	増減		前年度	2012年度	増減
＜資産の部＞				＜負債の部＞			
現金・預金	18	22	4	未払金等	11	11	0
有価証券	98	111	13	賞与引当金	0	0	0
未収金等	13	12	▲1	政府短期証券	107	102	▲6
前払費用	4	3	▲2	公債	791	827	36
貸付金	143	140	▲3	借入金	25	27	2
運用寄託金	110	107	▲4	預託金	7	7	0
貸倒引当金	▲3	▲3	0	責任準備金	9	9	0
有形固定資産	181	180	▲1	公的年金預り金	119	115	▲4
国有財産（公共用財産を除く）	33	33	0	退職給付引当金	11	10	▲1
公共用財産	145	145	0	その他の負債	8	9	1
物品	2	2	0				
その他固定資産	0	0	0				
無形固定資産	0	0	0	負債合計	1,088	1,117	29
出資金	59	62	3	＜資産・負債差額の部＞			
その他の資産	5	6	1	資産・負債差額	▲459	▲477	▲18
資産合計	629	640	11	負債及び資産・負債差額合計	629	640	11

出典：財務省「平成24（2012）年度 国の財務書類（一般会計・特別会計）の概要（決算）」
http://www.mof.go.jp/budget/report/public_finance_fact_sheet/fy2012/national/2012_gaiyou.pdf

の他の固定資産に分けて管理されている。なかでも霞が関の庁舎や全国各地に保有する土地・建物などは、国有財産として整理されている。国有財産（公共用財産を除く）の資産価格については、原則として土地は相続税評価方式（路線価方式）により算定した額、また、建物などの償却対象資産は取得時の台帳価格から減価償却累計額（建物については定額法、その他の資産については定率法）を控除した額とされている。

また、公共用財産（海岸、漁港、土地改良、治水、港湾、道路など）については、国有財産法上、台帳作成などが適用除外となっていることもあって、取得原価を推計したうえで資産計上されている。

２０１２年度は、中央政府が保有する「有形固定資産」は約１８０兆円（▲１兆円＝前年度からの増減額、以下同様）の残高があることになっている。そのうち「インフラ資産」に該当する公共用財産が１４５兆円（±０兆円）あり、大宗《たいそう》を占める。

負債については、公債が８２７兆円（＋36兆円）となっている。内訳は、建設国債：２５１兆円（＋２兆円）、特例国債：４２３兆円（＋36兆円）、財投債：１０９兆円（▲２兆円）、その他：45兆円（±０兆円）となっている。

日本の財政状況――フローの観点から

民間の「損益計算書」に相当する「業務費用計算書」からフローの状況を確認すると、資産関連費用では、減価償却費が５兆円計上されている（**表２**）。

他方で、「区分別収支計算書」（**表３**）の業務支出のなかには４兆円の施設整備支出が含ま

表2　2012年度 国の業務費用計算書の概要

(兆円)	前年度	2012年度	増減
人件費	4	4	0
退職給付引当金等繰入額	1	1	0
基礎年金給付費	18	18	1
国民年金給付費	1	1	0
厚生年金給付費	24	24	0
保険料等交付金	7	8	1
その他の社会保障費	3	3	0
補助金等	32	31	▲1
委託費等	3	3	0
地方交付税交付金等	21	21	0
運営費交付金	3	3	0
庁費等	2	2	0
公債事務取扱費	0	0	0
減価償却費	6	5	0
貸倒引当金繰入額	1	1	0
支払利息	10	9	▲1
資産処分損益	0	0	0
出資金等評価損	1	0	▲1
その他の業務費用	3	4	0
本年度業務費用合計	139	138	▲1

出典：財務省「平成24（2012）年度 国の財務書類（一般会計・特別会計）の概要（決算）」

表3　2012年度 国の区分別収支計算書の概要

(兆円)	前年度	2012年度	増減
業務収支	27	19	▲7
財源	169	161	▲8
業務支出	▲142	▲141	1
財務収支	16	27	11
公債発行等収入	207	219	12
公債償還等支出	▲191	▲192	▲1
本年度収支（業務収支＋財務収支）	43	46	3
余裕金の運用等	▲31	▲32	▲1
資金等残高	6	8	2
本年度末現金・預金残高	18	22	4

出典：財務省「平成24（2012）年度 国の財務書類（一般会計・特別会計）の概要（決算）」

表4　2012 年度 国の資産・負債差額増減計算書の概要

（兆円）	前年度	2012 年度	増減
前年度末資産・負債差額	▲ 418	▲ 459	▲ 42
本年度業務費用合計（A）	▲ 139	▲ 138	1
財源（B）	96	98	3
租税等財源	45	47	2
その他の財源	51	51	0
資産評価差額等	▲ 4	16	20
公的年金預り金の変動に伴う増減	5	4	▲ 1
その他資産・負債差額の増減	0	2	1
本年度末資産・負債差額	▲ 459	▲ 477	▲ 18
（参考）（A）＋（B）	▲ 43	▲ 40	4

出典：財務省「平成 24（2012）年度 国の財務書類（一般会計・特別会計）の概要（決算）」

れている（**表３**では明示されていない）。単純な引き算をすれば、この１年間で１兆円の設備が減少したことになる（減価償却費５兆円－施設整備支出４兆円）。

「資産・負債差額増減計算書」は、先にみた貸借対照表のなかの資産・負債差額の部分を抜き出し、その１年間の増減内訳を示したものである。２０１２年度末の資産・負債差額は▲４７７兆円（▲18兆円）となっており、前年度に比べて大きく悪化している（**表４**）。この額は、同年度の名目ＧＤＰが約４７３兆円であることを考えれば、かなり大きな債務超過である。また、先に貸借対照表で確認したように、売却可能性のない公共用財産が１４５兆円あることなどを考慮すれば、実質的な債務超過額はより膨らんでいる可能性もある。

いずれにしても、この債務超過分を埋めるためには（埋める必要はないという意見もあるが）、貸借対照表の左側を増やすか、右側の負債を減らすしかない。公債を発行して公共工事などを行えば、貸借対照表の左右両建てで残高が膨らむ。

他方、金融政策によって「インフレ期待」を醸成《じょうせい》す

図１　国債発行額等の推移

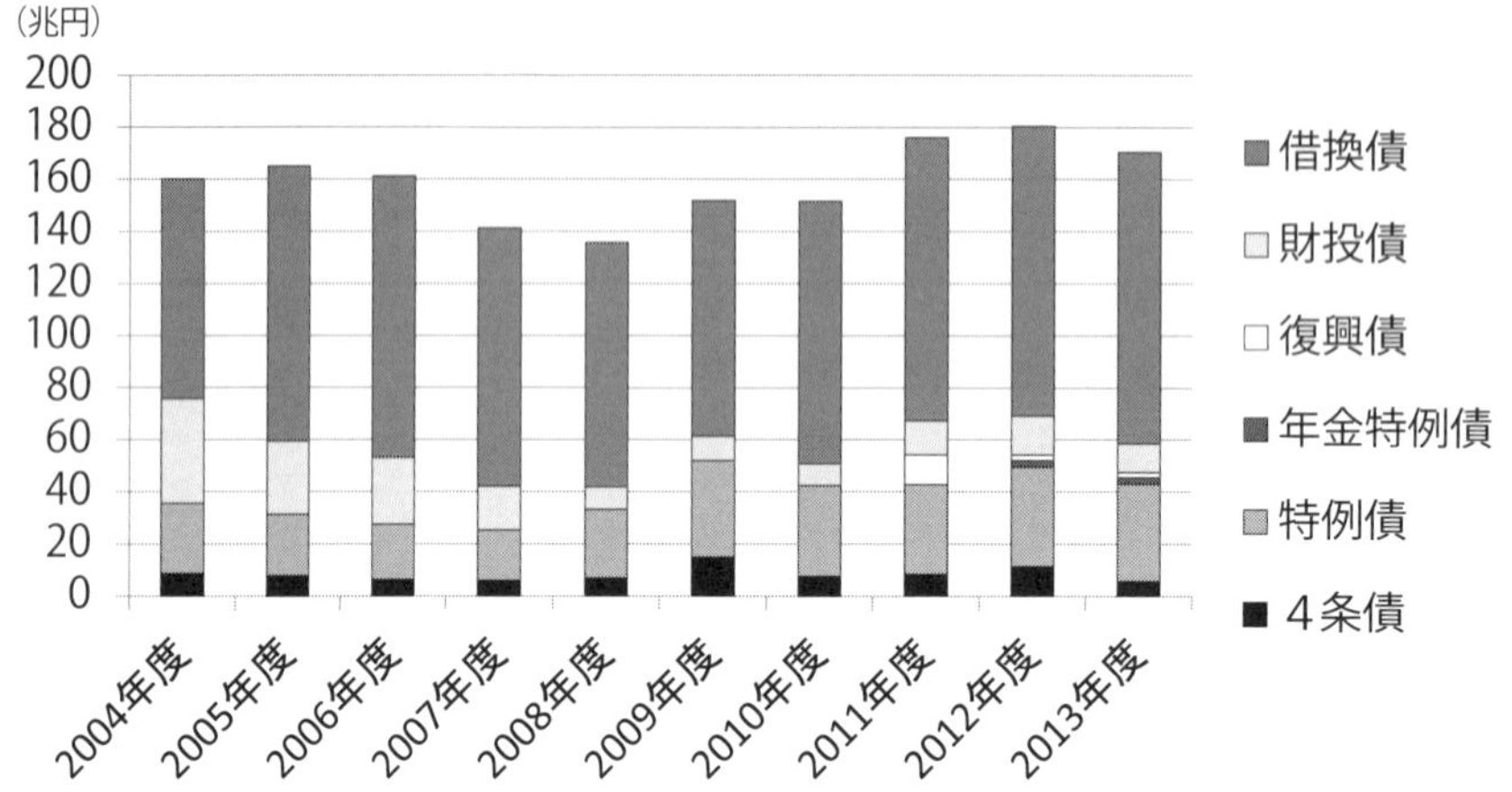

出典：財務省「債務管理レポート2013――国の債務管理と債務の現状」

ることに成功して景気が上向けば、税収が増えて実質的な負債額が減少する。ただし、このとき公債を資産として保有する民間金融セクターなどは、債券価格の下落に見舞われ、資本が毀《き》損《そん》する可能性がある。

国債は２００９年度から増加基調に

国債は、戦後は１９６５年から発行されるようになった。その後の残高推移をみると、１９９３年を底に急激に増え始め、２００５年度をピークとして、近年は減少傾向にあった。しかし、２００９年度からは再び増加に転じ、２０１２年度には過去最大の残高となっている（**図１**）。

建設国債（４条債）は、２００９年度に15兆円、２０１２年度に11兆円を調達している。

公的固定資本形成とは、政府が行う社会資本整備などの資本的支出である。公的固

図２　一般政府ベース：公的固定資本形成／ＧＤＰ比の推移

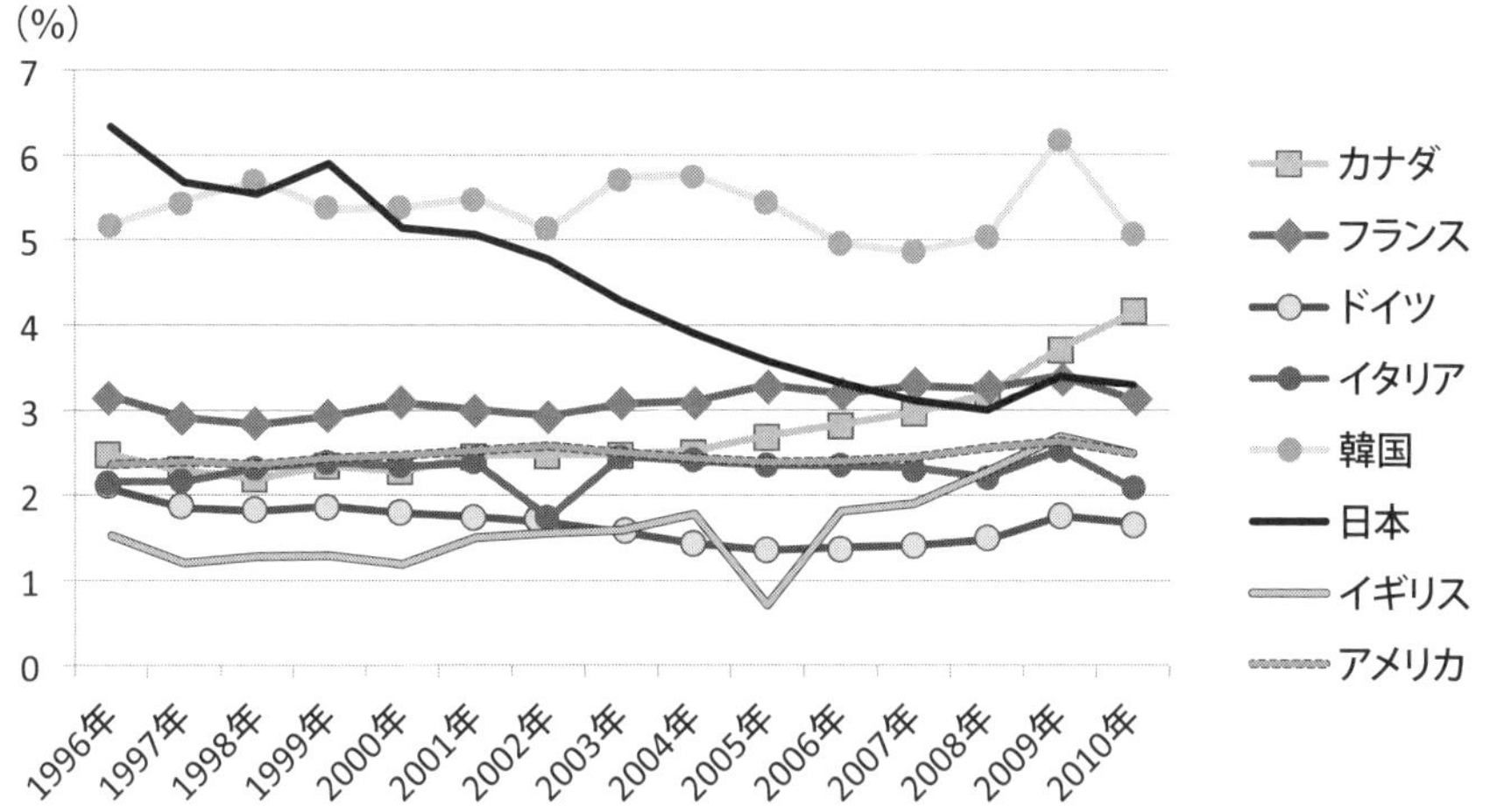

出典：内閣府「日本の社会資本 2012」

定資本形成と公共投資、公共事業とはほとんど同義語として使われることが多いが、公的固定資本形成には土地代が含まれない。

公的固定資本形成の状況をみると、２００１年以降、公共投資の抑制が進んだ結果、２００９年には公共投資の対ＧＤＰ比が３・５％にまで低下している（図２）。この間、急激な投資水準の減少から、社会資本に対する必要なメンテナンスなどに十分な資金が配分されなかった懸念も残る。

地方債も２００９年度から増加基調に

次に、地方公共団体の発行済み地方債残高の推移を示す。２０１２年度末における地方債残高は約１４５兆円で、２００９年度から増加傾向にある。なお、２００２年度には残高全体の２・９％に過ぎなかった臨時財源対策債が、２０１２年度には実に28・１％を占めるに至っている（図３）。

図３　地方債発行残高の推移

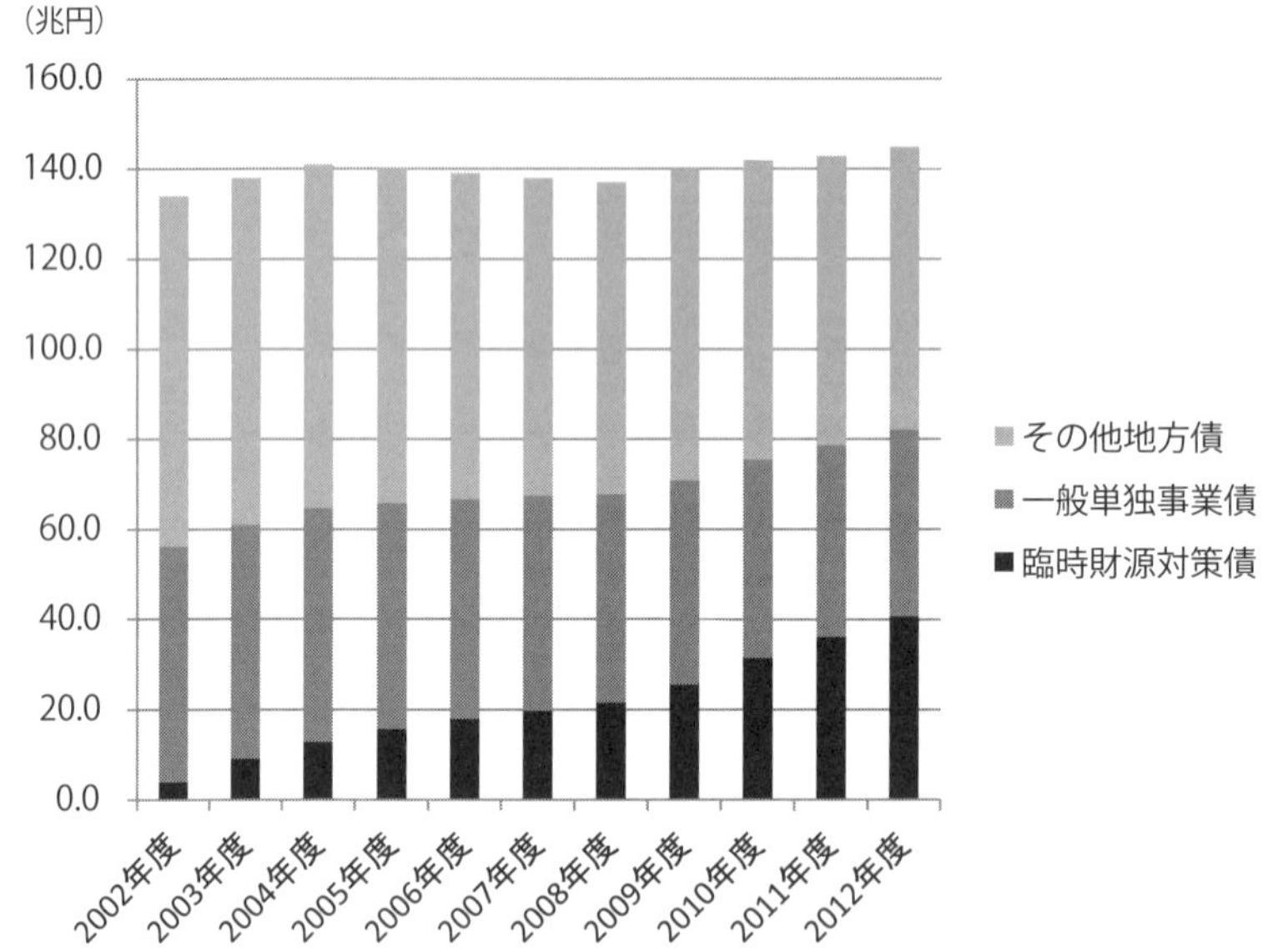

出典：総務省「地方財政の状況」（2014 年３月）

積極的財政出動の功罪

このように借金が膨れあがったのは、バブル崩壊後の財政運営によるところが大きい。バブル崩壊以降、政府は国債を財源とする巨額の景気刺激策を続けた。公共事業の追加と地方単独事業の拡大要請を主たる内容とする財政出動である。

積極的財政出動には、景気浮揚に成功すれば、その際に要した財源（借金）はその後の景気回復による税収の増加により返済できるという前提がある。しかし、現在の負債の増嵩《ぞうこう》をみるかぎり、その思惑どおりにはなっていない。

地方については、必ずしも野

放図な財政運営をしたからというより、国の景気対策に協力した結果として、公債残高を膨らませた部分が多いと考えられる。国の財政政策に足並みをそろえて地方財政も悪化を遂げたことは間違いない。しかし、その一方で、地方では公共事業の結果として地域の社会資本整備が進み、恩恵を受けたという側面もある。

このような国・地方の財政状況は、今後も持続可能なものであろうか。前述のとおり、不況期には政府部門が財政出動し、好況期になったところでその借金を税収で返済しようという目論見《もくろみ》は、これまで十分に機能していない。

今後、毎年度の借入金を縮小し、さらには残高を減らすためには、いくつかの方法がある。

①景気の上昇による税収の増加
②歳出の削減
③増税
④これまで形成してきた資産の売却

——などである。

あるいは、このほかにインフレによって借金を棒引きにしてしまえという論もある。歴史のうえでは、鎌倉から室町時代にかけての１５０年にわたり、幕府・朝廷が債務の棒引きをした「徳政令」の事例もある。

経済成長で税収は増えるのか

経済成長によって税収は増えるのであろうか。日本の国税収入は２０１４年度（一般会計＋特別会計）予算額で約54兆円である。仮に経済成長率が１％、税収弾性値が１・１程度とすると、

「54兆円×０・01×１・１＝０・59兆円」

――の増収となる（税収弾性値とは、名目ＧＤＰが１％伸びたときに税収が何％伸びるかを表した数値のこと）。単純にＧＤＰが年に10％成長すれば、税収の増加額は年５・９兆円となる。

過去３年間の日本の名目成長率は、２０１０年度１・３％、２０１１年度マイナス１・４％、２０１２年度マイナス０・２％であった。２０１３年度は１・９％であったが、今後、継続的に２％近い成長率を維持できるであろうか。

加えて、日本の総人口はすでに減少に転じている。人口が減れば、１人当たりＧＤＰが同じでも、ＧＤＰ総額は減ることになる。ということは、１人当たりの生産性を上げないと、ＧＤＰは減ってしまう。また、当然ながら、借金の総額は絶対額（ストック）として存在しており、人口が減ると人口１人当たり国債残高は増えることにもなる。

国の経済成長とは、その国の生産高が1年間でどれだけ増えたかを表すものである。一般的に生産高は、「労働力人口」「資本ストック」「その他」の３要素で決まるとされている。成長率とは、それら３つの要素の「伸び率」の合計になる。

生産高の３要素のうちの「労働力人口」は、とくに中長期の経済成長に大きな影響を与え

るとされているが、日本ではすでに減少を始めていることは周知のとおりである。

次の「資本ストック」とは、おおまかにいうと民間部門の生産設備のことである。民間部門の生産設備（取り付けベース）は２００９年度が対前年度比０・６％、以降、２０１０年度１・５％、２０１１年度１・６％の伸び率にとどまっている。２０１２年度は１・２％であった。今後、大きく円安に振れて海外生産拠点の国内回帰でも起こらないかぎり、国内で資本ストックが大幅に積み上がっていくという姿は想像しにくい。

こうなると、成長力を押し上げるために期待されるのは、最後に残った「その他」しかない。この「その他」の部分とは、まさに、「生産性」である。この生産性の向上が日本経済の成長に残された最後の切り札であるが、そのためには、新規産業の創造や労働市場の流動化など（既得権益者にとっては）痛みをともなう「構造改革」も必要となる。

日本だけ突出する債務残高

先進7カ国のなかで、これだけ大きな債務を抱えているのは日本だけである。**表5**は債務残高の対ＧＤＰ（国内総生産）比の推移である。過去16年の推移をみると、ドイツを除き、すべての国において増加基調にあるものの、日本だけが突出して悪化を続けている。この値が２００％を超えるのは、先進国のなかでは日本だけである。

日本と同様に財政状態の悪化が懸念されるイタリアもまた、近年、悪化傾向が強まっているが、それでも日本を大きく下回る水準にとどまっている。

図4は国民負担率の国際比較である。日本の租税負担率は24・1％、社会保証負担率17・

表5　７カ国の債務残高対 GDP 比の推移

（%）

暦年	1999 年	2000 年	2001 年	2002 年	2003 年	2004 年	2005 年	2006 年
日本	129.0	137.6	144.7	153.5	158.3	166.3	169.5	166.8
アメリカ	58.6	52.7	52.7	55.1	58.3	65.2	64.6	63.4
イギリス	46.7	44.6	39.9	40.5	41.1	43.2	45.5	45.3
ドイツ	61.8	60.8	60.1	62.5	65.9	69.3	71.8	69.8
フランス	66.8	65.7	64.3	67.5	71.7	74.1	76.1	71.2
イタリア	125.7	120.8	120.1	118.8	116.3	116.8	119.4	121.2
カナダ	92.2	84.2	85.7	84.8	80.3	76.5	75.8	74.9

暦年	1999 年	2000 年	2001 年	2002 年	2003 年	2004 年	2005 年	2006 年
日本	162.4	171.1	188.7	193.3	210.6	218.8	227.2	231.9
アメリカ	63.8	72.6	85.8	94.6	98.8	102.1	104.1	106.3
イギリス	46.4	56.7	71.3	84.5	99.0	102.4	107.0	110.0
ドイツ	65.6	69.9	77.5	86.3	85.8	88.3	86.1	83.4
フランス	73.0	79.3	91.4	95.7	99.3	109.3	113.0	115.8
イタリア	116.5	118.9	132.4	131.1	124.0	142.2	145.7	146.7
カナダ	70.4	74.7	87.4	89.5	93.6	96.1	97.0	97.1

出典：財務省「日本の財政関係資料」（2014 年２月）
http://www.mof.go.jp/budget/fiscal_condition/related_data/sy014_26_02.pdf

図４　国民負担率の内訳

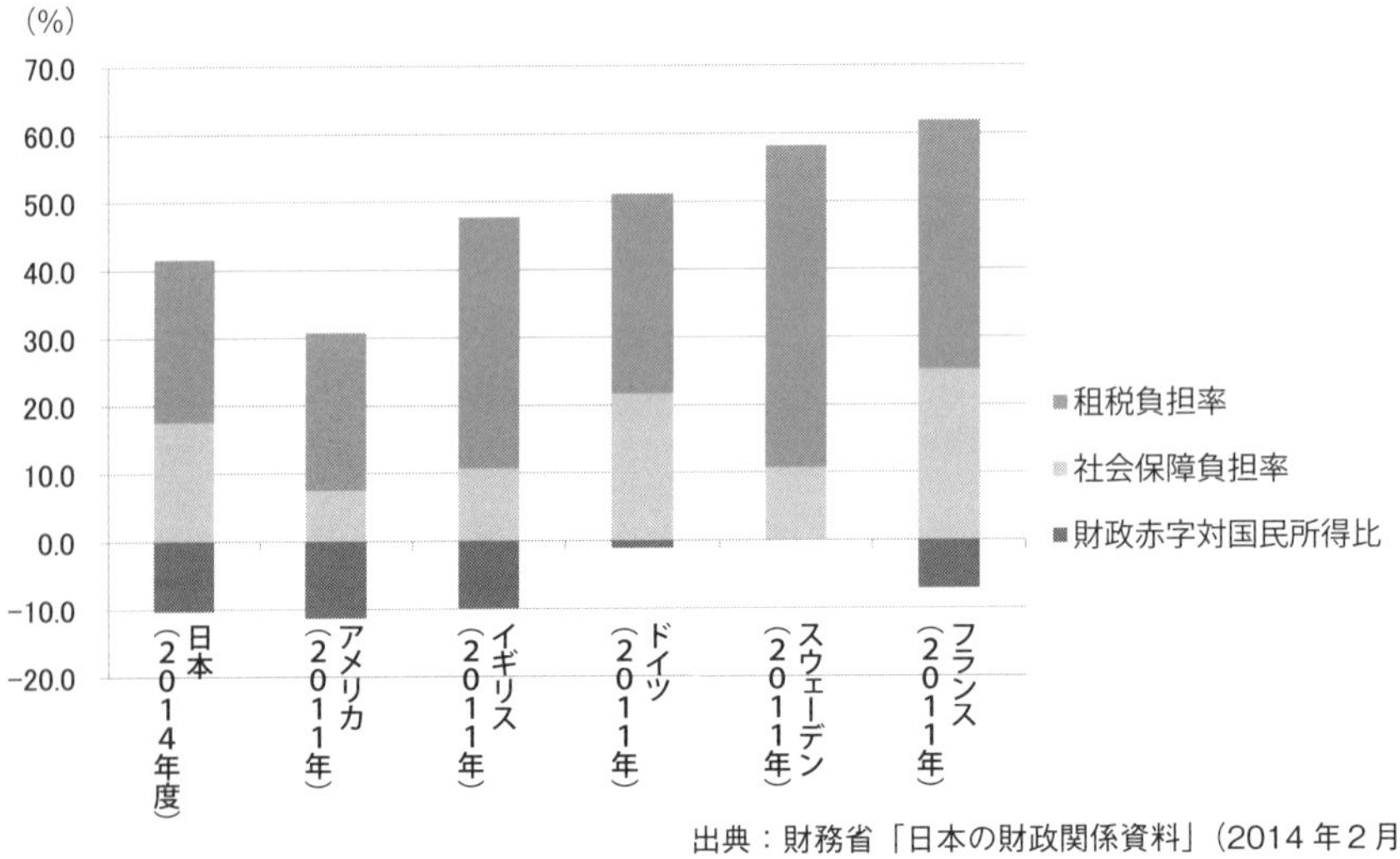

出典：財務省「日本の財政関係資料」（2014 年２月）
http://www.mof.go.jp/budget/fiscal_condition/related_data/sy014_26_02.pdf

5％、合計した国民負担率は41・6％である。図4からわかるように、アメリカは負担率の低い「小さな政府」である。一方、スウェーデンでは、租税負担率が47・5％、社会保障負担率が10・7％、合計した国民負担率は58・2％となっている。

図4でみるかぎり、日本の国民負担率は世界でも低く、どちらかというと「小さな政府」の部類にある。しかし、前述のとおり、債務残高を増やし続けているのもまた日本の特徴である。負担の先送り額が、国の貸借対照表の債務超過部分に表現されていることは、すでに概観したとおりである。

「国の財政再建の影響」で「地方の歳出削減」が迫られる

財政再建の目標としては、「プライマリー・バランス論」が議論されている。プライマリー・バランスとは「国の元利償還金を除いた歳出と借入金を除いた歳入の差」のことである。つまり、「国の支出と収入のバランス」を指す。プライマリー・バランスでは金利と名目の経済成長率が一致すれば、債務残高のＧＤＰ比は上昇しない。結局のところ、プライマリー・バランスの均衡とは、利払い分だけ借金が増えるということである。

また、「名目成長率＜金利」の場合は発散してしまい、デフォルト（債務不履行）に近づく。このバランスを達成するためには、地方財政への影響も避けられない。すでに地方公共団体も大きな借金を抱えており、それぞれの地方公共団体で健全化の努力が続けられているが、さらに、国の方針と歩調を合わせた財政再建が要請されることが予想される。

会計による可視化の必要性

現在、導入が進められている「新地方公会計制度」においては、その原点となった行政改革推進法第62条２項において「政府は、地方公共団体に対し、（中略）企業会計の慣行を参考とした貸借対照表その他の財務書類の整備に関し必要な情報の提供、助言その他の協力を行うものとする」と規定されている。

また、「経済財政運営と改革の基本方針」（２０１３年６月）においては「企業会計原則による公会計は、経営改革を進める上での基礎インフラであり、その導入を促進し、自治体財政の更なる『可視化』を推進する。あわせて、公共施設資産について、量・質両面から見直し、経営改革することが重要である」とされている。

国と地方を取り巻く環境が大きく変わりつつあるいま、何がナショナル・ミニマム（国民生活環境最低基準）なのか。そのあたりの線引きを議論し、見直すべき時期にきている。その議論を行うためにも、それぞれの団体が何をもっていて、何をもっていないのかをはっきりさせる必要がある。結局、「公会計」の導入が求められるのは、資産の整理を促すためともいえる。老朽化したインフラ資産の更新費用をどのように捻出《ねんしゅつ》していくのか。事態は切迫しており、喫緊《きっきん》の問題になっている。

地方公共団体における企業会計方式の導入

地方公共団体における企業会計方式の導入については、２０００年ころから複数の地方公共団体において、バランスシートなどの作成が始まっている。とくに東京都においては「機能するバランスシート」と称して、「貸借対照表」「行政コスト計算書」「キャッシュ・フロー計算書」の３表と会計方針および注記事項の開示を行った。

総務省においても、２０００年に「普通会計バランスシート」、２００１年には「行政コスト計算書」および「各地方公共団体全体のバランスシート」を、さらに２００５年に入っては「連結バランスシート（試案）」の作成基準をそれぞれとりまとめ、各地方公共団体に対して、作成・開示を要請することとした。ただし、これらのいずれについても、既存の決算情報などからの「組み換え」によって作成する、という手法を採用している。

これらの動きに対して、複式簿記というツールの採用とそれまでと違った報告形式という点でも、公会計に新たな地平を開いたのが２００３年に公認会計士協会の討議資料として公表された「公会計概念フレームワーク」である。このなかで、すでに中央政府と地方公共団体に対して、フローについては行政コスト計算書を中心とした体系ではなく、純資産の部の変動を記述するために用意された「純資産変動計算書」を中心とした体系が提示されている。また、その変動を記述するために新たに必要とされる公会計特有の仕訳例が例示されるという、非常に画期的なものであった。

また、資産・負債のストックについては、「公正価値」を測定基準として採用すべきことが述べられており、２００６年５月に総務省から公表された「新地方公共団体会計制度研究会報告書」（以下「報告書」）中に提示されている「基準モデル」と呼ばれる会計基準においても、その考え方がそのまま継承されている。その意味で、「報告書」にて提示された基準モデルは「公会計概念フレームワーク」で展開された体系と、同フレームワークで定義された4表を、実際に地方公共団体で作成するために具体化したものであった。

新地方公会計制度の概要

新地方公会計制度の「位置づけ」については、２００７年8月に総務事務次官から全国の地方公共団体に配布された「地方公共団体における行政改革の更なる推進のための指針の策定について」（以下「通知」）に表現されている。そのなかでは「簡素で効率的な政府を実現するための行政改革の推進に関する法律」（行政改革推進法）第62条第2項において「政府は、地方公共団体に対し、（中略）企業会計の慣行を参考とした貸借対照表その他の財務書類の整備に関し必要な情報の提供、助言その他の協力を行うものとする」という規定があることに触れている。

行政改革推進法とは「政府又は地方公共団体が実施する必要性の減少した事務および事業を民間にゆだねて民間活動の領域を拡大すること」（同法第2条）を理念とする法律である。その意味で、新地方公会計制度は、官と民の役割分担を見直すうえで、官が行う事業のコストやその背後にある資産の状態がどうなっているのかを「可視化」する役割を負っていた。

そこでは、従来行ってきた（現在もそうであるが）、現金の流れだけを補足する「官庁会計」を捨ててしまうのではなく、「補完的」に発生主義の考え方を取り入れることを企図している。あくまでも従来の官庁会計が「正しい会計」（予算・決算は現金主義）であるが、それでは十分に表現できない会計情報（例えば、資産や引当金など）を、追加の財務書類をつくって、

「参考情報」として提供することを意図しているのである。

以上を踏まえ、この「報告書」が出た段階で、地方公共団体に求められたのは次の諸点であった。

①原則として国の作成基準に準拠し、発生主義の活用および複式簿記の考え方の導入を図り、

②貸借対照表、行政コスト計算書、資金収支計算書、純資産変動計算書の4表の整備を標準形とし、

③「地方公共団体単体および関連団体なども含む連結ベースで、

④「地方公共団体財務書類作成に係る基準モデル」または「地方公共団体財務書類作成に係る総務省方式改訂モデル」を活用して、公会計の整備の推進に取り組むこと。

⑤その際、取り組みが進んでいる地方公共団体、都道府県、人口3万人以上の都市は3年後までに、取り組みが進んでいない地方公共団体、町村、人口3万人未満の都市は5年後までに、4表の整備または4表作成に必要な情報の開示に取り組むこと。

この結果、地方公共団体の実務担当者が直面している「現実」を整理すると、次のようになる。

①現金主義・単式会計による現在の官庁会計事務を行いながら（地方自治法が改正されたわけではない）、

②「報告書」に示されている「基準モデル」もしくは「改訂モデル」のどちらかを選んで（どちらかに一本化されているわけではない）、
③財務4表を連結ベースで作成し（今回の連結財務諸表が標準形とされている）、
④今後の制度改訂にも備える必要がある（現時点では基準モデル、総務省方式改訂モデル、さらには東京都方式、そのほか独自基準など複数の公会計基準が乱立している）。

公会計モデルの比較

前述のとおり、総務省からは2つの会計基準が提示されており、地方公共団体は原則として、そのどちらかを選んで財務書類を作成・公表することになっている。

総務省の2方式以外にも「東京都方式」や「大阪府方式」といった会計基準が、それぞれ東京都と大阪府から独自に提案されている。東京都方式や大阪府方式は本格的な企業会計方式として用意されており、これらの会計基準を採用する地方公共団体もあるが、現時点では少数派にとどまっている。

総務省の用意した「基準モデル」の特徴とは何であろうか（**表6**）。作成手順という観点からのみ要約すると、その特徴は、①資産の評価・算定については、初年度、各団体に現存する有形・無形の資産を公正価値にて評価して、開始貸借対照表にリストアップする、②毎年発生する個々の取引については、ストック・フロー情報として網羅的に把握して複式記帳し、③財務書類の作成については、元帳から誘導法的に行う――ということになろう。

他方、「総務省方式改訂モデル」においては、①売却可能資産については時価評価を行い、

表6　公会計モデル3方式の主要項目比較表

	基準モデル	総務省方式改訂モデル	東京都方式
税収の取り扱い	持分（出資）	持分（出資）	収益
財源仕訳	必要	必要	不要
固定資産の算定方法（初年度期首残高）	○現存する固定資産をすべてをリストアップし、公正価値により評価	○過去の建設事業費の積み上げにより算定⇒段階的に固定資産情報を整備 ○売却可能資産は時価評価	○現存する固定資産をすべてをリストアップし、原則として取得価額により評価
固定資産の算定方法（継続作成時）	○発生主義的な財務会計データから固定資産情報を作成 ○その他、公正価値により評価		○発生主義的な財務会計データから固定資産情報を作成 ○原則として取得価額にももとづき評価
台帳整備	○開始貸借対照表作成時に整備　その後、継続的に更新	○段階的整備を想定⇒売却可能資産、土地を優先	○開始貸借対照表作成時に整備　その後、継続的に更新
作成時の負荷	○当初は、固定資産の台帳整備および仕訳パターンの整備などにともなう負荷あり ○継続作成時には、負荷は減少	○当初は、普通建設事業費の累計額と現実資産の差額の算定などにともなう負荷あり ○継続作成時には、段階的整備にともなう負荷あり	○当初は、固定資産の台帳整備及び仕訳パターンの整備などにともなう負荷あり ○継続作成時には、負荷は減少
財務書類の検証可能性	○開始時未分析残高を除き、財務書類の数値から元帳、伝票にさかのぼって検証可能	○なし ○複式簿記化すれば可	○基本的には財務書類の数値から元帳、伝票にさかのぼって検証可能
財務書類の作成・開示時期	○出納整理期間後、早期の作成・開示が可能	○出納整理期間後、決算統計と並行して作成・開示	○出納整理期間後、早期の作成・開示が可能

総務省「中間とりまとめ（案）」掲載の表をもとに作成
http://www.soumu.go.jp/main_content/000240690.pdf

それ以外の資産については過去の普通建設事業費の積み上げにより算定し、②資産台帳や個々の複式記帳によらず、③既存決算統計情報の活用を認めている。この方式では、固定資産台帳の整備が必須とはされておらず（段階的整備は求められているが）、決算統計の組み換えによる作成方法によるため、これまで財務諸表の作成になじみのなかった、比較的規模の小さな団体向けとされている。新地方公会計制度の根拠法である行政改革推進法の理念にかんがみれば、公会計改革の出口としては「台帳整備」

と「複式記帳」が当然に要請されるところである。

複式記帳による財務書類の作成

ここで、基準モデルや東京都方式による財務諸表の作成に際し、必要な手順や複式簿記の考え方について整理しておこう。

まず、最大の難関とされるのが「固定資産台帳の整備」である。現行の官庁会計においては「資産」の概念がない。もっとも、各地方公共団体においては「公有財産台帳」や「道路台帳」「備品台帳」といった各種の財産を管理する台帳をもっている。しかし、これらはまさに「物の管理」に特化した台帳であって、そこには会計上必要な「簿価」がないか、あっても何らかのルールに従って継続的にメンテナンスされた状態になっていない場合がほとんどである。

そこで、財務書類作成の第1ステップとして、各団体が保有している「財産」を洗いざらい棚卸しして、それらに対して個別ルールに従って「値決め」を行い、償却対象資産であれば個別に償却年数を設定し、減価償却を行い——といった手順を踏んで、スタート時点での固定資産台帳を作成しなければならない。こうして作成された固定資産台帳に登録された資産のみが貸借対照表に計上される。

いったんこのように「台帳作成」してしまえば、何年かに1度の「評価替え」があることを除けば、毎年毎年、資産を棚卸しして、評価し直して、という作業は行わない。償却年数が定められた資産については、その年限に従って償却をほどこし、新しく増えた資産については、その情報を台帳に継ぎ足していくことで、毎年、固定資産台帳は更新・維持されていく。複式簿記は、この固定資産台帳に対して「新しく増えた資産」の情報を受け渡す機能を果たすことになる。

現在の官庁会計が採用している単式簿記は、予算によってあらかじめ策定された歳入・歳出の計画に従って、現金がどのように収入され、支出されたか、という観点から取引記録を残すものである。他方で、複式簿記では、現金の増減という取引の結果に加え、どのような取引に起因して現金が増減したのかという原因にも着目して帳簿に記録していく方法である。このように複式簿記は取引を原因と結果という２つの側面から把握していくもので、歳出に着目すれば、現金が支出されるという結果についても、２つの原因が考えられる。「費用」として使ったのか、あるいは「資産」を形成したのか、である。これにより財産の計算と損益の計算を同時に行っていく。すなわち、現金の減少という結果がもたらされたのは、経費を支払うという原因の発生があったのか、道路・橋という行政財産を形成するという原因があったのか、ということになる。

そこで、複式簿記では、経費の支払いという原因を費用の発生、その結果、現金という資産の減少と認識するか、もしくは道路をつくるという原因（目的）のために行政財産（資産）の増加と現金という資産の減少が結果的に発生したと認識して、これを会計帳簿に記録する。

前記の例以外にも、例えば、現金の増減をともなわないものであっても、取引には必ず何らかの原因があるため、それにともなって結果が存在しているという規則性が見出せる。複式簿記とは、このような取引の規則性に着目して、原因と結果とを同時に把握して記録していこうとするシステムである。

複式はたいへんか

複式簿記の導入を図る際、現行の官庁会計とは大きく異なる経理事務が必要になるであろうか。実は実務上それほど大げさな話にはならないと考える。その理由はいくつかあげられるが、まず、「出納整理期間」の存在がある。

現行の官庁会計では、その是非は別として、当該年度が3月末日で締まった直後の4月1日から5月31日を「出納整理期間」として位置づける。これは、前会計年度中に確定した歳入・歳出について、未収および未払いとなっている現金の出納上の整理を行うために用意されたものである。現行の予算・決算が単年度主義ということもあり、未収金や未払金などは、この2カ月の間に極力整理してしまう。

次に、地方公共団体の予算（歳出）は、その編成の段階で、かなり細かい使い途まで定めてしまう、ということがあげられる。予算（歳出）は、土木関係に使う予算、教育関係に使う予算といった目的別に編成されると同時に、その内訳として人件費や物件費といった支出の性質までも特定されている。

このように目的別・性質別に編まれた予算（歳出）が、そのまま執行された場合、その支払いが現金で行われることを考えれば、それはほとんど自動的に「複式簿記」になっていると考えてもいいはずである。前述のとおり、会計処理における複式性とは、ある経済取引の原因と結果を2方向から記述しようとするものであった。官庁会計においては、ほとんどの取引が現金の「出入り」であり、人件費なのか経費なのかは、予算の段階でほぼはっきりしている。すなわち、現在の経理システム上、複式簿記に移行するために必要な情報はすでにほとんど具備しているといえる。

ただ、実務上すんなりいかないのは、現金の支出が「費用」とされるのか、「資産」と処理されるのか、それを区分する明確な情報を現行制度上は持ち合わせていないところである。結果的に、いくつかの限られた支出については「費用か資産か」についての吟味《ぎんみ》が必要になるが、逆にいえば、その情報を何らかのかたちで追加することができれば、現行の官庁会計から企業会計への移行はそれほど飛躍を要する話ではない。

このように一見煩瑣《はんさ》と思われる複式簿記にも、たいへん便利な点がある。その1つが仕訳データの蓄積から「誘導的」に財務諸表が導出できるという点である。それぞれの勘定科目は、最終的に出力が予定されている財務諸表中の表示項目の、どこに集計・表示されるかが決まっている。したがって、ある一定の期間経過した後において、その一定の期間内に発生した取引の結果（仕訳データの蓄積）を集計していくと、資産や負債の残高が確認でき（貸借対照表の導出）、また、その損益について知りたければいつでも把握できる仕かけとなっている（行政コスト計算書の導出）。

「資産」の認識こそが「発生主義」

前述のとおり、これまで地方公共団体においては、自己が保有する財産について、どれくらいの経済的価値があるか、という観点からは認識していなかった。発生主義の観点からは、団体がもつこのような財産について一定のルールにもとづいて「資産価値」を算定し、個別に台帳に登録して、その総額を「貸借対照表」（バランスシート）に計上することが求められている。

団体がもつ資産は、長く住民に行政サービスを提供するために保有しているので、原則的に売却目的ではない。そのため、売却可能性のない道路などのインフラ資産について経済的価値を計測してどうするのか、という意見もある。しかし、新地方公会計制度では、道路などの住民生活に必要な「インフラ資産」についても、次の状況をはっきりさせるため、価値を算定すべきものとされている。

①過去、どれだけの投資を行ってきたのか。その残高をはっきりさせる。
②それらの資産が現時点でどれだけ目減りしているかをはっきりさせる。
③同時に、今年の目減り分を「設備の使用料」と考えて、その額をはっきりさせる。
④将来、設備をつくり直すとした場合、そのおおよその見積額を提示する。

資産の更新問題

固定資産台帳をきちんと作成することで、建物・設備の老朽化について簡単に全貌を示すことが可能となる。老朽化のレベルは重要な資産に対して個別に検討すべきであり、資産の取得価格に対する減価償却累計額の割合が「老朽化」の目安となり得る（表7）。

ここで減価償却累計額とは、ある償却対象資産について、これまで行われてきた減価償却額を積み上げたものである。減価償却累計額が大きければ大きいほど、その分だけ当該資産

表7　老朽化比率

（百万円）

資産名称	取得額（A）	年度末の評価額（B）	資産老朽化比率 (C)＝(A－B)／(A)
庁舎施設	8,546	3,514	58.9%
消防施設	3,405	1,578	53.7%
市営住宅	16,177	7,139	55.9%
保育園	4,211	1,550	63.2%
幼稚園	1,573	521	66.9%
小学校	42,834	14,339	66.5%
中学校	23,754	8,738	63.2%
公民館	5,717	2,347	58.9%
ふれあい館	280	39	86.1%
福祉施設	2,654	898	66.2%
文化施設	8,617	3,876	55.0%
保険・衛生施設	24,640	12,756	48.2%
スポーツ施設	4,766	1,760	63.1%
生涯学習施設	14,133	5,889	58.3%
その他公共施設	4,323	1,690	60.9%
公共施設合計	165,630	66,634	59.8%

出典：市川市「主な公共施設の資産老朽化比率」
http://www.city.ichikawa.lg.jp/common/000164523.pdf

の価値が減少していることを意味する。また、減価償却費とは、1年以上長持ちする物（例えば、庁舎など）を購入した場合、その購入した年にすべての価値が失われると考えずに、その庁舎の償却年数に従って、ゆっくりと価値を減らしていく会計上の技法である。仮に庁舎が50年の償却年数をもつとすれば（物の種類ごとに個別に会計上の償却年数が定められている）、毎年、購入価格の50分の1ずつを毎年減少させていく。減価償却費はその施設の「利用料金」として、すなわち会計上「費用」として毎年処理される。

　また、すでに固定資産台帳を整備した地方公共団体において、現在、団体が保有している建物・設備などをすべて将来的に建て替えようとし

表８　将来の資産更新必要額

（億円）

	建物	公共施設	その他	合計	年平均
～2009年度	72	163	10	245	—
2010～2014年度	33	169	3	205	41
2015～2019年度	180	175	0	355	71
2020～2024年度	209	266	0	475	95
2025～2029年度	147	268	0	415	83
2030～2034年度	107	224	0	331	66
2035～2039年度	177	437	0	614	123
2040～2044年度	202	467	0	669	134
2045～2049年度	49	626	0	675	135
2050～2054年度	102	328	0	430	86
2055～2059年度	57	61	0	118	24
合計	1,335	3,184	13	4,532	—

※「公共施設」には、道路、橋梁、下水道などのインフラ資産が計上されている
「その他」には、物品、機械器具、工作物などが計上されている

出典：総務省「地方公共団体における財務書類の活用と公表について」
http://www.soumu.go.jp/main_content/000057057.pdf

た場合、手元にある資金ではとうてい充足できないという事実が明らかになってきている。

同時に、毎年の更新（修理・更新など）は将来に繰り延べられており、帳簿上の償却年限が終了しても使用され続ける建物・設備の割合が増えるなど、保有資産の老朽化は着実に進行しているものと考えられる。その結果、建物・設備などの整理・統廃合が必須の情勢であり、団体が自前では現有の資産を維持しきれない可能性がうかがわれる。

表8は、ある地方公共団体の固定資産台帳から算出される「資産の更新必要額」を表したものである。縦軸には5年刻みの時間軸がとられている。横軸は、台帳上、その5年間に資産としての償却年数が満了し、簿価がゼロになった資産について、当初いくらで購入したかという取得価額を集計し

たものである。

例えば、２０１０～２０１４年度の５年の間に、建物33億円、公共施設１６９億円、その他３億円、合計２０５億円相当の公共資産が帳簿上ゼロになったことを示している。平均すれば、毎年、この５年間では41億円ずつ公共資産が会計上の償却年限を終えたことになる。

もちろん、これは台帳上の価額がゼロになったということであり、公共資産の物理的な寿命が尽きたということを示すものではない。ただ、相応の減価償却期間をもって償却を続けた結果、帳簿価額がゼロになったということであるから、それらの資産については相当程度の老朽化が進んでいると考えられるし、いますぐではないにしても、早晩これら施設について「どうするのか」を意思決定しなければならないということになる。「どうするのか」というのは、もちろん、建て替えるのか、建て替えないのか、更新するとしても単純な建て替えではなく集約化するのか、しないのか、その財源はどうするのか——などの方針を定める必要性があるということである。

表8をみればわかるとおり、更新にかかる費用の規模は、道路・橋梁などのインフラが大きな比重を占める。現在、公共施設マネジメントについて広範な取り組みが進められているところであるが、留意しなければならない点は、道路・橋梁などのインフラを含む公共施設全体の更新必要額が、中長期の地方公共団体財政に対する制約条件として重くのしかかってきているという事実である。

「研究会」の方向性

現在、総務省の「今後の新地方公会計の推進に関する研究会」（２０１０年9月30日〜）において、今後の公会計のあるべき姿について議論が進められている。そこでは、これまでに財務書類の様式の統一や固定資産台帳整備の義務化など一定の方向性が打ち出された。

http://www.soumu.go.jp/main_sosiki/kenkyu/chikousuiken/index.html

財務書類の様式の統一については、おおむね現行の基準モデルの様式をベースに、表示科目の簡略化の方向で議論が集約された。従来、大きな議論のあった税収の取り扱いについては、現行の総務省の基準モデル、総務省方式改訂モデルに準じて、純資産変動計算書での計上とされている。他方で、これも作業負荷の観点から議論のあった財源充当の処理については、仕訳のかたちで作表作業に取り込むのではなく、別途、付属明細書に外出しするかたちで整理された。

研究会では、固定資産台帳の整備についても議論が進められたが、そもそも、２００６年度に制度設計された「新地方公会計制度」において、固定資産台帳整備の重要性が認識されていた。しかし、作成事務の負担や総務省方式改訂モデルが許容した「台帳の段階的整備」などを理由に、これまで全国の地方公共団体において台帳整備はほとんど進んでいないのが実情である。

台帳整備の作業部会において議論されたのは、主に資産の評価方法と、台帳として具備しなければならない項目の整理である。資産の評価については、従来、基準モデルにおいては

「公正価値」、東京都方式などでは「取得原価」とされていたが、研究会における結論としては、開始時残高の算定に取得原価を原則とすることで一応の決着をみた。

また、台帳項目については、資産マネジメントの観点から新たな項目の追加が論じられている。これは、地方公共団体管財部門を中心に議論されてきた施設の長寿命化、統廃合、総量削減などの現実的要請を反映したものである。資産マネジメントを効率的に進めていくためには、公会計の推進にかかる固定資産台帳整備を奇貨《きか》とすべきである。

固定資産台帳の整備促進

台帳整備のあり方そのものや、その先の利活用を考えた際にいくつかの論点がある。1つは資産評価の問題、いま1つはその管理単位・粒度の問題である。1つめの論点、資産の評価をどうするか、何を開始時の「簿価」とするかという論点であるが、資産評価についてはおおまかに2つの方針がある。1つは「取得原価」、いま1つは「公正価値評価」である。

取得原価とは、文字どおり資産を取得した際に支出した金額を（償却対象資産については減価償却累計額を減じたうえで）「簿価」として採用する考え方である。これは民間企業でも採用されている方法であり、一見違和感はない。また、支出した際に財源として充《あ》てられた公債などがバランスシートの右側に計上されることを考えれば、支出と形成された資産を同じ価値尺度で並べてみせることになり、「わかりやすい」ともいえる。

また、取得原価を支持する立場では、測定の客観性が歴史的原価（実際に支払った金額）のほうが優れており、恣意《しい》性が介在しにくく、また、更新については定額法などの減価償却ではなく、取替法による減価償却を実施すれば足るとする意見がある。しかし、取替法は取替に要した支出額を取替時の費用として処理する方法であるが、それゆえ、取替事象が発生するまで減価償却費が計上されないため、費用の期間配分を歪めるおそれがあるという問題点が指摘される。

他方で、「公正価値評価」とは、「時価」もしくは「再調達価格」という2つの概念を包摂《ほうせつ》するものである。以前10億円（取得原価）で購入した施設を、現在つくり直すとしたら20億円かかる場合、その20億円を資産の価値と考えようというのが公正価値評価である。両者には一長一短があるが、今後、行政としてどれだけの資産を更新していかなければならないのかという金額情報を得るためには「公正価値」が有用であると考えられる。

インフラ資産については、その売却不能性をもって資産計上を否定する意見もある。しかし、公会計に要請される点が単なる「企業会計化」ではなく、資産管理としてストックをフローと同じ尺度で測定することにあると考えれば、インフラ資産を計上することの是非については論をまたない。インフラ資産のストック性を認め、その効用が続く期間にわたって費用配分することが重要である。

資産マネジメントとの連動

2つめの論点、管理単位・粒度とは、どういった大きさ・塊で台帳に登録するかということであるが、資産の種別、例えば、道路や建物によっても粒度は異なる。建物については「棟」の単位での管理が前提となろう。行政財産（建物・床面積ベース）の6割を占めるといわれている教育委員会配下の施設については、「学校施設台帳」というものがすでに存在するが、その管理単位は「棟」である。

近時、公会計の台帳整備とは別の流れとして、「施設保全台帳」や「資産マネジメント」「施設カルテ」といった、個別の施設などを「詳細に管理」していこうという考え方がある。「詳細に管理」というのは、耐震化の度合い、稼働率、維持補修履歴、劣化度、クレーム情報、施設機能など、主に定性的データの管理・収集である。公会計用の固定資産台帳がバランスシートに計上すべき資産を網羅的に、かつ統一的評価基準によって整理しようとするものであるのに比べて、このような施設保全台帳は長寿命化計画の策定やその基礎となる維持・修繕の記録を一元管理するために作成されることが多い。この保全情報を整理して「施設マネジメント白書」というかたちで公表する団体が多くなってきているのは周知のところである。

実務上は、これら公会計・固定資産台帳と施設保全台帳との連絡をどのようにとっていくか、ということが論点になっている。１つに統合してしまうというのがわかりやすい答えではあるが、実際はデータベースが大きくなりすぎたり、システムが複雑になったりして、実運用されているケースは少ないと思われる。

他方、２つを分離して運用する場合はそれぞれの機能に特化して管理していくものの、２つの台帳を媒介するキーとして「棟」の単位を指定しておけばよいのではないかという考え方がある。財務会計上の処理として、修繕費などの支出伝票を切る際に棟単位のコードを付与しておけば、財務→公会計→施設保全というかたちで金額データが連絡できるからである。

発生主義は何の役に立つのか

一般会計や普通会計の決算や予算に発生主義を導入することで、いったいどういう利益があるのか。最後に、この問いかけについて整理しておきたい。

発生主義の代表的な勘定科目は「減価償却費」である。その意義については、すでに地方公共団体が運営する「公営企業会計」の制度設計において如実に現れている。すなわち公債などで調達した初期投資額をその設備の償却年数に応じて分割し（減価償却費）、それを毎年の売上に対する「費用」として料金に織り込んで受益者から回収し、それを内部留保しておき、来るべき公債の償還に備える――ということであった。結論を先取りすると、一般会計や普通会計に発生主義を導入することで得られるメリットも、この公営企業会計にみられる投資資金の回収メカニズムと同じことなのである。

ここで、減価償却費を媒介して行われる投資資金回収メカニズムと「建設公債主義」との関係を確認しておこう。建設公債主義とは、地方財政法第5条および第5条の2により、次の2つを意味すると考えられる。

①起債は必ず資本的支出に充当しなければならない。
②公債の償還年限は資産の耐用年数よりも短く設定する。

すなわち、地方財政においては国とは違って、借金の見合いとして必ず資産が存在し（財源対策債などは別)、しかも、その資産の耐用年数と同じか、もしくはそれよりも短い期間で償還するように義務づけられているため、発生主義によらずとも現金主義の世界のなかで短期の資金繰りだけに留意していれば足りるというものである。

だが、果たしてそうだろうか。実はそれでは困ることが起きるのである。次に簡単な事例を使って確認してみよう。ある架空の地方公共団体において新しく市庁舎を建設するとしよう。この市ではほかにいっさいの行政サービスを行っていないとする。

[条件]

① 市庁舎を10億円かけて建設する。土地は所与。
② 財源は全額公債で調達。
③ 建物の耐用年数は5年。
④ 公債は5年後に一括償還。金利ゼロとする。

このとき、5年後の公債償還に向けて総額10億円の税収が確実に調達できれば問題ない。各年度の「垂直的公平性」を考えるなら、毎年2億円ずつの税収を減債基金に積み立てておけばよいということになる。

では、条件②を変更して財源を税収で半分、公債で半分とした場合はどうなるであろうか。「建設公債主義」の立場からは建設費の半分だけ、すなわち公債の償還原資分だけを内部留保すればよいという結論になる。この事例では最終的に5億の償還原資が必要になる。その場合、毎年1億円ずつの積み立てが必要であろう。

ところでこのとき、建設当初に税収を財源とした5億円部分についても（当たり前だが）毎年老朽化が進んでいることを考えるならば、公債の償還分だけを積み立てておけばよいという考え方では、この5年間、市庁舎を利用し続けた各世代の「負担不足」ということになりはしないだろうか。この市庁舎建設において、公債負担以外の財源は、それまでの「建設前世代」が負担した財源に依存したのであるから、次のようにもいえる。すなわち、建設後1〜5年世代は、建設前世代が負担した財源部分はそのまま享受し、公債返済額「だけ」を負担するのである。

では、仮に6年目以降にも同じ建物が必要だとして、それを前と同じ方法で建設するとしたら、公債以外の財源はいったいどうしたらよいのであろうか。今度は財源は積み立てられていないのである。ただ、過去世代が負担してくれたものを後世代が食い潰すのは「勝手」であるという判断もあろう。また、新しく市庁舎を建て替えるのに再び同じく10億円かかるということではないかもしれない。

子孫に美田を残すかどうかは、垂直的公平性にかかわる議論であり、まさに政治そのものである。ただ会計は、当初建設費の10億円について、財源のいかんによらず、毎年各世代が負担すべき2億円の減価償却費（定額法）相当額を明示することで、この議論に数的基礎を提示することが役目である。

その減価償却費は、発生主義公会計の世界では行政コスト計算書に費用として計上される。そして、税収を「売上」としてこの行政コスト計算書上に計上し、その損益が少なくともゼロ（＝発生ベースで収支均衡している）なら、少なくとも、その地方公共団体は施設の更新費用までも手当てしたかたちで「回っている」ことになるのである。

この収支均衡状態においては、減価償却費相当額が現金で手元に残っているはずである（税収はすべて現金で収入されていると仮定）。この現金は、もちろん建て替え費用として手元に留保しておかなければならならない。

このような簡単な事例でわかることは、

①減価償却概念を導入することで更新費用の問題を明示化し、
②毎年の減価償却額をもって施設利用に関する垂直的公平性の尺度を示し、
③行政コスト計算書の収支均衡によって更新費用の確保を判定し、
④貸借対照表に減価償却累計額見合いの更新基金残高が存在することで健全性が確認される。

――ということなのである。

まとめ

地方公共団体がたいへんな「資産持ち」であることはまぎれもない事実ではあるが、それら施設の維持・更新・保全は中長期の行財政運営における軛《くびき》といっても過言ではない。施設の問題は財務の問題そのものであり、財務諸表の作成は財政課、施設保全は管財課という縦割りの仕事ではもはや立ち行かない。施設の保全計画と財政の中長期シナリオを連動させるべく、旧来の縦割りを廃した横串のデータ共有を、さらには住民への情報還元を積極的に行っていくことが重要である。

現行の官庁会計においては、維持管理費（費用計上）と新規投資（資産計上）を明確に区分しない。そのような状況下で維持管理費を含む公共工事が削減されれば、本来必要な維持管理に資金が回らない危険性が生じる。他方で、景気対策として財政出動された場合は、不要不急の施設が建設され、将来世代に対しての重荷になることは、前述のとおりである。

このように、資産更新に必要な財源確保と会計的説明責任の問題を解決するためには、予算・決算に発生主義会計から得た情報を接続する必要がある。決算だけ発生主義によってコストを認識し減価償却費を計上しても、予算が現金主義的発想のままであれば、結局、事業は現金主義ベースで計画・執行されるだけのことである。予算自体が発生主義の情報を加味して、編成され配分・決定されることで、初めて将来世代を含む住民全体への会計的説明責任が達成されるのである。

松村　俊英

参考文献

①「公会計」、桜内文城、ＮＴＴ出版、２００４
②「『基準モデル』で変わる公会計」、松村俊英、東峰書房、２０１０

③「今後の新地方公会計の推進に関する研究会報告書」、総務省、２０１４
④「新地方公会計制度研究会報告書」、総務省、２００６
⑤「新地方公会計制度実務研究会報告書」、総務省、２００７

▼トピック▲

タテ割りから「ヨコの連携」へ
第3回　公共施設マネジメントシンポジウム報告

2013年10月3日、早稲田大学大隈小講堂で「ヨコの連携」をテーマとした公共施設マネジメントシンポジウムが開催された。本シンポジウムでは、日本の公共施設問題は、単なる施設老朽化の問題ではなく、財政的危機が大きな原因であることを認識し、これからは国と地方自治体がタテの関係から抜け出し、ヨコの関係で連携することの重要性が認識された。講演者およびパネリストには、経営的かつ横断的な視点から全国の地方自治体の公共施設マネジメントを指導している研究者や、経営的な立場からマネジメントを推進している国および地方自治体の代表者が招かれた。

ハコモノ＝公共サービスという考え方を改める

小松幸夫・早稲田大学教授からは、公共サービスをいかに提供するか、そして市民といかに向き合うかについての課題が指摘された。

（講演の要旨）

今後の公共施設のあり方において、まず、施設とサービスは別物であるということを認識してほしい。経済成長時期以降、「ハコモノ＝公共サービス」の図式で公共サービスを提供してきたことが今日のような状態を生み出した大きな原因である。しかし、成長から縮小の時代に入ったいま、このままの状態を維持することは不可能であることは明らかであり、今後はそのような考え方を改める必要がある。

もう1点重要なこととして、これまでは「受益者市民」の声に注目が集まる傾向にあったが、今後は「負担者市民」の声もさまざまな面で反映させることができるよう、市民とのかかわり方を見直し、「どのようにすればいいのか」という住民とのコンセンサスを、住民のなかでもつくりあげながら進めるべきである。

市民の視点で機能を見つめ、既存の施設を最大限活用

南学・神奈川大学特任教授からは、地方自治体の設置条例問題とトップマネジメントの重要性が指摘された。

（講演の要旨）

公共施設は設置条例で目的や設置場所、所管部署が決まっており、時代の変化にともなって有効活用を進めるうえで大きな制約となり得る。これを乗り越えている自治体は、首長が中心となって、しっかりした本部をつくり、公共施設に対する方針を全庁的に意思決定する仕組みができている。公共施設マネジメントは行政改革そのもので、自治体の意思決定をタテ割り型からいかにヨコの連携型に変えていくかが課題になる。

現在の地方自治体は、施設をもとにした計画しかもっておらず、機能をもとにした計画をもっていないことが多い。今後は機能を中心に財政面も含めて計画すること、その計画を継続してローリングしていくという柔軟な発想が求められる。的確な計画を立てるためには、市民の生活に何が必要かという視点で機能を見つめていくことが必要である。医療・福祉・教育・防犯防災が最重要であり、それ以外は可能な範囲で縮小も検討しながら、既存の施設を最大限活用する発想が必要である。

市民の多くは現状を理解、1～2年の短期間で勝負を

山本康友・首都大学東京特任教授（当時）は、現在の地方自治体のおかれている状況と今後の

考え方や対応について述べた。

(講演の要旨)

現在、「7つの危機」(①安全、②老朽化、③余剰・重複施設、④財政、⑤人口減少、⑥人口構成の変化、⑦環境)と「1つの変化」(住民意識の変化)が同時に起きている。それらを解決していくためには、徹底的な構造改革と内部の潜在的な障壁に対する準備が必要である。

まずは、全体的な考え方を変えなければならない。例えば、集客施設を、タテ割りではなく、用途・機能という観点からどのようにハコモノから変化させていくかを検討する必要がある。そのためには、民間の力も借りなければならない。自治体は「7つの危機」を実感し、財政の見える化に自ら取り組み、そのうえで結果を市民に見せていくというなかで、どのように進めるのがいいかを考えなければならない。

サイレントマジョリティともいえる負担者市民の意見を集めるためのアンケートを行うと、圧倒的多数の市民が現状を正確に理解しているかがわかる。少数の受益者市民からは必ずといっていいほど反対の声があがるものの、現実には、市民の多くは賢明であることが多い。これが「1つの変化」である。

自治体にとって、どのような手法がいいか、公共施設は総量削減すべきか、公共施設の機能を統一化したほうがいいかなど意見は必ず出る。その判断をまち全体で考えなければならない。

むしろ、変化していないのは住民よりも行政内部であるともいえるだろう。組織内部には潜在的な反対勢力が存在し、最後の最後で実施計画がだめになったり、推進スピードが落ちたりしてしまう。市民はあまり待ってくれないので、1~2年の短期間で勝負しなければならない。

国交省の出先機関が「ヨコの連携」を支援

西村好文・国土交通省大臣官房審議官からは、人材不足で施設管理ができない地方自治体への対応と、現在行っているヨコの連携が紹介された。

（講演の要旨）

公共施設管理という仕事はおろそかにされやすく、担当者も1～2年で交代してしまう。その支援のため、国交省の出先機関がいろいろな窓口を用意している。リクエストがあれば対応できるし、情報が必要であれば提供することも可能である。施設整備についても技術的な協力をできるかぎり行っている。

ヨコの連携の例として、世田谷地方合同庁舎があげられる。国税事務所、法務局、都税事務所、それと世田谷区立図書館が入居予定で、国、東京都、世田谷区の合築で進めている。このように、今後とくに人口が減って公共施設の再配置計画が出てきたときには、国の施設整備担当としても「あるエリアの1プレイヤー」として連携を考えていく必要があると考えている。

時間をかけて市民と向き合い、感情を解きほぐす

鈴木康友・静岡県浜松市長は、施設総量適正化実践のために、真正面からひとつひとつぶつかっていくことの大切さに言及した。

（講演の要旨）

浜松市の実践においては、革新的方法というものはなく、正面からぶつかってひとつひとつ解決している。施設の廃止には理屈と感情の二面性があり、理屈の部分は数字を示して合理的な計画を立てれば頭では理解してもらえる。しかし、感情的には「愛着のある施設をどうしてなくすのか」という思いが残る。また、合併によって生じる数多くの余剰施設の調整を行うと「結局、合併した地域に対して冷たい」などという声があがる。

反対する市民が１０００人いても、全員が強硬に反対しているわけではなく、感情的なオピニオンリーダーは20～30人くらいで、感情の部分をどう解きほぐしていくかが重要である。例えば、プールを廃止しようとすると、当初は近所にある別の立派なプールまでバスを出しても使ってもらえない。それが、2～3年たてば市民の生活のなかに溶け込み、利用してもらえるようになる。

時間はかかるが、市民と向き合うことが大事だと思う。また、学校施設は「宝の山」である。学校施設は今後、さまざまな施設の代替機能を担う役割も十分期待できるのではないかと思う。

市民への説明と議会の承認が鍵

清原慶子・東京都三鷹市長は、市民に誠心誠意説明していくことが大事だと主張した。

（講演の要旨）

直接会って話すだけではなく、三鷹市の広報紙に毎号連載でさまざまな角度から当市の事業について説明している。各団体にも賛成や反対はあると思うが、それが市政というものであり、反対の声があって当然である。それに対して、誠心誠意いろいろなメディアやチャネルで説明し、また議会の承認を得られるようにして、皆で行政を進めていくことで乗り越えられる。

その実践例として、公有財産を三鷹市民だけが活用するのではなく、近隣市の市民も利用できるようにし、同時に、三鷹市民が近隣市の施設を使うことができるように、共通利用にも力を入れ、地域の枠組みを越えた連携にも取り組んでいる。

李　祥準

5章

公開情報とその活用

公共施設に関する公開情報

4章で紹介した新公会計の導入などにともない、整備される財務諸表なども公共施設の状況を把握するために重要な公開情報となるが、地方公共団体においてはさまざまな関連法規や、関連省庁の指導などにもとづいた情報の集約や開示が進展している。開示情報は、住民や地方公共団体関係者が公共施設の現状や課題について把握するための重要な情報になるとともに、場合によっては地方公共団体間の比較分析にも活用可能である。

本章前半では、これらの公開情報を幅広く紹介するとともに、後半では、これらを活用した公共施設や資産に関する評価手法について紹介する。

決算カード

地方財政法第30条の2第1項に定める地方財政状況調査にもとづくもので、すべての普通地方公共団体の住民基本台帳による人口、面積、歳入・歳出の決算、財政力指数などの各種財務指標が、各団体別にA4判1枚にまとめられている。結果については2001年度分からはPDFとして、毎年、総務省のホームページで公開されている。歳出には建設事業費の単独・補助の内訳、維持補修費が示されている。地方公共団体の収支と財務指標を知るうえでのもっとも基本的な資料である。しかし、公金のフローを示すのみでストックの概念がなく、減価償却費や資産額などは記載されていない。

公共施設状況カード

前記の地方財政状況調査の一環として、すべての地方公共団体において1962年から毎年、本格調査は3年に1度行われ、総務省でとりまとめを行っている。平成17（2005）年度版までは出版物として発行されていたが、平成18（2006）年度からは、エクセルのフォーマットでデータ化され、総務省から全地方公共団体へ全国データを配布するかたちとなった。一般国民は情報開示請求によりこれを入手できる。公共施設の用途別数量を知るためのもっとも基本的な公開情報である。ただし、学校については、文部科学省が1948年から毎年行っている「学校基本調査」に委ねられており、地方公共団体別の延べ床面積などは公表されていない。**表1**に2010年度の公共施設全国集計表を示す。公共施設状況カードには、このほかに全地方公共団体の内訳が掲載されている。

施設白書など

とくに法的な義務はなく、地方公共団体ごとに自由に作成されている。筆者らの調査で15団体分を入手したが、内容は公共施設の現状のみ明らかにしたもの、施設削減を目的としたもの、維持管理費やライフサイクルコスト削減を目的としたものなどさまざまであった。「1回作成して終わり」の団体が多いが、毎年更新して発表している団体もある。保有するすべての公共施設の基本情報を公開しているもの、主要施設についてのみ公開しているものなどさまざまである。

表1　公共施設状況カード（全国集計表）

平成22（2010）年度　公共施設状況

団体コード	都道府県名	市町村名
市区町村計	市区町村計	市区町村計

住民基本台帳登載人口（H23.3.31 現在）126,923,367 人
外国人登録人口　　　　（H23.3.31 現在）　2,126,831 人

項目					数値
道路	実延長			m	1,021,581,709
	面積			㎡	6,565,097,422
都市公園等	箇所	市町村立		箇所	122,028
		その他		箇所	1,027
	面積	市町村立		㎡	1,033,272,666
		その他		㎡	268,006,710
公営住宅等	戸数			戸	1,446,118
	うち公営住宅	戸数		戸	1,239,628
農道延長（市町村）				m	127,240,882
林道延長（市町村）				m	82,475,055
廃棄物処理施設	し尿	処理人口		人	10,710,987
		年間総収集量		kl	9,421,104
	ごみ	処理人口		人	128,701,889
		年間総収集量		t	41,569,083
上水道等	給水人口	簡易水道	市町村営	人	4,802,329
			一部事務組合営	人	24,610
		飲料水供給施設	市町村営	人	71,444
			一部事務組合営	人	546
下水道等	公共下水道	現在排水人口		人	96,077,055
		計画排水区域面積		㎡	22,409,339,200
		現在排水区域面積		㎡	16,289,682,344
		計画終末処理場		箇所	2,057
		現在終末処理場		箇所	1,989
		計画処理区域面積		㎡	22,277,651,700
		現在処理区域面積		㎡	16,227,099,572
		現在処理区域内人口		人	95,925,585
		現在水洗便所設置済人口		人	89,302,693
	都市下水路	計画排水区域面積		㎡	1,734,281,384
		現在排水区域面積		㎡	1,456,498,991
	農業集落排水施設	現在排水人口（うち汚水にかかるもの）		人	3,625,053
		現在排水区域面積（うち汚水にかかるもの）		㎡	2,321,422,278
	漁業集落排水施設	現在排水人口（うち汚水にかかるもの）		人	174,834
		現在排水区域面積（うち汚水にかかるもの）		㎡	81,277,402
	林業集落排水施設	現在排水人口（うち汚水にかかるもの）		人	3,048
		現在排水区域面積（うち汚水にかかるもの）		㎡	2,171,280
	簡易排水施設	現在排水人口（うち汚水にかかるもの）		人	1,672
		現在排水区域面積（うち汚水にかかるもの）		㎡	1,780,000
	小規模集合排水処理施設	現在排水人口（うち汚水にかかるもの）		人	6,637
		現在排水区域面積（うち汚水にかかるもの）		㎡	4,123,590
	コミュニティ・プラント処理人口			人	254,165
	合併処理浄化槽処理人口			人	11,880,902

項目					数値
児童福祉施設	保育所	市町村立施設	箇所数	箇所	11,618
		一部事務組合立施設	箇所数	箇所	3.0
	母子生活支援施設	市町村立施設	箇所数	箇所	142
		一部事務組合立施設	箇所数	箇所	3.0
老人福祉施設	養護老人ホーム	市町村立施設	箇所数	箇所	296
		一部事務組合立施設	箇所数	箇所	84.0
	特別養護老人ホーム	市町村立施設	箇所数	箇所	309
		一部事務組合立施設	箇所数	箇所	115.0
	軽費老人ホーム	市町村立施設	箇所数	箇所	80
		一部事務組合立施設	箇所数	箇所	8.0
保護施設	授産施設	市町村立施設	箇所数	箇所	10
	更正施設	市町村立施設	箇所数	箇所	17
その他の市町村立施設	支所・出張所数			箇所	5,369
	庁舎延べ面積（本庁舎を含む）			㎡	19,162,529
	職員公舎			戸	20,357
	児童館		箇所数	箇所	4,626
			専任職員数	人	11,461
	隣保館		箇所数	箇所	1,225
	公会堂・市民会館		箇所数	箇所	3,107
			専任職員数	人	11,436
	公民館		箇所数	箇所	14,633
			専任職員数	人	15,316
	図書館		箇所数	箇所	3,130
			専任職員数	人	17,293
	博物館		箇所数	箇所	649
			専任職員数	人	4,720
	体育館		箇所数	箇所	6,205
			専任職員数	人	8,735
	陸上競技場		箇所数	箇所	972
			専任職員数	人	741
	野球場		箇所数	箇所	3,971
			専任職員数	人	1,336
	プール		箇所数	箇所	3,783
			専任職員数	人	4,078
	保健センター		箇所数	箇所	2,457
	青年の家 自然の家		箇所数	箇所	313
			専任職員数	人	1,311
	集会施設		箇所数	箇所	171,081
			延面積	㎡	13,940,062
財産	行政財産			㎡	5,800,371,295
	普通財産			㎡	14,605,415,491
基金	土地開発基金			㎡	96,206,177
	その他の基金			㎡	249,389,632

総務省自治財政局資料をもとに作成

公有財産表・公有財産台帳

地方自治法では、すべての地方公共団体は公有財産の実態を毎年公表しなければならないと定めている。公有財産の主要なものとして不動産があり、原則としてすべての財産は公有財産表に掲載され、各財産の概要を示す公有財産台帳が作成されなければならない。しかし、必ずしも網羅的に整備されてはおらず、またその台帳の構成、施設用途の分類、記載内容（構造、階数、各面積、築年、価額などの記載の有無）もさまざまである。

財務書類

４章でも詳しく解説しているが、地方公共団体の財務状況を、従来からの現金主義・単式簿記による予算・決算のフローのみではなく、民間企業と同様に発生主義・複式簿記によるフローとストックの両面を把握しようとするものである。内容は、貸借対照表、行政コスト計算書（民間の損益計算書に相当）、純資産変動計算書、資金収支計算書（民間のキャッシュフロー表に相当）の４つからなる。

法的根拠はなく、２００６年の総務事務次官通知によってすべての地方公共団体で整備が求められているのみであるが、２０１０年度分からはすべての地方公共団体で作成されている。ただし、作成方法が過去の決算の積み上げによる簡便な「総務省方式改訂モデル」と、すべての資産の固定資産台帳にもとづく「基準モデル」のいずれかを採用すればよいとされ、大半が総務省方式改訂モデルを採用している。これらの詳細は総務省のホームページで「新地方公会計制度実務研究会報告書」（２００７（平成19）年10月）として公表されている。

ただし、４章でも示されているように、現在、内閣府と総務省で基準モデルに準ずる統一版を作成中であり、２０１５年度末までにマニュアルを作成し、２０１７年度あるいは翌年度にはすべての地方公共団体で採用の方向とのことである。

貸借対照表はインフラ資産と事業用資産に分けて掲載され、インフラ資産は公共用財産用地・公共用財産施設・その他の公共用財産・建設仮勘定に分けられ、事業用資産は土地・建物・立木竹・工作物・機械器具・物品・船舶・航空機・その他の有形固定資産・建設仮勘定に分けられている。

行政コスト計算書には、物件費として消耗品費・維持補修費・減価償却費・その他の物件費が示されている。このほか、総務省方式改訂モデル採用団体については、貸借対照表の有形固定資産の内訳として、別途、前述した「新地方公会計制度実務研究会報告書」に示されている事業区分別有形固定資産明細表を公表している団体もある。

「新地方公会計制度実務研究会報告書」では、固定資産台帳の様式も示されているが、やや細かすぎる感がある。これは投資口、いい換えれば発注工事ごとに作成されるので、１つの建物に多数の固定資産台帳が存在することになり、建物単位に全貌をとらえるには公有財産台帳が扱いやすいと考えられる。固定資産台帳の建物用途も「新地方公会計制度実務研究会報告書」に示されており、その内容は施設管理上は細かすぎるようにみえるが、新公会計担当者はこの用途を用いることになる。したがって、現在作成中の統一版マニュアルに示される建物用途が公共施設の建物用途の実質的な標準となることが考えられる。以上のように、

円満　隆平

建物用途は団体や資料によってさまざまであり、各種の比較が困難であるのが実態である。

資産削減目標の設定例――決算カードと財務書類の活用

本章において紹介する某市の公共施設対策は筆者が参画したもので、その目的は施設維持管理費削減と公共施設統廃合であり、1期目の若い市長の公約でもあった。同市は平成の合併市であり、公共施設の重複は誰がみても明らかだった。施設維持管理費削減については、合併特例債の期限切れまでの総額から、10年間で10億円の削減目標がトップダウンで指示されていた。その実現のためには既存の各施設の維持管理費削減と施設統廃合が必要であった。

筆者らは、まず全国の決算カードから類似市の維持補修費と当該市の維持補修費の比較を行った。さまざまな視点から当該市と類似市との比較を試みたなかで、財政力指数(注)と人口規模が類似した市との比較を行った。

(注)財政力指数とは、地方公共団体の財政力を示す指数で、基準財政収入額を基準財政需要額で除して得た数値の過去3年間の平均値である。財政力指数が高いほど普通交付税算定上の留保財源が大きいことになり、財源に余裕があるといえる。指数が1を超えた場合は普通交付税の不交付団体となり、その超えた分だけ高い水準の行政を行うことが可能となる。

その結果、当該市の人口1人当たりの維持補修費は、合併市全体の平均と非合併市全体の平均とも上回っていることがわかった。当該市の人口1人当たりの維持補修費は5・12千円／人、全体で4・8億円となっていた。仮に当該市の維持補修費を合併市全体の平均まで削減した場合は、毎年1・59億円の削減が可能であるという結果が得られた。これにより、全庁での維持補修費の削減目標が具体化された。

　一方、当該市の保有公共施設の削減については、財務書類の人口１人当たりの事業用土地・建物資産額についての類似市との比較から目標設定を行った。財政力指数と人口規模が類似した市との土地・建物資産額の比較を行った結果、当該市の人口１人当たりの土地有形固定資産が合併市全体、非合併市全体の平均を下回っていることが判明した。類似市との比較でみるかぎり、資産としての土地の削減可能額はないという結果が得られた。建物については、当該市の人口１人当たりの建物有形固定資産が、類似地方公共団体のなかでもっとも高いことがわかった。仮に当該市の建物有形固定資産を合併市全体の平均まで削減した場合、８７８億円の削減、非合併市全体の平均まで削減した場合には１１８０億円もの削減が可能という結果が得られた。この膨大な余剰資産は贅肉《ぜいにく》といっても過言ではなく、維持管理費が類似市より高い大きな要因となっていると考えられ、建物資産の９００億円程度の削減が急務と判断された。

　以上、地方公共団体において公共施設維持管理費や施設統廃合の目標設定を行う場合の、決算カードと財務書類の活用例を示したが、財務書類はすべて総務省方式改訂モデルによるものであった。そのため、当該市の新公会計担当者でさえ、財務書類の信頼性には疑問をもっているとのことから、今回の検討結果はあくまでも目安という位置づけにとどめられる。全国の地方公共団体が少しでも早く基準モデルに準拠した固定資産台帳を採用することが望まれる。

個別施設規模の評価例――公共施設状況カードの活用

次に公共施設状況カードの活用例を示す。その例として、各地方公共団体の本庁舎の延べ床面積の比較について述べる。庁舎面積についての全国的な基準はないが、高額の起債による場合は総務省の承認が必要であり、その場合は国の基準である「官公庁施設の建設等に関する法律」などに従うのが通例とされている。

したがって、都道府県本庁舎については人口当たりの延べ床面積に大きな相違があるとは考えにくいが、公共施設状況カードによる分析では、人口1万人当たりの本庁舎延べ床面積には大きなばらつきがあった。県庁舎の人口1万人当たり延べ床面積が大きい例には、山形県、和歌山県などがある。これらには現在の法律適用以前の昭和初期の歴史的建造物もあり、一概に現在の国の基準から外れていることが問題とはいえない場合も多い。しかし、公共施設状況カードにより、類似団体の施設数や面積などを知ることができ、施設数や規模を評価する場合には有力な参考資料である。

なお、公立学校については、文部科学省に問い合わせたところ、次のような回答が得られた。小中学校については全地方公共団体について、高等学校については全都道府県について棟数が公開されている。しかしながら、延べ床面積は公開していないとのことであったので、資料の有用性を考えるとその公開が望まれるところである。

地方公共団体の資産構成の特徴

筆者らは各地方公共団体ホームページやアンケートを通して、貸借対照表による基準モデル採用団体の資産構成を調査した。その結果、すべての団体において、事業用土地・建物、インフラ用用地・施設が全資産の80～95％を占めていることが判明した。

極言すれば、地方公共団体の資産の大半は「コンクリート」であることになる。「コンクリートから人へ」のことばがあふれたことがあったが、コンクリートは軽視できないほどの重みがあることが財務上からもいえる。東日本大震災や笹子トンネル事故の例をあげるまでもなく、「真に人のためのコンクリート」は貴重な資産として十分な点検と維持管理を行い、「真の資産」として活用しなければ、国民の安全にかかわる問題となる危険性がある。これは土木構造物だけでなく、老朽化した建築物にもあてはまる。

資産老朽化比率の比較

資産の大半がコンクリートだとすれば、次にその老朽化の程度に関心が移る。財務書類を公表している地方公共団体の解説やあらましなどでよく使われる指標として、資産老朽化比率がある。これは次のように定義される。

資産老朽化比率＝減価償却費累計額／（有形固定資産合計額－土地価額＋減価償却費累計額）

図１　長崎県宇城市の事業別資産老朽化比率

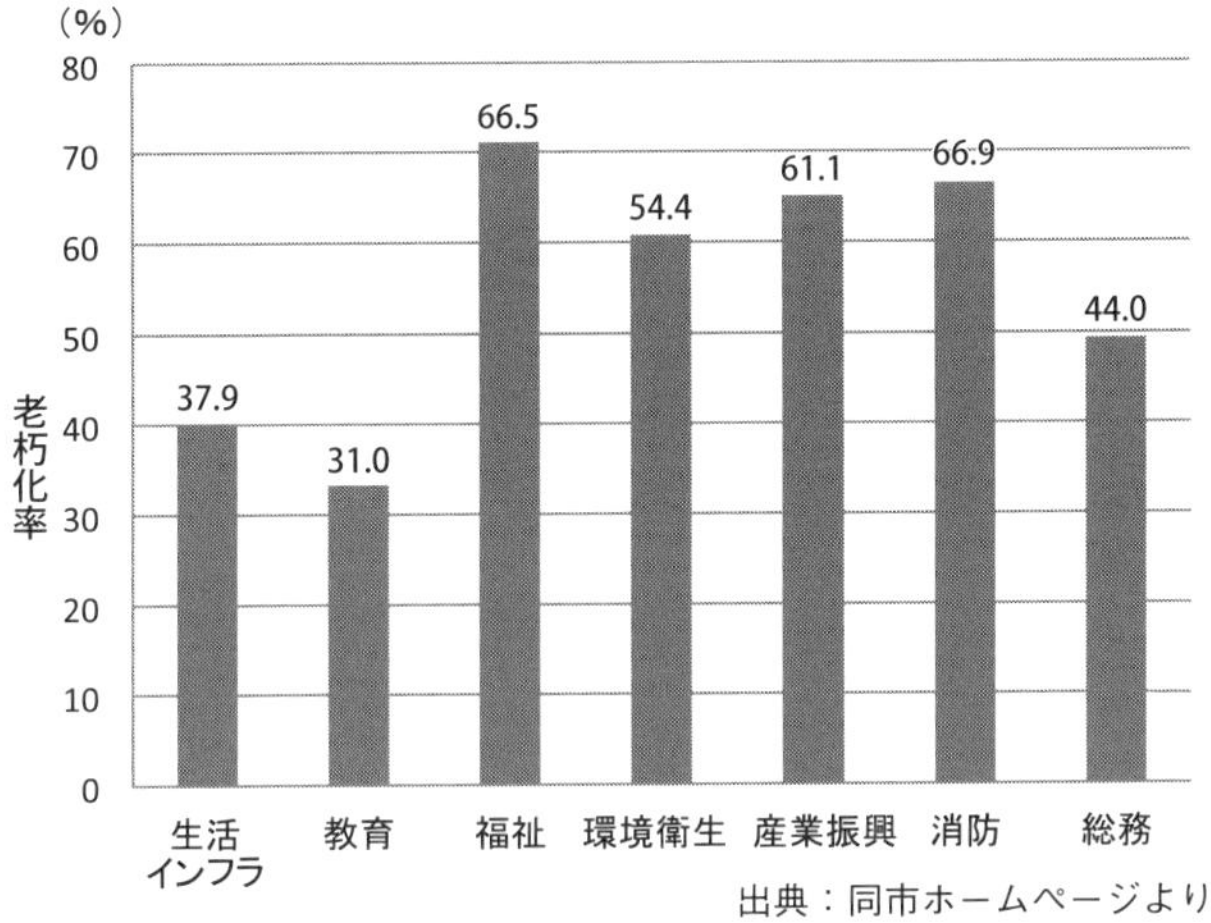

出典：同市ホームページより

この値が大きいほど、全体として資産老朽化が進んでいることを示す。その算定には有形固定資産明細表が必要であるが、これを公開していない地方公共団体が多い点は残念といわざるをえない。今後はすべての地方公共団体で有形固定資産明細表が公開されることが望まれる。

長崎県宇《う》城《き》市では、**図1**に示すように資産の目的別に老朽化比率を公表している。これを活用することにより、さらに詳細な点検先・調査対象を絞ることができる好事例といえる。

その他の公開資料活用指標

多くの地方公共団体で紹介される指標として資産老朽化比率とともに、現世代負担比率や将来世代負担比率がある。

現世代負担比率＝純資産合計／公共資産合計

これは貸借対照表から算出可能である。

将来世代負担比率＝地方債残高／公共資産合計

これは決算カードと貸借対照表から算出可能である。

一方、日本ファシリティマネジメント協会（ＪＦＭＡ）では、筆者らも参加して次のような有形固定資産維持コスト（仮称ＰＲＥコスト）を総合的指標として提案している。

ＰＲＥコスト＝維持補修費＋減価償却費＋公債費利子

これは決算カードと行政コスト計算書から算出可能である。

このほかに各種の指標があり、これらを総合的に可視化するためにＰＲＥ評価レーダーチャートが提案されている[4][5]。

以上、ＰＲＥ（公共不動産）評価のための公開資料とそれらの活用例の一部を紹介した。本文中にも述べたように、情報公開が進んでいない官公庁がいまだに多くある。また、財務書類の作成手法に総務省方式改訂モデルと基準モデルの２つがあり、相互の比較には無理があるほか、ヒアリング調査を通して同じ基準モデルでも、とくに固定資産台帳作成手法には地方公共団体によって微妙な相違があることがわかった。今後は、内閣府と総務省で現在作成中の統一モデルにもとづいた建物用途分類、固定資産台帳や公有財産台帳などの明確な標準化と情報開示が強く望まれる。

なお、本章の内容の多くの部分については公益社団法人日本ファシリティマネジメント協会の委託調査によるものであることを付記する。

円満　隆平

参考文献
①「ＣＲＥ（企業不動産）・ＰＲＥ（公共不動産）管理の新潮流」、日本建築学会建築社会システム委員会、２０１０年度日本建築学会大会（北陸）、建築社会システム部門研究協議会資料、pp.１～４、２０１０・９
②「地方公共団体の平成22年度版財務書類の作成状況等」、総務省ホームページ、２０１３・６・21現在）
③「新地方公会計制度実務研究会報告書」、総務省、２００７・10
④「公共団体資産台帳から見た社会資本ストックマネジメント分析 その１～２」、李祥準、平井健嗣、小松幸夫、荒井悠ほか、日本建築学会大会学術講演梗概集Ｆ１、pp.１４０～１４１、２００９
⑤「公共不動産ＰＲＥ（Public Real Estate）指標の可視化の試み」その１～10、円満隆平、鈴木晴紀、板谷敏正ほか、日本建築学会大会学術講演梗概集Ｆ１、２００８～２０１３
⑥「合併市における公共施設の適正配置に係る基礎調査」、須藤拓馬、円満隆平、日本建築学会大会学術講演梗概集Ｆ１都市計画建築社会システム、pp.１９３～１９４、２０１２

6章

実践と成果

施設マネジメントを始めるためには

施設マネジメントをどのように進めるのか検討する前に、確認しておきたい。それは「施設マネジメントの明確な目標が設定されているか」ということである。目標を設定するのは当然のことのように思われるかもしれないが、明確な目標をもって施設マネジメントを進めている地方公共団体は意外に少ない。

目標が明確でない状態で施設マネジメントを進めると、例えば、何のために施設情報の収集や分析をしているのか途中でわからなくなり、本来行うべき施設整備までたどり着かずに終わってしまう可能性が高くなる。そのため、施設マネジメントの担当者には、明確な目標を設定し作業を進める能力も求められている。しかし、施設マネジメントの必要性は認識していても、具体的にどの施設をどこまで実施すればよいのか、判断できずに悩んでいる担当者は多いのではないだろうか。

そこで本章では、具体的な例を示しながら施設マネジメントの要点を確認する。

まず、施設マネジメントの目標については大きく次の３つに分けることができる。

①施設にかかわる故障・不具合の修繕・回復
②施設の内外環境の向上・改善
③施設・業務空間の供給量の調整

①は蛍光灯の交換や外壁塗り替えなどの維持保全工事、②は機能が陳腐化した設備の更新や、施設のイメージ・資産価値向上を目指した内外装の取り換えなどの改修工事、③は施設の建設・購入や、統廃合・売却などがあてはまる。

どの目標であっても、整備対象とする施設の条件を定め、その施設をどのような状態にしたいのか具体的な数値や評価を設定した後に、その目標達成に必要な整備内容を的確に把握し、その結果をもとに目標と現状をどのように近づけるか戦略を練り、もっとも適した作業・工事を実施して目標を達成する、という一連の作業を円滑に行えるよう手配や調整を行うことが施設マネジメントに求められる。しかし、具体的な作業については、設定した目標により大きく異なる。

例えば、耐震工事の実施計画を策定する場合、まず耐震工事を行う施設の条件を定め、その条件に合わせてどの程度の耐震強度まで引き上げるかを設定する。その後に、耐震診断を行い、各施設の耐震強度をある程度把握したうえで対象施設を決定する。さらに、設定した耐震強度までいかに引き上げるかについて耐震工事の方法を検討することで、最終的に採用する耐震工事を決定し実施に移す手はずを整える。

以上の一連の作業が施設マネジメントの基本的な流れとなるが、施設マネジメントの目標が①の場合と②の場合では、同じ耐震工事の実施計画であっても、対象となる施設や求められる条件が異なるため、耐震工事の仕様や費用が変わってしまう。そのため、目標がどちらかに定まっていないと両方の検討作業が必要となり、検討段階の作業量も必要以上に増えて、結果的に実施段階に進むまでに時間がかかってしまう。また、一方で、③の統廃合や建て替えの実施が決定したため、耐震工事が完了した直後にその施設が取り壊されてしまうといった残念な状況も現実に起こっている。

最終的に施設マネジメントの目標を決定するのは地方公共団体の首長の役割であるが、担当者が明確な目標をもたなければ効果的な施設マネジメントを進めることはできない。担当者は、首長が的確な目標を設定できるように、また、一連の作業の方向性を見失わずに円滑な施設マネジメントを実施するために、ぜひ明確な目標を設定してから一連の作業に取り組んでいただきたい。

なお、施設マネジメントをなぜ行うのか組織全体が共通認識をもつために、さらに、施設マネジメントの必要性や重要性を広く認識してもらうために、施設マネジメントの目標とその成果はできるだけ広く一般に公開することが望ましい。

施設マネジメントの目標設定とＰＤＣＡサイクル

では、施設マネジメントの目標はどのように設定すればよいのだろうか。

適切な目標を設定するためには多種多様の作業が必要になるが、もっとも重要な作業は「できるだけ早く目標を決めて施設マネジメントを始める」ことである。

なぜなら、施設マネジメントの方法は1つではなく、どの方法がもっとも適しているかは実際に行ってみないとわからないからである。さらに、公共施設をとりまく状況や環境は時間とともに変化するため、変化に合わせて、そのときの最善の方法を模索するしかない。そのため、目標設定に時間をとられ、施設マネジメントが進められない地方公共団体よりも、

図1　施設マネジメントの目的

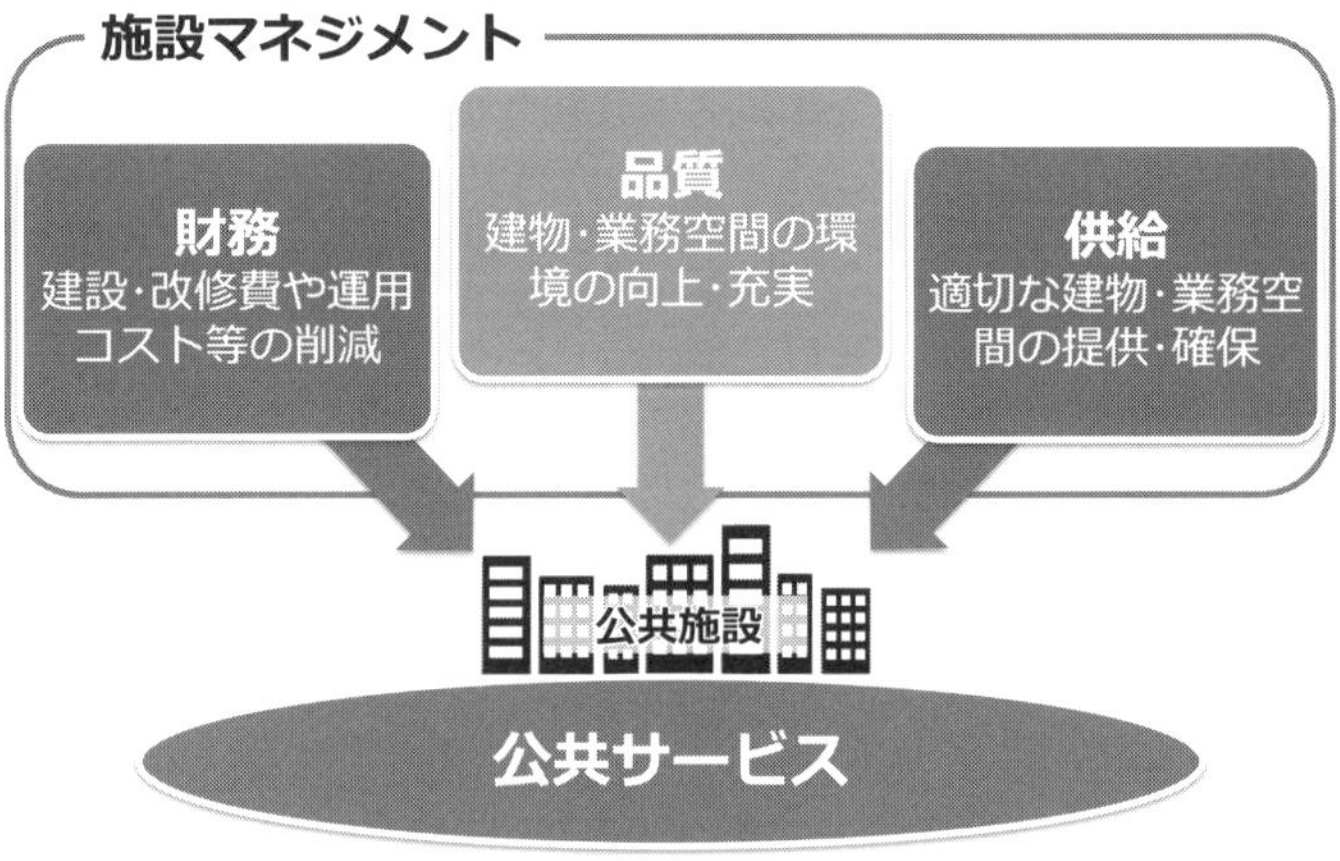

堤洋樹　作成

準備不足でもとりあえず前に進み始める地方公共団体のほうが、効率的な施設マネジメントに早くたどり着く可能性が高い。

　なお、施設マネジメントという用語から、まず最初に行うべき作業として、施設を充実させることが思い浮かぶのではないだろうか。しかし、地方公共団体の本来の役割は、公共施設を提供することではなく、公共サービスを提供することである。いい換えれば、公共施設は公共サービスを提供するための拠点でしかなく、施設マネジメントは公共サービスの質の向上のために実施する一連の活動であると定義できる。つまり、地方公共団体における施設マネジメントの目的は、公共サービスの向上でなければならない。

　そのため、公共施設の管理責任者でもある地方公共団体における施設マネジメントでは「どのような公共サービスを提供する

図2　PDCAサイクルの概念

Plan:検討・計画
今後何をするか具体的
な検討・計画を行う
Do:実行・実施
計画・企画に従って業
務を実行・実施する
Check:確認・評価
実施状況を確認し、業務
の達成度を評価する
Action:対応・改善
明らかになった問題点
に対応し改善策をとる

堤洋樹　作成

のか」を前提に目標を定め、その目標に必要となる公共施設の品質や環境を継続的に管理する方策が求められている。

　教科書などでは、施設マネジメントの目標は、①財務（長期にわたり経済的なコストで）、②品質（良好なファシリティを）、③供給（必要最小なものをタイムリーに提供すること）――の3要素から構成され、課題に応じて3つの目標をバランスさせることが大切であると記述されている[5]。ここで示されている財務・品質・供給の目標は施設自体の改善目標であり、施設マネジメントには良質の公共施設を提供するだけでなく、良質の公共サービスの提供を行うことが重要であることを再確認していただきたい（**図1**）。

　この施設マネジメントに求められる一連の作業は、ＰＤＣＡサイクル（**図2**）に対応させるとわかりやすい。ＰＤＣＡサイクルとは、あるプロジェクトに対してPlan（計画・企画）、Do（実行・実施）、Check（確認・評価）、Action（対応・改善）の順に作業を繰り返し、継続的に品質向上を目指す作業手順を示す代表的な手法である。

例えば、少子化が進む地方公共団体では、公立学校の統廃合を迫られている場合がある。また、このような状況にある公立学校では、耐震改修や空き教室の活用などが進んでいない場合が多い。一方で、児童人口が増加している地域では、公立学校の新設が望まれるが、施設の必要性や施設を取り巻く環境は将来も継続するとは限らない。

そこで、地域の児童人口の変動にともなう公立学校の配置計画を進めることを目標とする場合、目標に沿った新設や統廃合などを計画（Plan）した後、計画を実施（Do）するだけでなく、その成果を評価（Check）し、既存施設の耐震改修や空き教室の活用などの問題・課題を改善・解決（Action）することまで行うべきである。さらに、定期的に計画（Plan）に戻り、ＰＤＣＡサイクルを継続的に繰り返すことができれば、公立学校の適正配置が実現する可能性が高くなる。

施設情報の活用方法

「できるだけ早く目標を決めて施設マネジメントを始める」とはいえども、施設マネジメントを円滑に進めるためには、施設に関する情報収集とその分析による現状把握は不可欠である。なぜなら、具体的な目標を設定する際に客観的な裏づけ資料がないと、施設マネジメントを行う必要性やその効果を示せず、実施作業までたどり着かない可能性が高くなるからである。

できれば全施設から施設情報を収集し、数値を用いて各施設を比較した結果をもとに、施設マネジメントの対象となる施設や目標を設定することが望ましい。つまり、施設マネジメントの基本は、全施設を対象としたデータベースの構築ということになる。

ただし、施設情報の分析だけでは施設状況のすべてを把握することはできない。どれほど詳細な施設情報を用いて分析しても、その結果だけで結論を出すには不十分であることを認識していないと、施設マネジメント自体がおかしな方向に進んでしまう可能性も考えられる。また、情報量が多いほど分析結果の精度は高くなると考えられるが、そのかわり情報整理や分析に多くの手間や時間が必要となる。

そのため、全施設を対象にしたデータベースは、整備対象施設の抽出が可能な程度に特化させ、最低限の情報収集・分析にとどめて活用すべきである。もちろん、具体的な整備作業を検討する段階になれば、より詳細な施設情報の収集・分析を追加して実施する必要がある。さらに、住民や施設で働く職員の意見なども考慮して総合的な判断が求められるだろう。

このように、施設マネジメントが施設情報の収集・分析の手間を理由に進まない状況に陥らないために、施設情報の収集・分析を２段階に分けて進める手法を推奨したい。

つまり、全施設を管理するデータベースの導入については、まずは簡易な施設データベースを構築し、整備対象施設の選定や方向性を自分たちで確認するところから始めて、必要に応じて施設管理・分析システムを追加するといった割り切りが必要であろう。

堤　洋樹

図３　施設マネジメントの基本的な手順

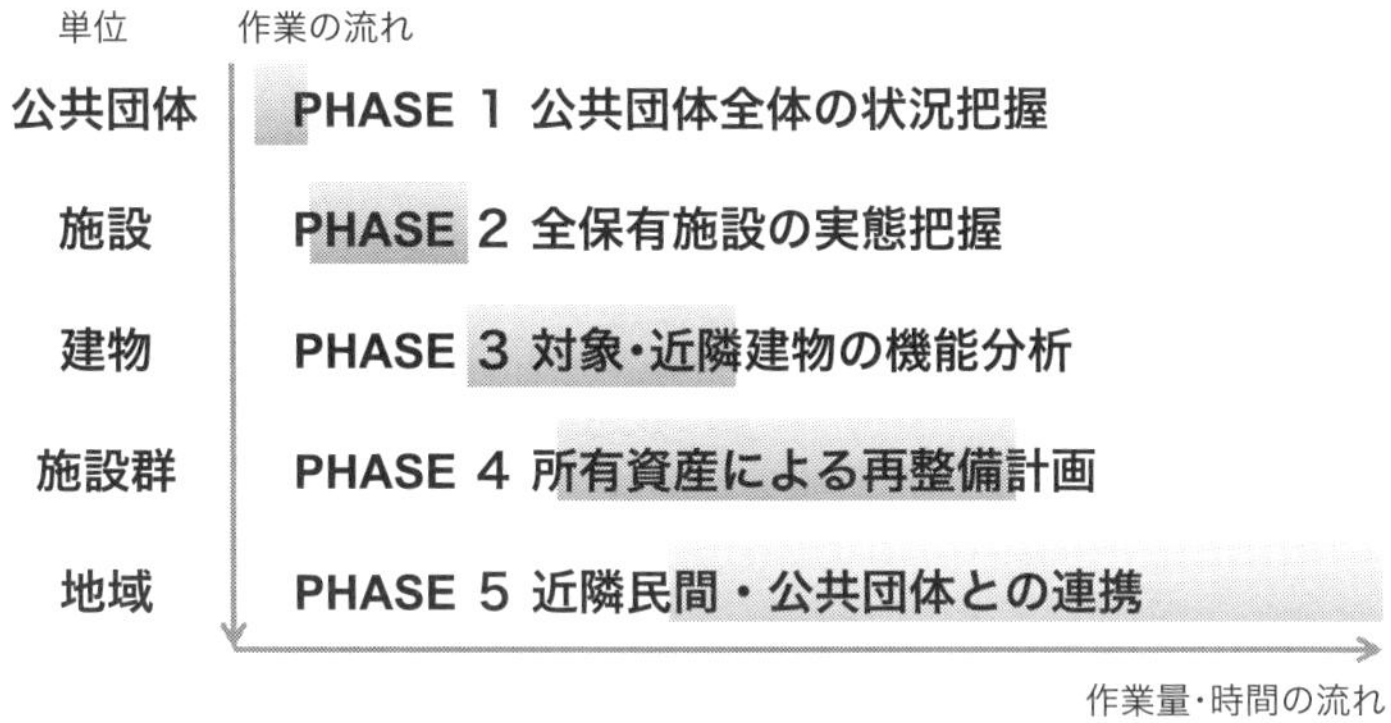

堤洋樹　作成

施設整備計画の手順

施設マネジメントによる施設整備計画の策定に求められる基本的な手順を図3に示す。ここでは、地方公共団体の施設マネジメントの進捗状況の違いを考慮し、施設マネジメントの段階を5つのフェーズに分け、各フェーズで必要となる作業内容を提示する。

なお、各フェーズは他フェーズと並行して実施される場合も現実的には多いと考えられるが、基本的には順を追ってフェーズを進めて行くことが求められる。そのため、地方公共団体の現況や施設マネジメントの目標にあったフェーズを選べば、次のフェーズに進むために必要となる作業が明らかになる。

フェーズ１：公共団体全体の状況把握

フェーズ1は、施設マネジメントにこれから取り組む地方公共団体を想定した段階である。

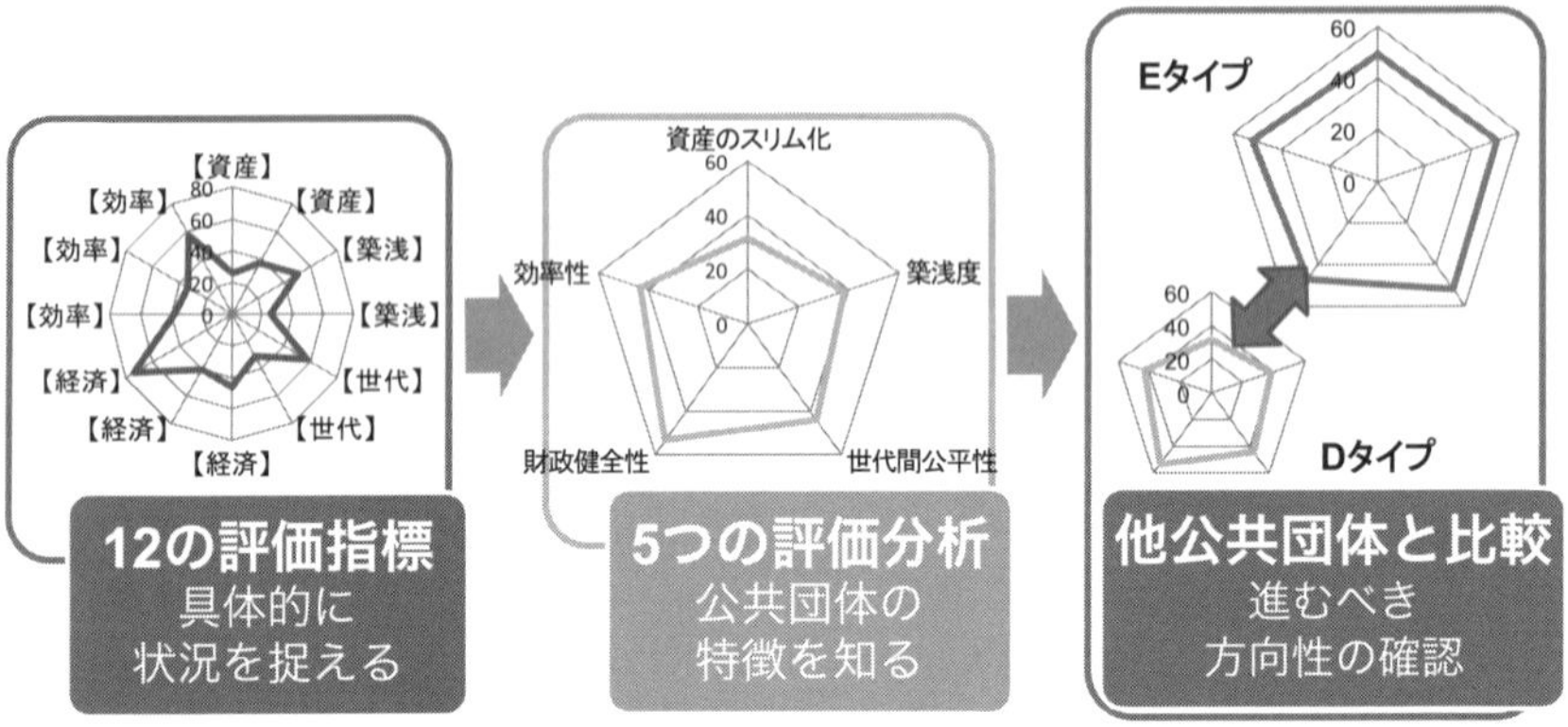

図４　フェーズ１・財務諸表の分析例

出典：参考文献②

この段階では、まだ施設情報などの収集・整備が行われていないため、保有施設の評価・分析すらも困難な状況だと考えられる。また、施設マネジメントの目標も明確でないのではないだろうか。そこでフェーズ1では、施設情報の収集・分析を行う前に、施設マネジメントの方向性を確認・検討するため、主に公開情報を用いた基本情報の整理・分析作業を中心に行うことを提案する。

例えば、人口推移の将来予測は、社会保障・人口問題研究所の資料が利用できる。また、将来的な税収の推移は、生産年齢人口の推移からある程度の予測が可能になる。この2つの予測値から、今後30年の人口や税収の推移にあわせて施設の総量をどの程度増減すべきか、具体的な数値を用いた検討が可能となる。

また、近年は財務諸表を公開している地方公共団体も多い。そこで、財務諸表から地方公共団体が保有する施設状況の概要が推測できれば、施設情報が手に入らなくても施設マネジメントの方向性を検討することは可能であろう。

著者らは、47都道府県の財務諸表から12指標を抽出し、さらに5指標にまとめた評価手法をもとに各地方公共団体を比較することで、都道府県の施設マネジメントの進捗状況を大きく5段階に分類できること、また、次の段階に進む施設整備の方向性を提示できることを明らかにした（図4）。

このように施設情報が入手できない状態でも、社会的な背景や財政面などから施設マネジメントの方向性や傾向を示すことは不可能ではない。施設マネジメントの第一歩は、施設の分析よりも人口推移や財政的な分析から全体の方向性を模索すべきだと考えられる。

フェーズ2：全保有施設の実態把握

フェーズ2は、施設マネジメントにとりかかったばかりの地方公共団体を想定した段階である。

この段階では、施設情報などの収集・整備に向けた取り組みはある程度行われているものの、その施設情報をどのように活用すべきか手さぐりの状況にあると考えられる。また、施設情報自体が集まらず、施設整備がなかなか進まない地方公共団体が多いのではないだろうか。そこで、フェーズ2では、最小限の施設情報から所有施設の整備実態を把握し、整備が必要な施設を摘出する作業を中心に行うことを提案する。

施設情報は、詳細に収集すれば収集するほど手間や費用がかかるため、施設マネジメントのためにどこまで収集すべきなのか悩む担当者は多い。そこで、この段階では基本的に施設

図５　劣化危険度からみた施設の配置

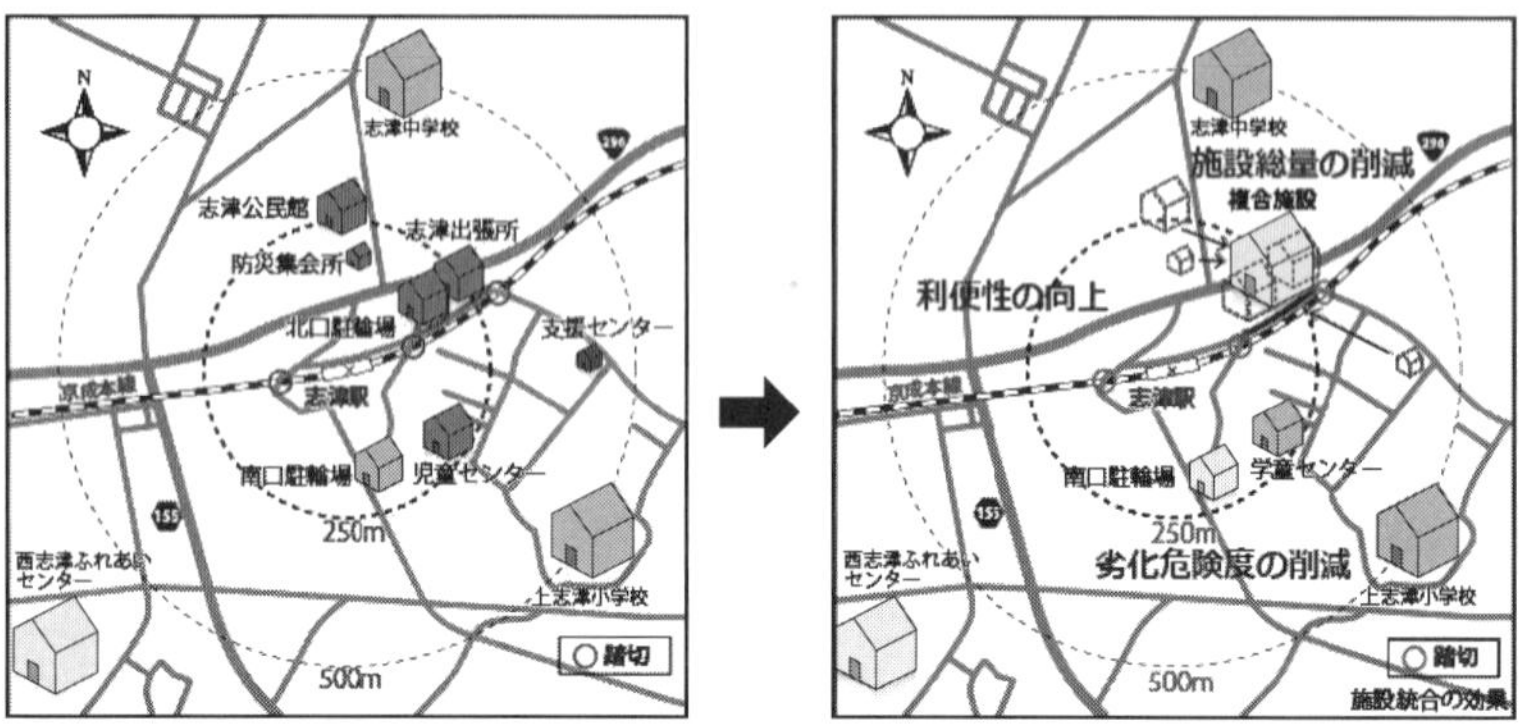

※アミかけが濃いほど劣化危険度が高い

（参考）整備後

出典：参考文献③

単位まで情報を収集し、データベースを構築することを推奨する。また、収集する情報としては、施設名、用途、所在地、延べ床面積、竣工年もしくは建設年、耐震性能などに加え、水道光熱費、維持管理費、人件費など運用費を含めた施設情報を可能な範囲で集める。

さらに、収集した情報は単純集計でもよいので用途ごとに比較する。他施設に比べて数値が突出している施設情報があれば、何らかの不具合が発生している可能性が高い。つまり、現場におもむいて点検すべき施設が明確になるので、無駄な現場確認作業が削減され、効率的に施設マネジメントを進めることが可能となる。

例えば、著者らは経年と耐震補強の有無を評価した「劣化危険度」という指標を提案している。この値が高く、点検が必要だと評価された施設を地図上にプロットすれば、施設整備の優先順位が高い施設の所在を一見して把握することが可能となる（図5）。

なお、施設情報のデータベース構築については、注意すべき点がいくつかある。固有番号（ID）もしくは施設コードを設定すること、施設内に複数建物が存在する場合は延べ床面積や竣工年の記述方法を統一すること、電気・ガスなどのエネルギーの単位をそろえること、維持管理費や人件費の対象範囲と算出方法を統一することなど、後の分析のために情報収集の基準や単位を定めて収集・整理を行うことが求められる。また、現実的には基準や単位をどこに設定・調整するか必ず問題になるが、フェーズ２の段階であれば、集めやすい基準・単位を設定し、関係部署の協力をとりつけて作業の迅速化に集中するほうが望ましい。

また、この段階で分析した情報は、一般的に「施設白書」と呼ばれる報告書にとりまとめ、施設マネジメントの目標とともに広く一般に公開する体制が望ましい。施設マネジメントの目標や施設の現状を内外に示すことで、地方公共団体が目指している施設マネジメントの方向性や、具体的な施設整備の検討に求められる情報や作業内容がより明確になるだろう。

フェーズ３：対象・近隣施設の機能分析

フェーズ３は、施設情報がある程度整理・分析され、施設整備を実施すべき対象施設が明確になった状態を想定している。

この段階になると、全体の施設整備の方針もある程度明確になっていると考えられるため、具体的な施設整備の実施計画に落とし込むための裏づけ資料の収集・作成が求められる。そこで、対象施設がある地域に求められている機能や施設量を整理・検討する作業を中心に行うことを提案する。

この段階で重要なのは、各施設の状態を把握するだけでなく、公共サービスと公共施設の関係を再確認することである。そのため、不足している施設情報の追加調査に加え、利用者や使用者に対するアンケートやヒアリングなど、実施計画の検証に必要な施設情報はすべて収集し、詳細な分析をもとに各施設に求められる機能を明確にする。

なお、対象施設だけでは求められる機能や施設量をすべて供給することはむずかしい場合もあるため、対象施設の周辺施設についても対象施設同様に情報収集を行い、地域全体で求められている公共サービスを把握したうえで、機能や施設量の調整・検討を行うことが望ましい。

例えば著者らは、S市公民館の整備計画を策定した際、まず、一般的な公民館に求められている機能を見直すことから始めた。公民館は社会教育法第20条で「市町村その他一定区域内の住民のために、実際生活に即する教育、学術および文化に関する各種の事業を行い、もって住民の教養の向上、健康の増進、情操の純化を図り、生活文化の振興、社会福祉の増進に寄与することを目的とする」と定義されているが、これらの目的は従来の公民館でなくては達成できないのか検討を行った。

現実には、コミュニティセンターと呼ばれる施設は公民館とほぼ同様の目的で設置されているし、学校の空き教室などを転用することも可能だろう。そこで整備対象となった公民館だけでなく、周辺の6施設についても並行して詳細な調査・分析を行い、地域全体で求められている機能と施設量の洗い出しを行った（図6）。

このように、「公民館には○○が必要だ」「××のために公民館が必要だ」といった施設に

堤　洋樹

図６　対象施設＋周辺施設の機能分析例

対象施設の機能評価

従来案　**希望追加機能**
（延床1,000㎡を新築、敷地は遊休地を利用）

従来対応	機能抽出	
新築（2.55）※土地除	市民大学　フリースペース	駐車スペース

現状評価

施設名/延床面積[㎡]	経過年数/構造	耐震	機能	可変	荷重	階高	個別評価	従来対応（費用[億円]）	機能抽出	
志津公民館/854	築38年/RC造3F	×	×	○	○	○	改修	改修（1.72）	貸館　市主催	※建替希望
志津出張所/930	築33年/S造3F	○	×	○	○	○	解体	建替（2.60）※解体含	出張所　適応指導　図書館	[illegible]机　書架　貸本
北口駐輪場/945	築32年/S造3F	×	○	○	×	×	統合	改修（0.01）	駐輪　[illegible]付駐輪	※空スペース有
児童センター/303	築32年/S造1F	○	○	×	×	○	移転	改修（0.03）	学童保育	児童支援
南口駐輪場/1391	築29年/S造3F＋B1F	○	○	○	×	×	統合	改修（0.01）	駐輪	※空スペース有
防災集会所/184	築43年/W造1F	―	―	―	―	―	保留	保留（0.00）	災害支援	貸館
支援センター	※賃借施設	―	―	―	―	―	保留	保留（0.00）	福祉支援	

従来の施設管理では、希望追加機能のために追加で施設を用意(新築)するため、多額の費用が必要になります。
→機能統合による総量縮減の検討が必要

◎イニシャルコスト（初期費）　：6.9 [億円]
◎ランニングコスト（運用費）※1　：2.7 [億円/年]
◎ライフサイクルコスト（60年）　：169.5 [億円]

※1：60年間の人件費・水道光熱費・管理費・建替費等から算出

出典：参考文献③

対する既存概念を取り払い、地域全体で必要な公共サービスを提供する機能と施設を配置することを前提にすれば、柔軟な施設整備を検討することが可能となる。

従来の施設整備では、公共サービスの向上のためには施設を充実させることが前提となっていたが、今後の施設マネジメントでは、公共サービスの必要性と施設の機能の関係を見直し、施設単体ではなく、地域全体で機能と施設量を調整していくことが求められている。

フェーズ４：所有資産による再整備計画

フェーズ4は、フェーズ3までの情報を活用し、対象地域における施設整備を実施する具体的な工事や作業内容について検討を行う段階を想定している。

この段階になると、どのような公共サービスを地域全体で提供すべきか明確になった状態にあると考えられる。そこで主に保有資産（施設）の有効活用を前提としながら、既存の施設を活用できるか、新たに建設もしくは買収する必要があるか、逆に取り壊しや売却などが効率的か、複数の実施案を比較検討する作業を中心に行うことを提案する。

なお、この段階で配慮すべき点が２つある。

１つは、中長期的な運用費も含め、施設整備にともなう費用をできるかぎり最小限に抑制もしくは削減しつつ、公共サービス全体の質は落とさない方法を探ることである。例えば、施設の統廃合が実施されると、以前よりも施設までの距離が遠くなり、不便になる地域が必ず生じる。そのため、単に効率化のために複数施設を１施設に集約させるだけでなく、交通の便がよい場所にある施設に機能を移動させたり、従来よりも充実した公共サービスを提供できる施設に改善し、不便さを感じさせないなど、さまざまな整備手法について検討が求められる。

同様に、省エネルギーのために、夏の空調設定温度を高くする対策が一般的に採用されているが、この対応では施設で働く職員の作業効率が低下し、結果的に公共サービスの質の低下を招くおそれがある。このような、利用者・使用者の我慢や不便を強いる対応は、施設マネジメントの面からみると不適切である。基本的には空調温度が適切な温度でもエネルギーが最小限になるように、断熱性能や屋上・壁面緑化の割合を高めるか、太陽光発電などを採用しエネルギーの消費分を補填《ほてん》するなどの整備手法で対応すべきである。

もう１つは、地域全体で必要な公共サービスを提供することを前提に、複数の施設整備案を検討することである。フェーズ３の事例でも取り上げたＳ市公民館の整備計画では、既存

図7　機能充実＋施設総量削減の検証例

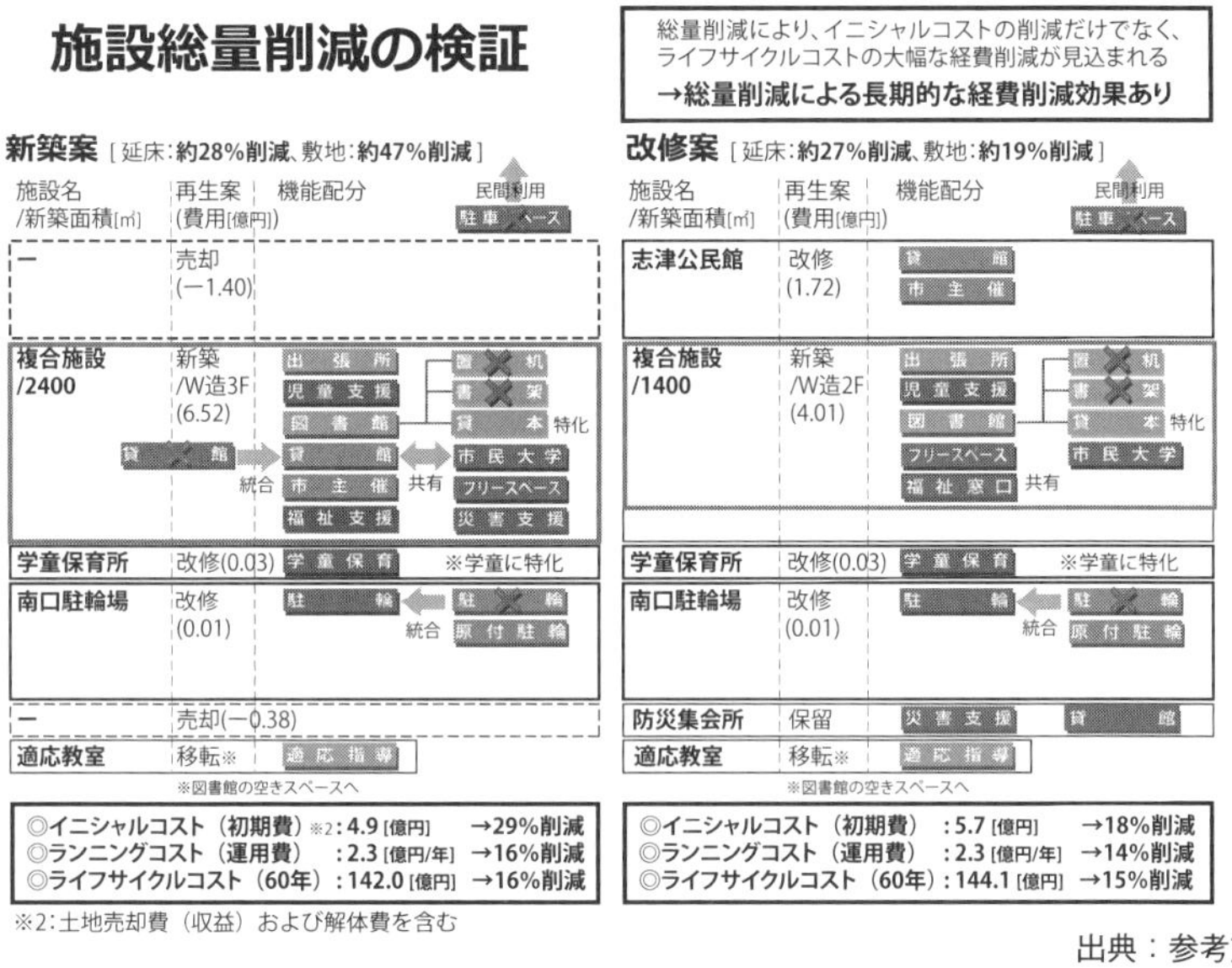

出典：参考文献③

施設をそのまま運用する「従来案」を基準に、地域で提供されている公共サービスの大部分を集約した複合施設を建て替えで実現する「新築案」、さらに、公民館は既存施設を改修するものの、他施設は新設する複合施設に集約する「改修案」の3案を作成することで、建設費や毎年の運用費、今後60年に必要となるランニングコストなどの比較検討だけでなく、公共サービスがどのように変わるのかをわかりやすく提示した（図7）。

フェーズ5：近隣民間・地方公共団体との連携

フェーズ5は、すでに一部の施設・地域で施設整備が実現し、地域全体で施設や公共サービスをどのように整備するか庁内・住民らとも基本的な合意・

認識ができている段階を想定している。

　つまり、フェーズ4で主に検討した保有資産の有効活用だけでなく、周辺地域の民間施設や近隣の地方公共団体との連携など、従来の地方公共団体の枠を超えた積極的な施設整備による地域全体の公共サービスの向上と経費削減を目指す体制が整っている状況にあると考えられる。

　そのため、この段階では、民間施設の賃貸や民間サービスの活用、そして近隣の地方公共団体とによる施設の相互利用などを推し進めるために、関連する複数の団体・地方公共団体とのシステムの統合や体制の構築・調整を行うことを提案する。残念ながら現時点でこのフェーズ5にたどり着いている地方公共団体は数少ないが、その取り組みの検討はすでに始まっている。

　この段階にたどり着く鍵は、公共サービスの受益者である住民、そして地方公共団体の職員自身が、実は公共サービスの提供者は誰であっても構わないことを認識することにある。提供されるサービスや利用価格に優位性が認められるのであれば、公共サービスの提供者が公共であろうと民間であろうと、あるいは税金を納めていない近隣の地方公共団体であっても問題にはならない。

　公共サービスを提供する行政側の意識が変われば、公共サービス自体の内容も大きく変わる。公共サービスを一地方公共団体が単独で提供する必要はなく、民間や近隣の地方公共団体との連携を図ることが有用であることが確認できれば、公共サービスの質や費用対効果の向上を目指して施設連携を検討すべきである。

図８　近隣地方公共団体との協力体制の模式図

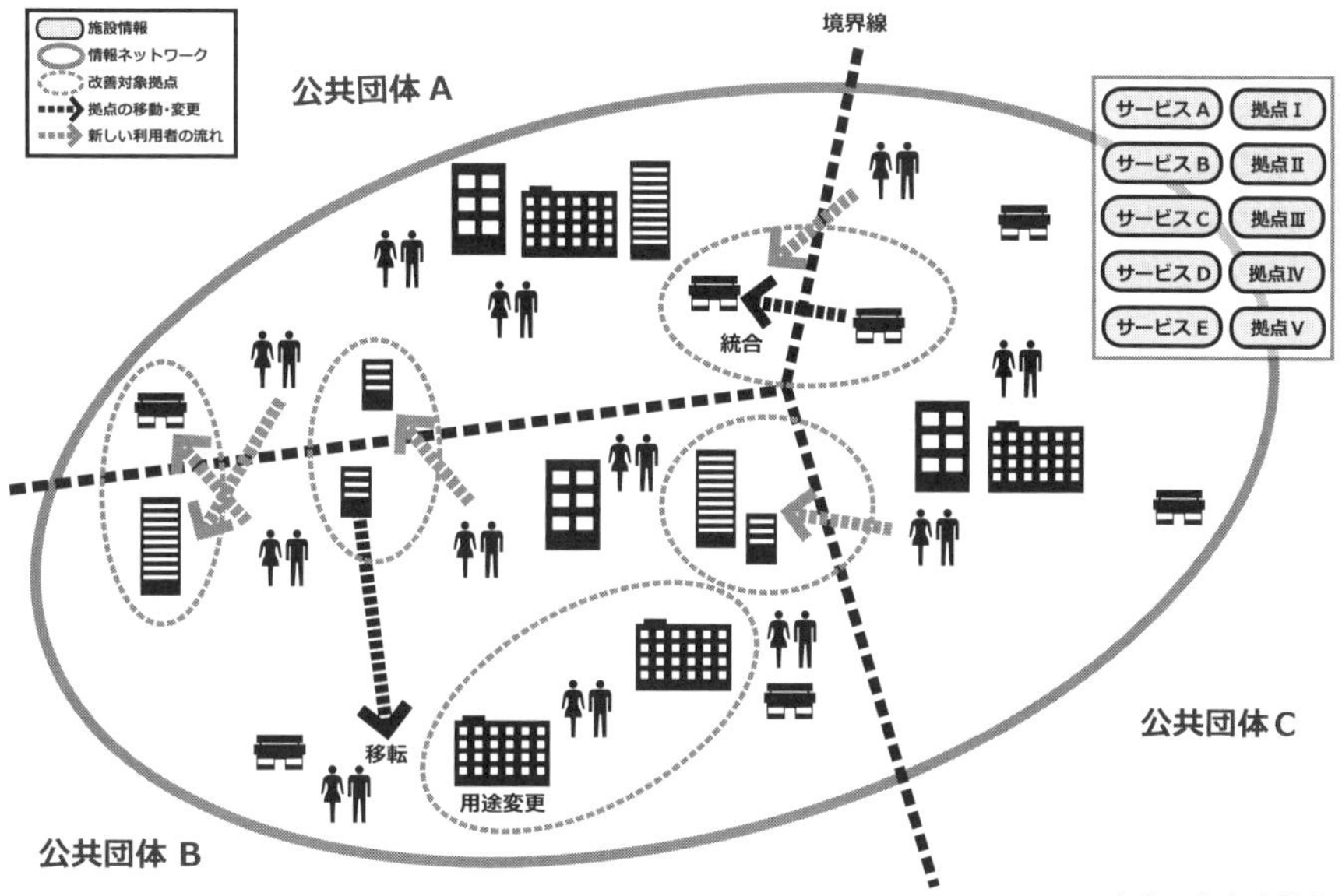

出典：参考文献④

　民間や近隣地方公共団体との間で重複する施設の有効活用や統廃合が実現すれば、公共サービスの質を下げることなく、運用費の縮減が可能となり、財政状況の改善にもつながるだろう。そのためには、民間と公共あるいは行政の境界を超えて、施設情報の収集、比較分析など同じ基準で施設評価が可能なデータベースの構築、さらには、民間や近隣地方公共団体との共同作業が可能な仕組みづくりが求められる。

　なお、現時点で地方公共団体の施設情報はほとんど公開・共有されていない状況にあるが、本来は個人情報ではないため、公開・共有が可能な情報である。そして、情報ネットワークを用いた１つの

表１　各フェーズの目的と作業

フェーズ	目的	作業
1. 公共団体全体の状況分析	施設管理の方向性を裏づける基本情報の整理	・公開情報の活用 ・他公共団体との比較
2. 全保有施設の実態把握	所有施設の整備実態から整備対象施設の摘出	・施設情報の収集 ・施設白書の作成
3. 対象・近隣施設の機能分析	対象施設＋近隣施設に求められる機能の整理	・建物の機能把握 ・実地調査の実施
4. 保有施設による再整備計画	所有施設を活用した施設整備計画の効果提示	・施設総量の検証 ・複数計画案の比較
5. 近隣民間・公共団体との連携	公共団体の枠を超えた施設整備の可能性の提示	・近隣公共団体との調整 ・計画案の確定

堤洋樹　作成

施設情報管理システム（もしくはデータベース）に近隣の地方公共団体の施設情報が共存すれば、統廃合・相互利用・補完施設の検討などが容易になる（図8）。

また、地方公共団体間でのベンチマーキングの結果が公開されれば、地方公共団体だけでなく、民間にとっても施設整備の目標値などを設定する際に参考になるだろう。これら施設情報のベンチマーキングなどの取り組みは、現在、日本ファシリティマネジメント協会（ＪＦＭＡ）や建築保全センターで始まっている。

以上の５フェーズの要点をまとめたものが**表1**となる。フェーズ５の実現に向けた作業の参考になれば幸いである。

継続的な施設マネジメントのための組織・人材づくり

行政の組織体制は、首長の交代や人事異動のため数年で大きく変わる可能性が高く、なんとか施設マネジメントの運用までたどり着けても、数年後に元に戻ってしまう地方公共団体は多い。施設マネジメントの長期的な運用には、具体的な作業内容の検討も重要では

図9　施設マネジメントに関する組織体系の分類

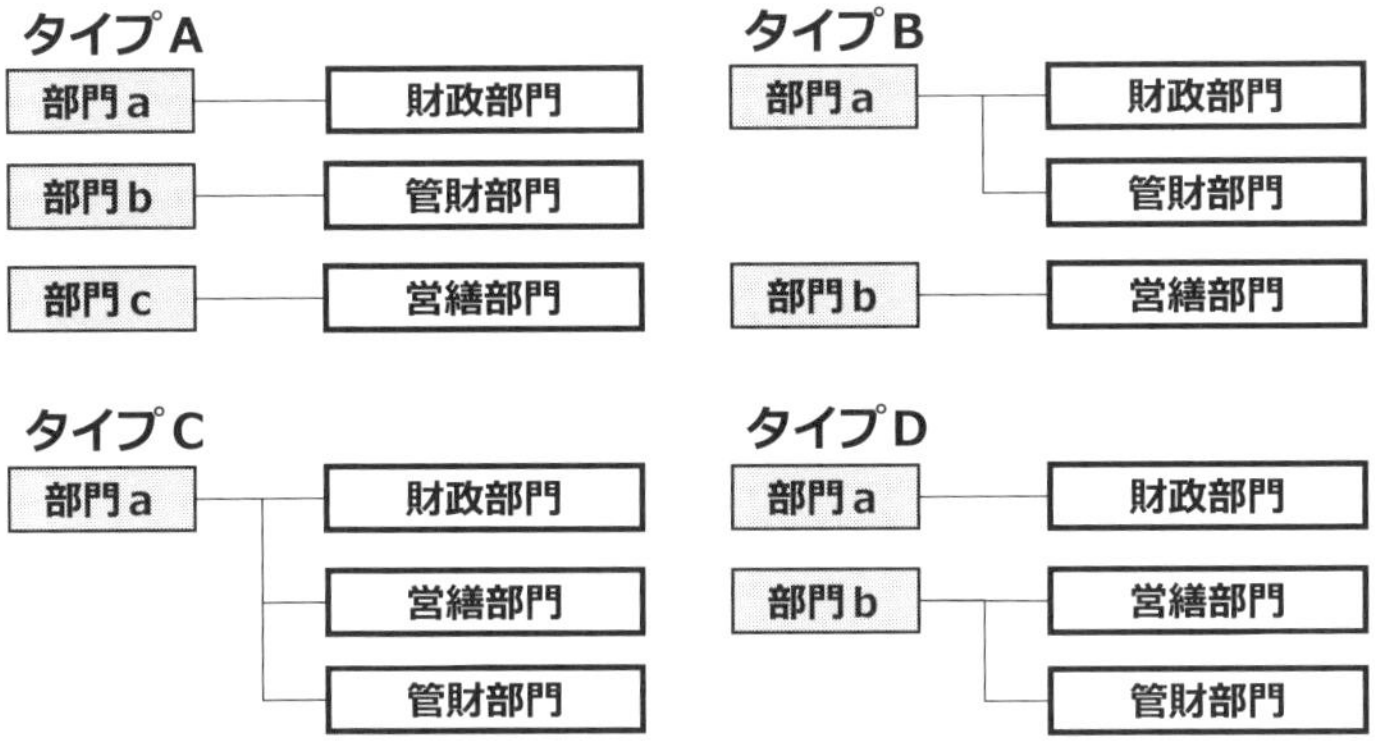

タイプAは3部門が独立
タイプBは財政部門と管材部門が統合、営繕部門が独立
タイプCは3部門が統合
タイプDは営繕部門と管材部門が統合、財政部門が独立

出典：参考文献⑤

あるが、活動を継続的に実施できる仕組みづくりが不可欠である。ここでは、2つの支援手法を検証する。

　1つは、施設マネジメントを支える地方公共団体内の組織・体制づくりである。施設マネジメントに関連する3部門（財政・管財・営繕）の組織体系は、地方公共団体により図9のような4つのタイプに分類することができる。多くの地方公共団体では、タイプAのように3部門が独立した形で組織されているが、他部門との連携に手間どる場合が多く、施設マネジメントはなかなか進まない。他部門との連携を組織的に構築したタイプB、タイプC、タイプDのような地方公共団体でないと、施設マネジメントの推進は現実的に難しいだろう。

　大事なのは他部門との連携であり、情報や知識の共有も含めた協力体制を構築することである。地方公共団体の規模や状況によっては、必ずしも関連3部門が1つになる必要はないが、部門間の連携を促す仕組みづくりの構築は不可欠である。

もう1つは、施設マネジメントの専門家の育成だけでなく、施設マネジメントに対する理解者を増やすことである。地方公共団体全体での取り組みが進まなければ、施設マネジメントは円滑に進まない。施設マネジメントの担当者の理解は当然であるが、一見、施設マネジメントに関係がない部署の職員や住民との協力や支援も必要となる。最終的に施設マネジメントをどこまで進められるかは、理解ある人材を周囲にどれだけ増やせるかにかかっている。

おそらく、施設マネジメントの理解者を増やすもっとも効果的な方法は、施設マネジメントの具体的な成果をできるかぎり早く多くの人に知ってもらうことであろう。小さな成果でもよいので、できることから施設マネジメントの成果をこつこつと積み上げ、その成果を広く一般に公開することが、結果的には大きな目標を達成する早道である。

実感できる施設整備の成果があれば理解者は確実に増え、施設マネジメントの協力体制はより強固になる。繰り返しになるかもしれないが、施設マネジメントの成功の鍵は、施設マネジメントで何ができるかを知るために時間や手間をかけるのではなく、協力者・理解者を増やす整備をすばやく実行に移すことにある。

堤　洋樹

参考文献

①「経営的視点による公共ＦＭとその政策――自治体との共同研究とその成果」、堤洋樹、企画インフラとストックシリーズ17「自治体における資産経営（ＦＭ）の政策とその展開」講演資料、地域研究会研修会、２０１３・７
②「地方自治体における保有施設のベンチマーキング手法に関する研究」、山本広貴、２０１２年度早稲田大学修士論文、２０１３・３
③「志津公民館整備事業基礎調査業務報告書」、千葉県佐倉市、平成24年３月、http://www.city.sakura.lg.jp/cmsfiles/contents/0000006/6871/houkokusyo.pdf
④住民参加型ＰＦＭシステムの構築に向けて、ＭｏＲＥプロジェクトシンポジウム資料「これからの地方自治体の公共施設管理（ＰＦＭ）には何が求められるか」、堤洋樹、施設管理・運営に関する研究会（ＭｏＲＥ）、２０１１・11
⑤「地方自治体の公共施設マネジメントに関する研究」、李祥準、２０１１年度早稲田大学博士論文、２０１２・２
⑥「総解説――ファシリティマネジメント」、ＦＭ推進連絡協議会、日本経済新聞社、２００３・１
⑦「建築生産――ものづくりから見た建築のしくみ」、ものづくり研究会、彰国社、２０１２・12

▼トピック▲

便益と評価

公共施設に求められる量と質の改革に向けて、どの施設をどのように残すのか（あるいは残さないのか）を判断する際には、短期的な経済効率のみならず、将来にわたる長期的な展望が求められる。

古くからの市街地に残る大正・昭和期の公共建築物は、景観形成や豊かなまちづくりの核となり、地域活性化の拠点となる可能性をもつものも多い。

しかし、これら建築物の歴史性や文化性といった社会的価値を評価する手法は必ずしも整備されておらず、保存・活用の検討の俎上《そじょう》にのせる前に、財政的な問題から取り壊される例も少なくない。

国土技術政策総合研究所では、プロジェクト研究「歴史的文化的価値を踏まえた高齢建造物の合理的な再生・活用技術の開発」（２００５～２００７年度）を実施し、歴史的文化的価値を有する建築物について、その保存・再生・活用にあたり必要となる社会的価値や安全性の評価、現行の基準に適合した安全性の確保、劣化部材の修復などに関して共通の技術開発を行い、その価値に応じた適切な手段・費用により歴史的建築物の活用を促す研究成果を公表している。

この成果から、公共施設の保存活用事業にあたって歴史性・文化性などの社会的価値を「外部便益」として適正に評価することについて概要を紹介したい。

外部便益の考え方

ここでは、公共施設の社会的側面をミクロ経済学における伝統的な外部性（Externality）の観点から考えてみる。外部性とは、ある経済主体の行動が他の経済主体に影響を与える現象全体

有川　智

図1　公共施設における「外部性」

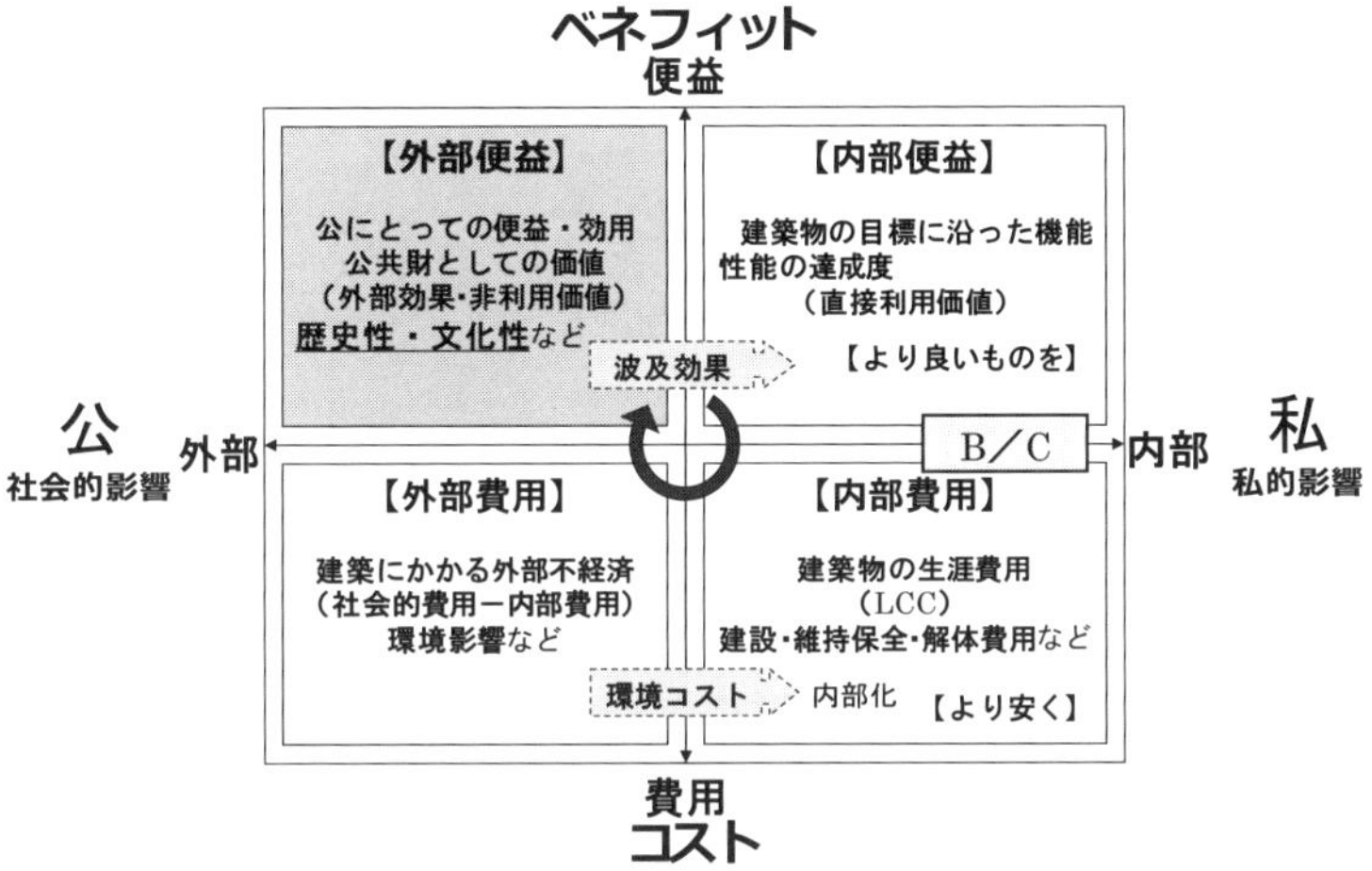

を指し、金銭的外部性（市場を通じて影響を与える場合）と技術的外部性（市場を通さずに影響を与える場合）に分けられる。

技術的外部性の例としては、負の効果として公害があげられるが、社会的価値を有する公共施設の保存は、住民が直接対価を払わなくともその建物が醸《かも》し出す雰囲気や景観を享受することで、まさに正の外部効果をもつものといえる。

「外部－内部」を横軸、「便益－費用」を縦軸とする図を示す（**図1**）。この図で、横軸は建築行為を行う事業主体からの距離（影響の受け手が事業主体自身であれば内部、それ以外であれば外部）であり、縦軸は建築行為による影響の収支（正の効果－負の効果）である。

〔内部便益〕と〔内部費用〕は、狭義の費用便益（B／C）を示し、「より良いものをより安く」という従来からの社会的要請に応えた枠組みである。

その後、環境問題などの社会コスト増大にともない、〔外部費用〕が顕在化し、現在で

写真１　横浜地方気象台の旧館と新館

撮影：有川智

は環境コストの内部化が図られ、「環境にやさしい」ことが当たり前のことになりつつある。そして、今後は良好な社会資本ストックの形成を目指すにあたって、「本当の豊かさとは何なのか」ということを〔外部便益〕を通して考えていくことが必要になる。

外部便益の評価手法

外部便益は、どのように評価すればよいのだろうか。費用便益分析を念頭に置いて、社会的価値の貨幣換算を試みる場合、ＣＶＭ（Contingent Valuation Method：仮想的市場評価法）やコンジョイント法、代替法、旅行費用法、ヘドニック法などさまざまな手法がある。

ＣＶＭは、アンケート調査を用いて人々に支払い意思額（ＷＴＰ）を直接尋ねる表明選好法であり、土木・環境分野をはじめとする複数の事業分野の事業評価マニュアルなどに便益計測手法として位置づけられている。建築物についても前述のプロジェクト研究において評価手法が開発され、横浜地方気象台（**写真１**）の保存活用事業の事後評価（２０１０

年）において試行された。その結果、住民の外部便益は約12億円（総事業費約10億円）と算定されている。

公共施設のマネジメントには、単に施設単体の内部便益やコストを評価検討するだけでなく、外部性を含めた公共性の観点にもとづいて施設の価値を再検討することが求められる。

逼迫《ひっぱく》した財政状況を背景として、公有財産のさらなる効率的運用が求められているなか、有効活用されていない市街地の高齢建造物は廃止・売却の検討対象となることが予想されるが、施設の廃止にともなって失われることになる機会費用・便益を具体的な数字として住民に開示することで、地方公共団体と住民との相互理解を深めることがますます重要になる。

公共施設の便益（内部・外部とも）を適正に反映する新たな評価のあり方と、それにもとづいた説明責任の果たし方がいま求められている。

有川　智

参考文献

①「近代建築の保存評価手法——歴史性・文化性にかかる外部便益評価の試み」、有川智、公共建築51（2）、pp.63～66、２００９・10

②「歴史的文化的価値を踏まえた高齢建造物の合理的な再生・活用技術の開発」、国土技術政策総合研究所プロジェクト研究報告　第24号、２００９・３

7章

ＩＴ（情報技術）活用

施設の情報把握の役割とプロセス

ここでは、公共施設マネジメントを推進するうえで重要な施設の情報把握について述べる。

施設の情報把握は、公共施設マネジメントの初期の段階に行うものであるが、マネジメントの推進中にも行うものである。また、1度で終わるものではなく、施設マネジメントの取り組みのなかで、繰り返し行い、新しい情報を取り込んだり、既存の情報を書き替えたりして、継続して行っていくものである。

1年に1度といったかたちで定期に情報把握（例えば、施設白書の公表やマネジメントの取り組み状況の公表など）を実施する地方公共団体では、情報を更新することそのものが、マネジメントの進捗管理につながり、マネジメントを継続することに寄与している。施設情報は、施設マネジメントのエンジンであり、つねに新しく更新される情報は、あたかも性能のよい燃料となって、力

図1　施設の情報把握のプロセス

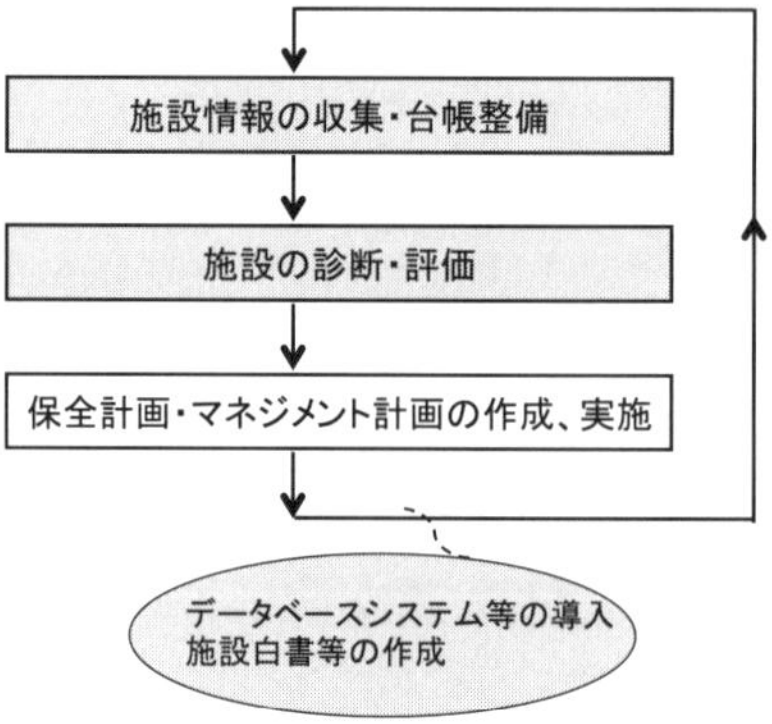

アソシエイツ㈱　門脇章子　作成

強く施設マネジメントを推進する力となるのである。

図1に施設の情報把握のプロセスの概略図を示す。施設情報の収集・台帳整備から始まり、その情報をもとにした施設の診断・評価、そして、保全計画・マネジメント計画の作成、実施を経て、あらためて施設情報を収集し、台帳を更新する。この一連のプロセスを確実に実行する一方、データベースシステムの導入や施設白書などの作成をあわせて検討していく。

施設情報の収集・台帳整備

地方公共団体の保有する施設は、用途、規模、運営形態など非常に多岐にわたる。地方公共団体の規模が大きくなるとその保有数も膨大になり、施設情報の収集、台帳整備には多大な時間と労力が必要となる。いかに有効かつ効率的に進めるかが、施設情報の収集、台帳整備において鍵となる。次にポイントを整理する。

既存情報を把握して活用する

従来、施設情報は、管財課や財務課などで管理される公有財産台帳、税務課や資産税課などで管理される固定資産台帳、建築課や保全課、所管部署などで管理される施設管理台帳、施設ごとに管理されることの多い各種の利用者情報など、地方公共団体内の各部署でさまざまな形態で管理されている。

公共施設マネジメントに対応する施設情報の収集・整備にあたっては、まず、どのような既存の施設情報があるのか、誰が管理しているのか、具体的な項目は何か、電子化された情

表１　施設情報の項目と活用目的の例

台帳の情報項目			資産系台帳	保全系台帳
施設情報	基本情報	名称・所在地・延べ面積・竣工年月・構造・階数・高さなど	○	○
	運営情報	所管部署・用途分類・開設年月・設置条例・運営形態など	○	
	利用情報	利用者属性・利用者数・利用件数・開館日数・利用可能コマ数・室構成・駐車場台数・収入額・支出額・未利用スペースの有無など	○	
	活用情報	財産分類・権利関係・地図情報・補助金種類など	○	
	費用情報	建設費・修繕費・光熱用水費・管理委託費など	○	○
土地情報	不動産情報	名称・所在地・敷地面積・接道状況・インフラ整備状況・用途地域・建ぺい率・容積率など	○	
建物情報	性能情報	内外仕上げ・主要な設備機器・劣化状況・耐震性・バリアフリー・環境対応・防災対応・修繕工事履歴など		○

地方公共団体調査をもとに作成

報かといった現状を把握することが重要である。これらの既存情報を整理し、次に述べるように情報の利用目的を明確にして、公共施設マネジメントに向けて整備する情報の全体像を検討し、新たに必要な情報を選定する。

情報の利用目的を明確にして項目を選定する

施設情報の収集・整備を効率的に行うため、施設情報の利用の目的を明確にする。施設の保全業務の効率化、耐震化などの施設性能の把握や確保、中長期の保全計画の策定、それによる予算の将来推計や平準化、余剰施設の把握、統廃合、再配置など、地方公共団体の状況によって優先的に取り組む課題は異なる。

先進的な地方公共団体の事例でみると、施設関連の台帳については、大きくは資産管理を目的とした「資産系台帳」と、保全管理を目的とした「保全系台帳」の2つに分けられた。参考に、それぞれの台帳の項目例を**表1**に示す。

とくに近年は、財政的な問題から公共施設にかかる費用全体を削減することが公共施設マネジメントの第一の目的となることが多く、建て替えコストの抑制のための長寿命化と、保有施設全体の床面積の削減（総量削減）をあわせて行うような、保全系台帳と資産系台帳の両面を網羅した台帳を整備する地方公共団体も出てきている（この場合には、情報項目が格段に増えるため、後述するデータベースシステムの導入を考慮する必要がある）。

また、延べ床面積や竣工年月などのすでにもっている基本情報を活用して、保有する施設の全体像の把握、施設整備にかかる費用の将来推計を行ったり、同規模の地方公共団体と比較したりするなどして、おおまかに把握した施設の状況をもとに施設マネジメント方針を明確にした後、本格的な情報収集にかかる地方公共団体もある。先に保有する施設全体の状況を明らかにし、方針を明確にすることで、データを提供する関係部署の理解・協力を得やすく、効率的に情報を収集することができ、有効な進め方である。

情報項目のルールを決める

収集する施設情報の例を**表1**に示したが、これらを初めからすべてそろえることはむずかしい。また、できるだけ多くの項目をそろえることよりも、異なる用途・規模の施設を横断して、確実、容易にデータをそろえることのほうが重要であり、保有する施設の全体をとらえる場合に、使い勝手のよいデータとなる。そのために、どのような単位で、どのような項目を収集するのか、あらかじめルールを明確にして情報の収集にあたる。

例えば、図２のように建物情報・土地情報をまとめた施設情報を基本の単位とし、棟や筆《ひつ》の情報を階層化し、各層で管理する情報を明確にする。図３のように１つの建物に複数の施設が入居する複合施設の場合には、実際の管理はどれかの施設で一括して行われていることもあるが、台帳については基本的には施設ごとに分けて作成するようにする。

図４に施設ごとに策定した施設情報の「調査シート」の例を示す。調査シートの名称は地方公共団体ごとにまちまちであり、「施設カルテ」と称する場合も多い。例えば、竣工年を年号ではなく西暦で記載する、月まで記載する、延べ床面積は小数点第２桁まで記載するといったように、各情報項目を取りまとめる側が最初にルールを明確に定めて収集にあたる。

対象の施設を選定する

初期には手戻りを防ぐため、情報を収集する施設の用途を絞ることも検討する。先進的な地方公共団体でも、延べ床面積が１００平方メートル以上の施設のみを対象としたり、学校施設のみとしたり、逆に学校施設を除いたりといったように、当初は範囲を限って徐々に対象を全施設に広げることが行われている。

統廃合などの施設マネジメントの具体的な取り組みに着手する際には、全施設を対象に、近隣にどのような施設があるのかもあわせて検討できるように、最終的には小規模なものも基本情報までは統一した台帳の書式で一元管理できるようにすることが望ましい。

図２　施設・建物・土地の情報の定義

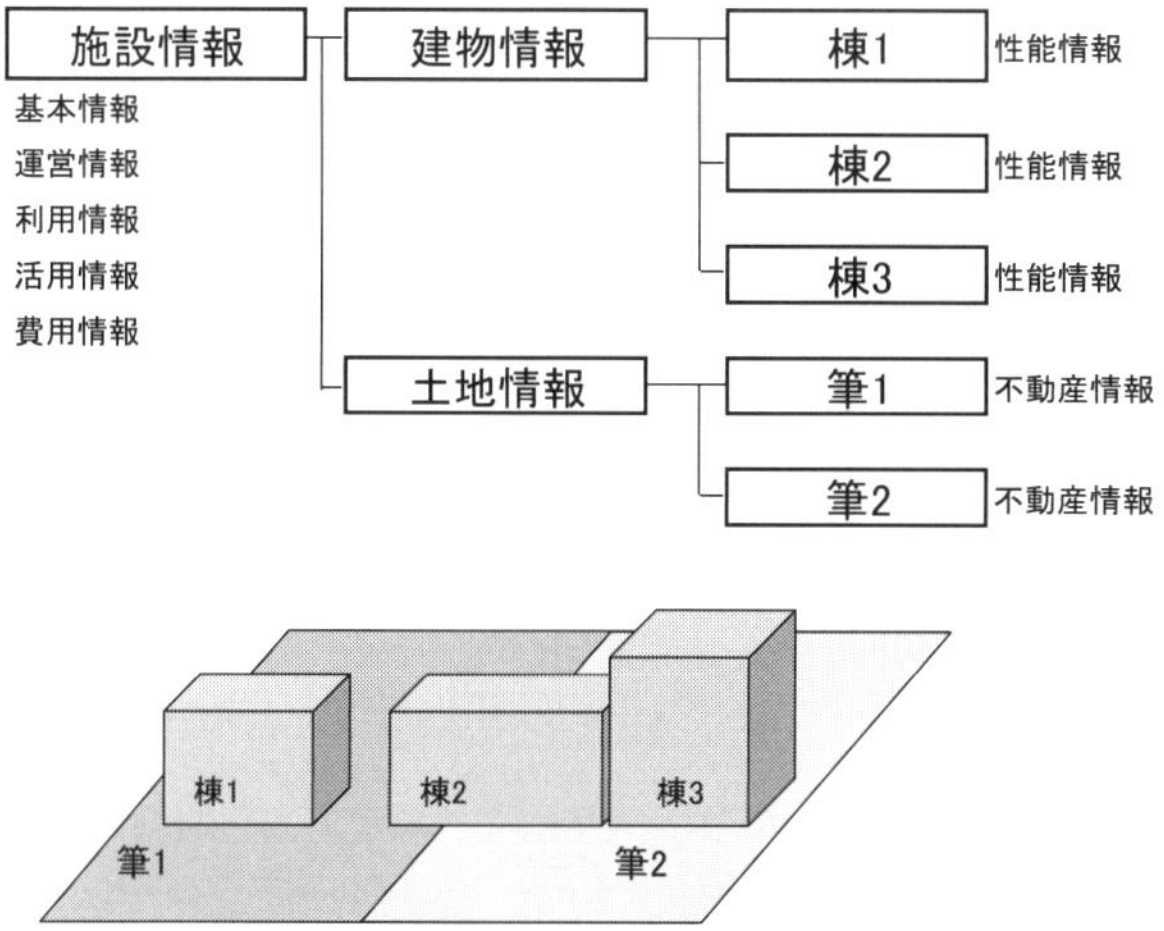

アソシエイツ㈱　門脇章子　作成

図３　複合施設の場合の施設・建物・土地の情報の定義

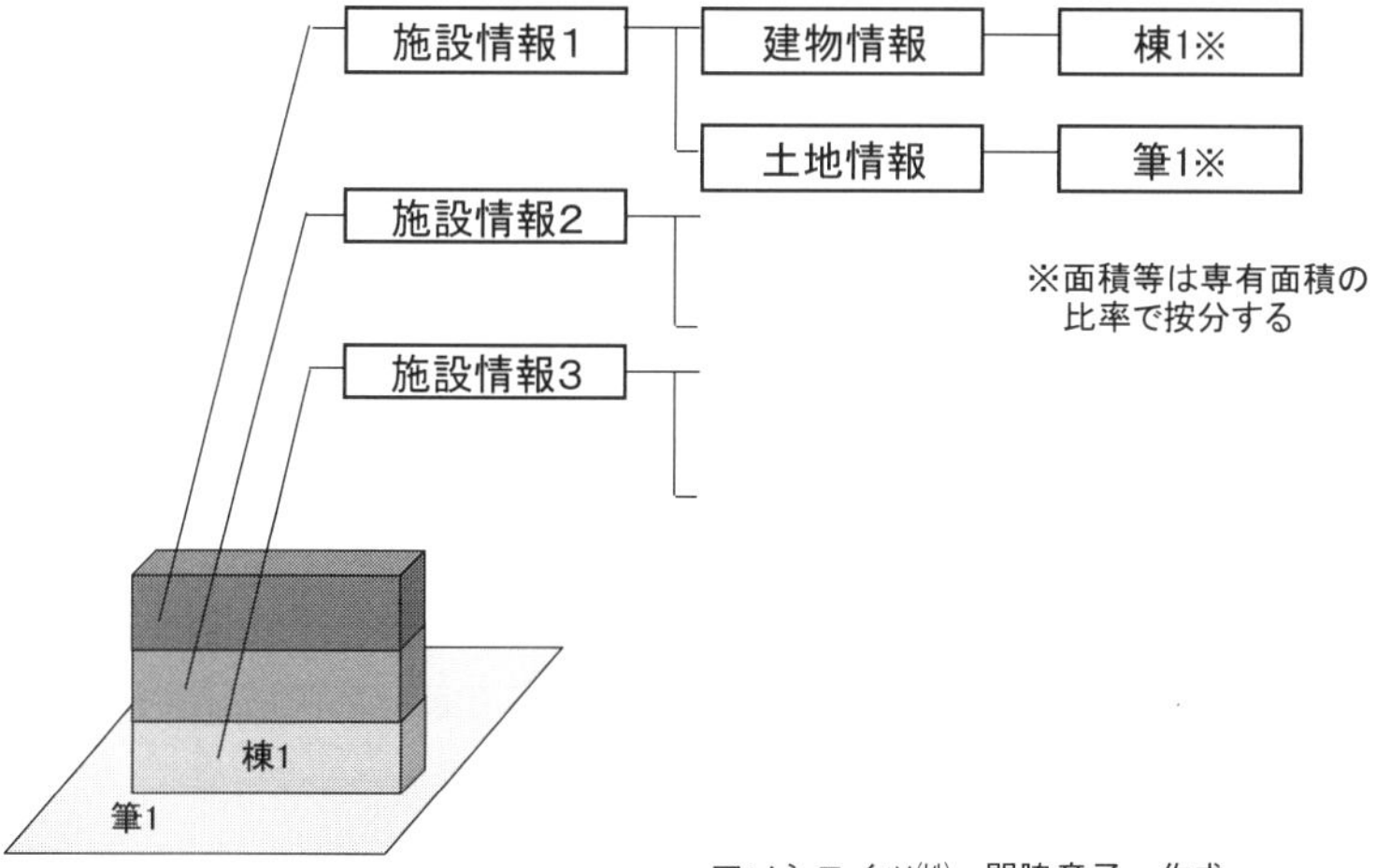

アソシエイツ㈱　門脇章子　作成

図4　施設情報調査シートの例

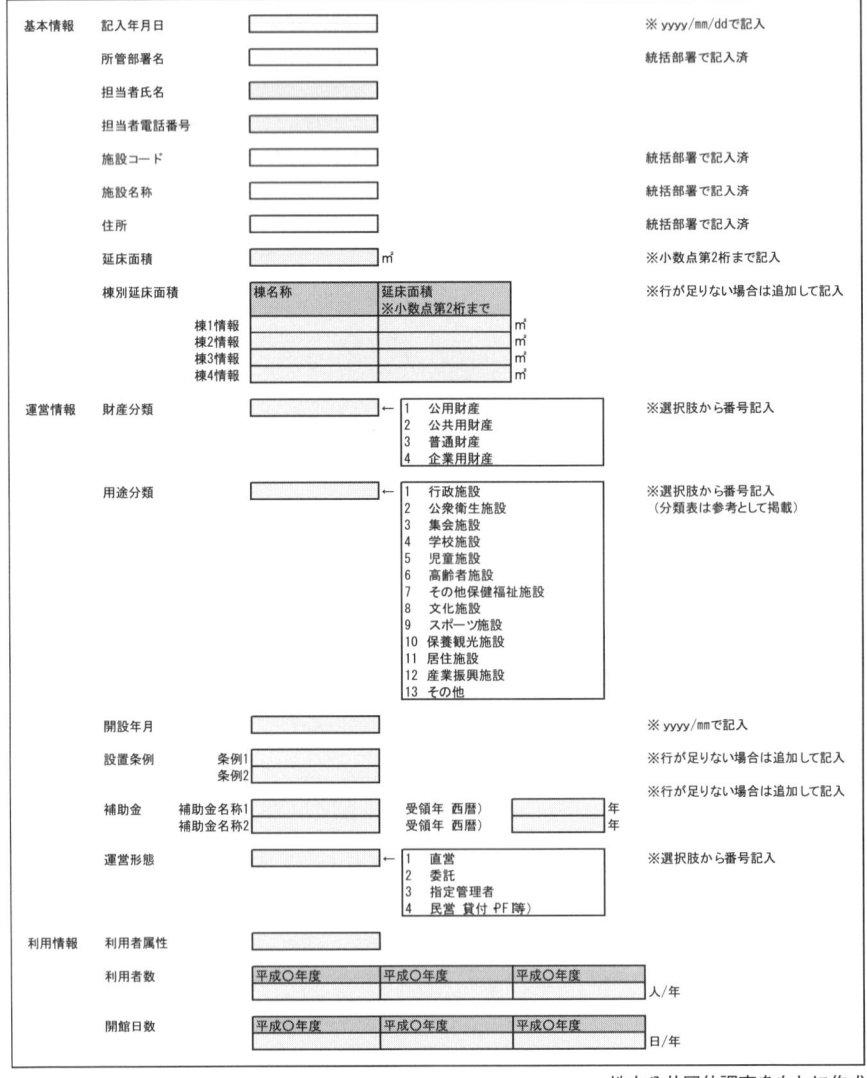

区分	項目		記入欄	選択肢	備考
基本情報	記入年月日				※ yyyy/mm/ddで記入
	所管部署名				統括部署で記入済
	担当者氏名				
	担当者電話番号				
	施設コード				統括部署で記入済
	施設名称				統括部署で記入済
	住所				統括部署で記入済
	延床面積		㎡		※小数点第2桁まで記入
	棟別延床面積				※行が足りない場合は追加して記入
運営情報	財産分類		←	1 公用財産 2 公共用財産 3 普通財産 4 企業用財産	※選択肢から番号記入
	用途分類		←	1 行政施設 2 公衆衛生施設 3 集会施設 4 学校施設 5 児童施設 6 高齢者施設 7 その他保健福祉施設 8 文化施設 9 スポーツ施設 10 保養観光施設 11 居住施設 12 産業振興施設 13 その他	※選択肢から番号記入 （分類表は参考として掲載）
	開設年月				※ yyyy/mmで記入
	設置条例	条例1			※行が足りない場合は追加して記入
		条例2			
	補助金	補助金名称1		受領年 西暦)　　年	※行が足りない場合は追加して記入
		補助金名称2		受領年 西暦)　　年	
	運営形態		←	1 直営 2 委託 3 指定管理者 4 民営 貸付 PFI等)	※選択肢から番号記入
利用情報	利用者属性				

棟別延床面積

	棟名称	延床面積 ※小数点第2桁まで	
棟1情報			㎡
棟2情報			㎡
棟3情報			㎡
棟4情報			㎡

利用者数

平成○年度	平成○年度	平成○年度	
			人/年

開館日数

平成○年度	平成○年度	平成○年度	
			日/年

地方公共団体調査をもとに作成

情報の一元管理と組織体制の構築

膨大な施設情報の具体的な収集や記録、管理を誰が行うかであるが、前述の資産系台帳では、施設統括部署がエクセルなどの表計算ソフトで作成した施設台帳のひな形を所管部署に配布し、記録させ、収集することを行っている事例がみられた。

保全系台帳では、建築系技術者による確認が必要な項目があることから、保全系の部署で一括して記録したり、また、光熱水費や簡易な補修などの日常的に入力する項目が含まれている場合は、これらは所管部署で記録したりするなど、分担して情報の収集を行っていた。

近年、施設マネジメントを進める地方公共団体では、まず、保有施設を一元的に管理する統括管理部署を新設し、その部署が中心となって施設情報を収集する場合が多い。所管の別なく施設を最適化し維持管理するためには、施設情報の一元管理と組織体制の構築を同時期に展開することは必須といえるだろう。

情報の収集期間と更新の仕組みづくり

情報収集の初めの段階で、施設マネジメントの全体工程とあわせて、情報の収集期間を検討することが必要である。初期の情報の収集にかける期間は、先進的な地方公共団体の事例では、資産系台帳では1年前後、保全系台帳では建築系技術者による建築や設備の調査に時間がかかるため、3年、5年と長期間に及ぶ例もみられた（ともにデータベースシステムの構築期間を含む）。

また、施設情報には劣化状況や運営費用、利用状況のように定期に更新が可能な情報と、修繕や運営形態など不定期に更新される情報があり、これらをつねに最新で正確な情報に維持する仕組みづくりが非常に重要である。施設の管理には関係する担当者や部署が代わることも多いことから、情報の定義づけや更新のルールを徹底する。先進的な地方公共団体では、情報の記載方法をマニュアル化する、説明会を実施する、年に1度、月日を決めて情報を更新するといったルールを定めて運用している場合が多くみられる。

施設の診断・評価

ある程度の施設情報が収集できた後は、個々の施設についてハード面やソフト面、コスト面などにおける統一した指標で施設の診断・評価を実施する。地方公共団体で同種の用途を複数保有する施設については、それらを比較するなどして診断を行い、市民ホールなど地方公共団体で保有する数が少ないものについては、他の同規模の地方公共団体で公表されている数値と比較するなどして診断を行う。

図5は、N市の公共施設マネジメント白書に公表された施設評価の例である。N市では、施設の老朽化問題に強い危機感をもって対応し、施設マネジメントのための専門部署を組織した翌年度末に、施設マネジメント白書を公表した。白書公表の時点では施設情報の一元化は未実施で、白書では劣化状況などの不確定な部分については建築年度からの予測にとどめ、多くの施設をまずは迅速、簡便に統一した指標で分類することを行っている。この簡易な評価によって対策の必要な施設をあぶり出し、その後の現地調査を効率的に実施することを可

図５　評価項目と指標の例

評価指標	3	2	1
耐震性	適合 新耐震基準以降または補強等を実施した建物	対策中	対策が必要
劣化状況	良好と考えられる 築20年未満	対策検討が必要 築20年以上30年未満	対策が必要 築30年以上
アスベスト対策	安全 吹き付けアスベストを未使用または除去等を実施済	対策中	対策が必要
バリアフリー対応	バリアフリーに対応 身障者用トイレ、車いす用エレベーター、スロープの設置	一部未実施	バリアフリー対応が必要
コスト	妥当 延べ床面積、運営人員当たりの単価が平均値の40%未満	—	改善の可能性あり 延べ床面積、運営人員当たりの単価が平均値の40%以上

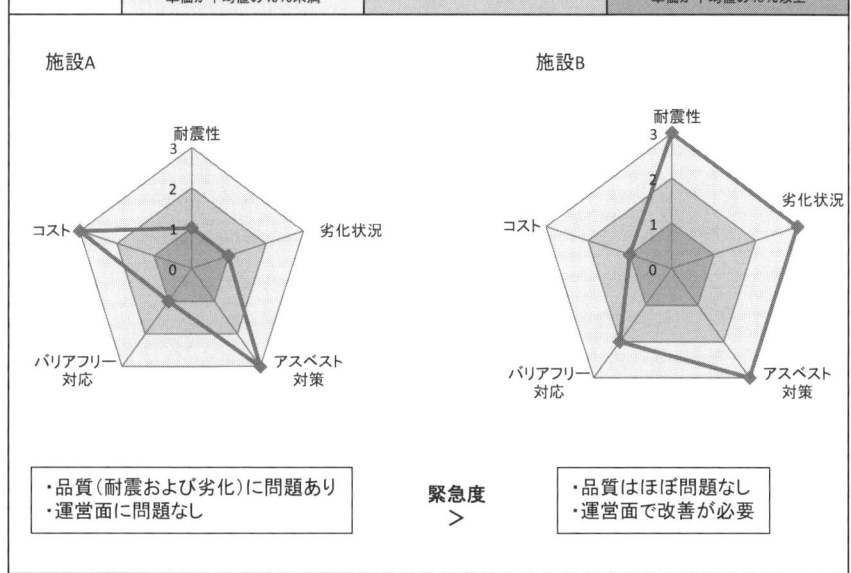

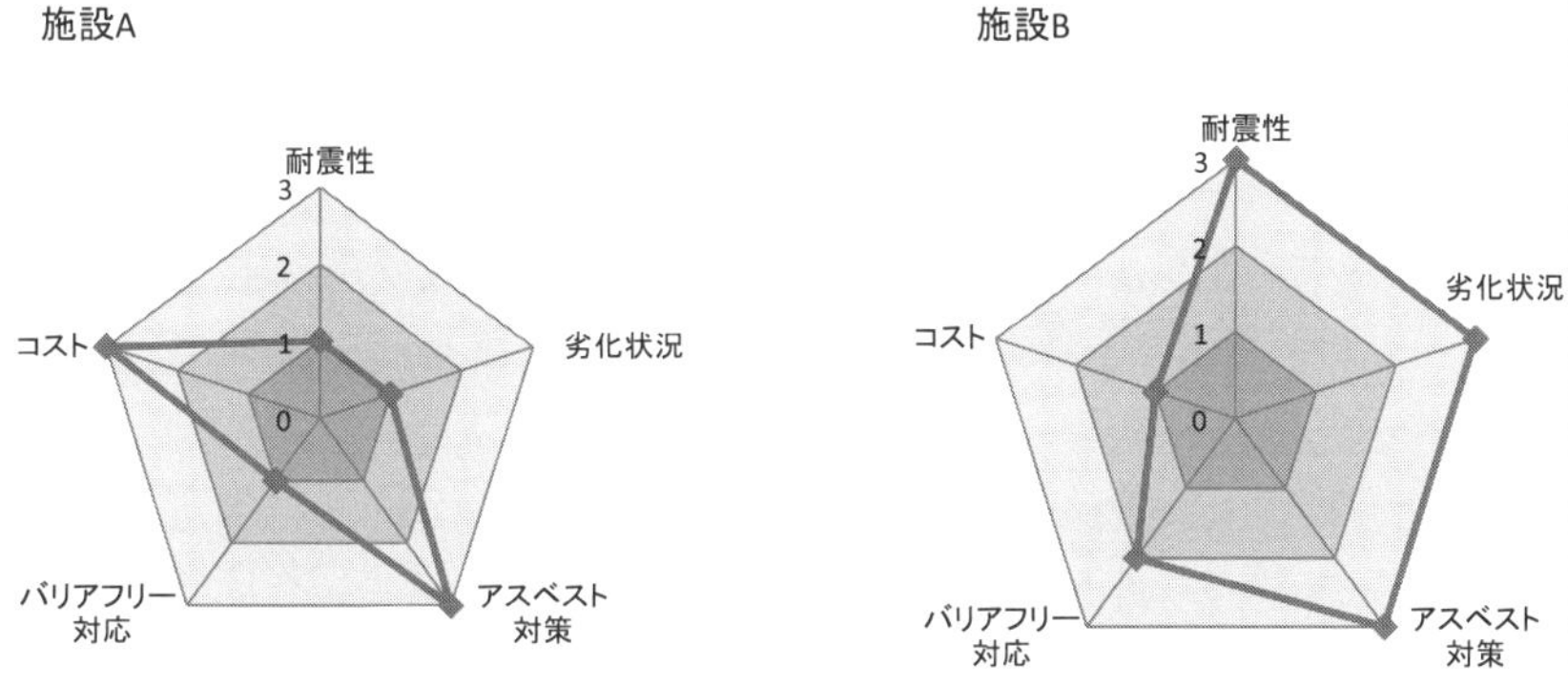

・品質（耐震および劣化）に問題あり
・運営面に問題なし

緊急度
＞

・品質はほぼ問題なし
・運営面で改善が必要

Ｎ市公共施設マネジメント白書をもとに作成

能にしている。

データベースシステムなどの導入

収集した施設情報や施設評価結果を一元的に保管し管理するには、電子化を行うことはもちろんであるが、エクセルなどの表計算用ファイル形式での管理から一歩進んで、データベース化、さらにはデータベース管理システム（ＤＢＭＳ）を導入することが望ましい。システム化することで、関係者間での効率的かつ迅速な情報共有が可能であり、また施設固有のコード（ＩＤ）を付加することで、さまざまな既存のデータを連結して参照することが可能となる。劣化診断や耐震診断、修繕計画、各種白書ともデータの連係が可能となり、継続的な公共施設マネジメントを実現する。

施設白書などの作成と活用

住民、議会などへ、地方公共団体の保有する施設情報を公開する「施設白書」や「施設マネジメント白書」「資産の姿」などの策定が進んでいる。地方公共団体によって名称は異なるが、これらを総称して「施設白書等」とする。施設白書等の作成は、公共施設マネジメントの推進、とくに施設の統合・廃止・存続の意思決定や、パブリックコメントを経ての施設再配置計画策定のための開示資料として重要である。

施設情報の一元化やすべての施設の情報整備が行われていなくとも、各部署に必要なデータを照会し、簡易に電子化、分析を行うことで施設白書等を作成することは可能である。前述のように、膨大な施設情報の収集・診断・評価には長期間かかる場合もあり、まずは施設白書等を作成して保有する施設の概要を把握し、マネジメント方針を明確にしてから本格的なデータ整備の方針を立てることは、進め方としても十分有効である。

先進的な地方公共団体でも、まずは施設白書等を作成して、それをもとに施設マネジメント計画を作成し、その後、本格的な組織体制の構築や情報の一元管理の仕組みの構築、データベースシステムの導入を行う例もみられた。その一方で、施設白書等を一度作成したものの、何年もそのままになってしまっている地方公共団体もみられる。施設白書等はゴールではなく、マネジメント業務のなかの1つの現状把握と位置づけ、定期に更新してマネジメントを推進する有効なツールとして活用するべきである。

なお、施設情報の一元化を行わないままで施設白書等を更新していくには限界がある。施設白書等の作成を施設情報の一元化よりも先に実施した場合には、早い段階で一元化に着手して施設白書等の更新を簡便にし、情報把握を容易にすることが施設マネジメントの推進には有効である。

また、施設白書等の作成を外部業者に委託する場合は、データの入力と簡易なデータベースの作成までを一括して委託するのが有効である。

施設情報管理のフレームワークの提案

これより図2のような物理的な関係をもつ土地・建物で構成される施設の情報管理のフレームワークを検討する。土地の上には、単体ないしは複数の建物（棟）が建設され、一体として施設が形成される。

教育施設を例とするとわかりやすい。いくつかの校舎が存在し、体育館などとともに複数の棟を構成しているが、一体として１つの学校となる。運営管理上は施設としてとらえ、運営に関する情報やコストに関する情報は「施設」単位となる。施設を構成するそれぞれの棟は築年数や構造も異なるため、保全業務の観点からは「棟」単位の情報も必要となる。施設統廃合などの大所高所からの評価を実施する場合には当然、「施設」単位となる。

したがって、情報管理の目的や場面によって、さまざまな粒度の不動産情報が必要になると考えられる。また、土地と建物についてばらばらの情報管理を実施した場合には、このような施設についての実態をデータベースから把握することは非常に困難であるため、土地・建物・施設の関係を保持した情報管理が望ましい。さらに、土地においては権利情報などは「筆」に分割されるため、さらに煩雑となるが、公会計において投資口単位で管理する固定資産台帳においては、この「筆」という単位で情報管理することとなる。

これらの物理的実態や管理上の実態を不動産情報において再現するために、主に次の３つの観点で情報管理のフレームワークを設定した。詳細は２０１２年日本建築学会大会の施設マネジメント小委員会によるＰＤ資料集を参照されたい。

フレームワークの基本原則

①土地・建物・施設の物理的な関係を再現できること

②固定資産台帳、公有財産台帳、出納情報など既存の台帳（データ）と連係できる仕組

門脇　章子・板谷　敏正

図６　土地・建物および関連する情報を連係させるフレームワーク

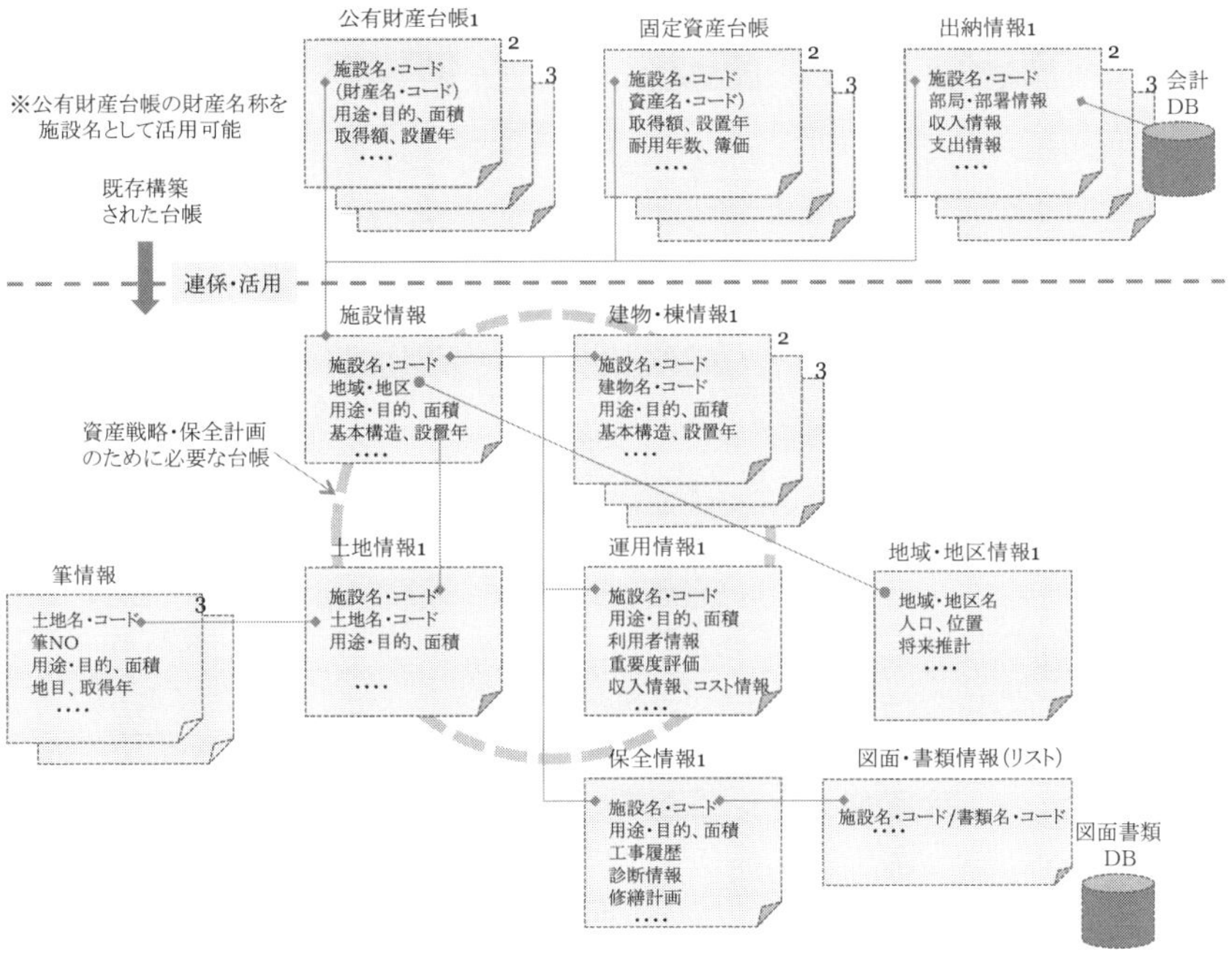

プロパティデータバンク㈱　板谷敏正　作成

みを構築すること

③　効果的な活用のための全体のルールを規定すること

①については、土地・建物の物理的な関係を台帳上で再現する必要がある。土地台帳には関連する施設名称やその固有番号（コード）を記し、施設の台帳には関連する建物名称やその固有番号(コード)を付記することにより、それぞれが相互に閲覧できるようになる。簡単な方法であるが、既存の台帳においてこれらの関係が徹底されたものは少ない。

②に関しては、施設名称あ

るいは施設コードを基軸にして関連する台帳やデータベースとの連係を図る手法が得策である。

これらをまとめたイメージを図6に示す。既存の固定財産台帳、公有財産台帳などに加え、出納情報や関連する運用情報を「施設」をキーワードにデータ連係するものである。必ずしもリアルタイムにデータベースを連動・連結させる必要はなく、必要なときに整理して集約すればよいと考える。

また、既存のデータベースは、オフィスコンピューター用、大型コンピューター用、パーソナルコンピューター用、表計算ソフトなどさまざまな形態が想定されるため、それらを物理的に連結することは高度な情報技術を要するが、それぞれが出力したデータを施設名称・コードなどにもとづいて整理・統合することにより、簡易な連係が容易にできると考えられる。

現実の課題として公有財産台帳や固定資産台帳などにおいては、不動産情報と連係するための施設コードなどの情報項目が未設定であることが推測される。出納関係のデータや他の任意のデータベースにおいても同様である。そもそもこれらのデータベースにおいては、不動産関連情報との連係を想定していないことがその理由であるが、各台帳のバージョンアップやシステム再整備のタイミングで、不動産情報との連係を可能とする施設関連情報（名称・コード）の導入を推奨するものである。また、多くの地方公共団体では、施設名称は公有財産台帳における財産名称などが代替活用できると考えられる。

具体的なイメージを2例紹介する。リレーショナルデータベース（ＲＤＢ）を活用した本格的なウェブシステムなどで構築した場合のイメージを図7に示す。施設マネジメント領域

図7　本格的なWebシステムで構築したフレームワーク

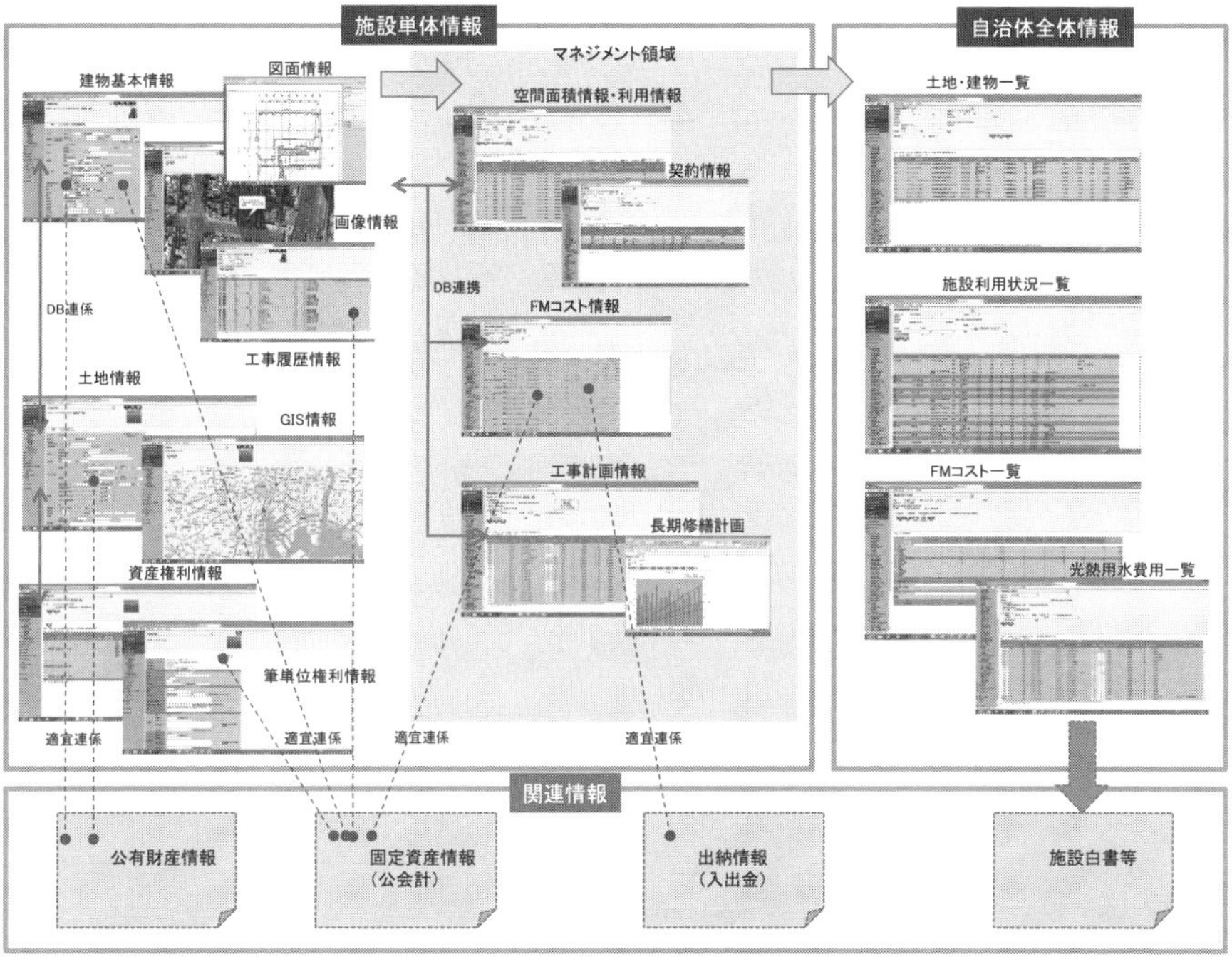

プロパティデータバンク㈱　板谷敏正　作成

においては、土地と建物、施設そしてそれに関連するマネジメント情報がシームレスに連係できる。複数棟を束ねて地方公共団体全体の施設情報の閲覧や分析をする場合も、ＤＢの集計機能による円滑な集約が可能である。

　クラウドサービスなどで提供されている昨今のソフトウェアはこの形式である。建築保全センターが地方公共団体向けに提供しているＢＩＭＭＳ（８章参照）もクラウドサービスであり、基盤には汎用的なリレーショナルＤＢを活用しているため、土地・建物・マネジ

図８　表計算ソフトで構築したフレームワーク

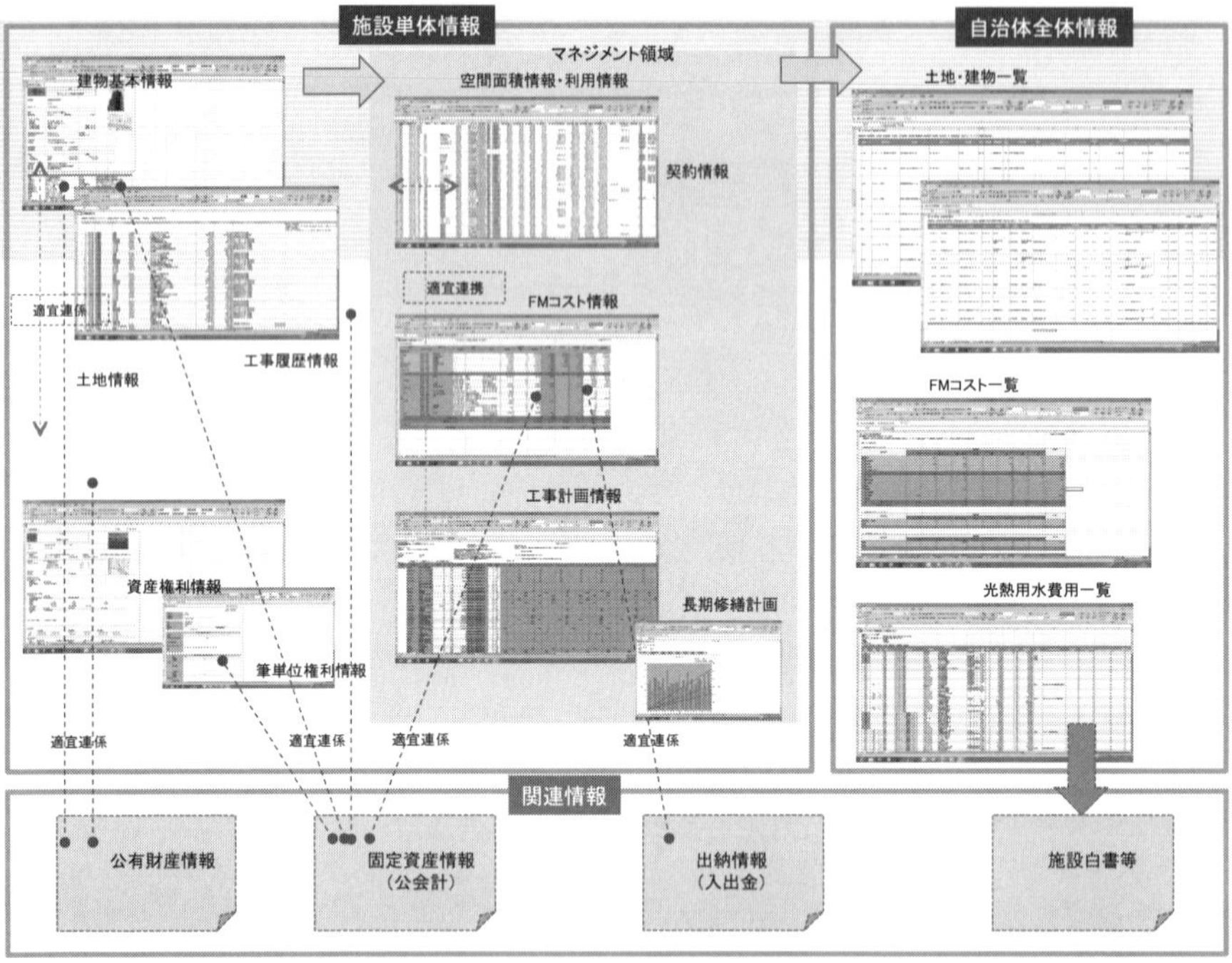

プロパティデータバンク㈱　板谷敏正　作成

メント情報の管理やその統合は円滑である。

本格的なシステムを構築しなくても、施設コードなどを活用すれば、エクセルなどの表計算ソフトでも同様な連係は可能である。表計算ソフトで構築した場合のイメージを図8に示す。

シームレスな連係には課題があるが、台帳レベルの情報で分析・評価できる利点はある。ただし、都道府県レベルの大量のデータや詳細なコストデータなどの分析には労力がかかるとともに、ＧＩＳ（地理情報システム）や図面情報との連係など、表計算以外の機能における発展性には限界がある。簡易であり、かつＩＴコストがかからない点を活かすとすれば、施設マネジメントの年次報告や市町村などのマネジメントレポートには威力を発揮すると考えられる。

戦略実践における施設情報の活用フレームワーク

資産情報や関連情報間の連係に関するフレームワークは前述したとおりである。本稿では、その上位概念として蓄積された資産情報の活用や資産戦略への反映などを目的とした「活用フレームワーク」についても提案したい。前述の基本原則においては、③に相当する。

民間企業においては企業会計の原則が定着しているため、不動産管理に関するすべての業務は会計に帰着されるとともに、発生主義の仕訳がなされている。最終的には損益計算書や貸借対照表にまとめられ、内外に決算報告される。

図９は大手生命保険会社の業務の流れである。不動産管理に関する賃貸契約や賃借契約あるいは固定資産の取得や償却などの業務は、プロパティマネジメント（ＰＭ）やアセットマネジメント（ＡＭ）業務のなかで遂行される。

同時に会計処理も実施され、最終的には企業全体の基幹システムに連動していくこととなる。賃貸事業においては、テナントへの請求業務や入金管理業務、テナント契約の変更や更新などさまざまな業務が発生するが、すべて会計処理をともなうため１件ごとが重要な情報となる。

当該保険会社では不動産管理にクラウドに代表される最新のＩＣＴを導入し、すべてを電

図９　民間企業における不動産情報と会計情報の連係

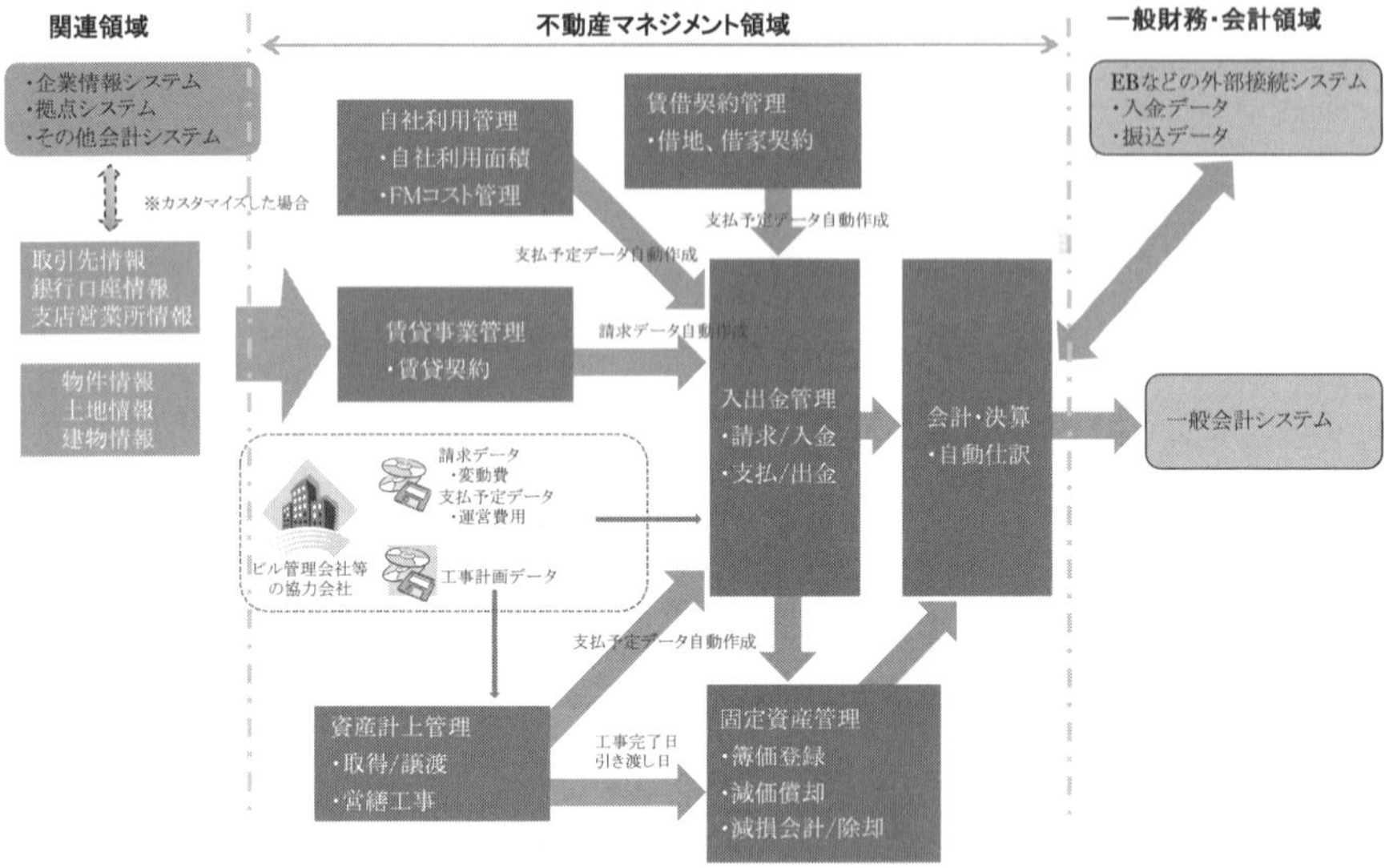

プロパティデータバンク㈱　板谷敏正　作成

子化しているため、会計処理まで誤謬《ごびゅう》なく、かつ効率よく情報連係ができている。修繕工事や設備投資についてもプロジェクト開始段階から電子管理され、完成後は固定資産管理に関する会計処理まで連動する。

これらのマネジメントと会計処理が表裏一体で処理されることにより、最終的には正確な施設情報やマネジメント情報が蓄積される。蓄積されたデータは戦略立案や効果検証に活用可能である。また重要な点は、一連の業務のなかで正確な情報が効率よく記録されることである。ＩＣＴを導入しても活用されていなかったり、最新の情報が更新されていない例が散見されるが、そのような事態を防止できる。前述の生命保険会社は、資産運用の観点から２兆円前後

図10　民間企業における戦略実践のためのフレームワーク

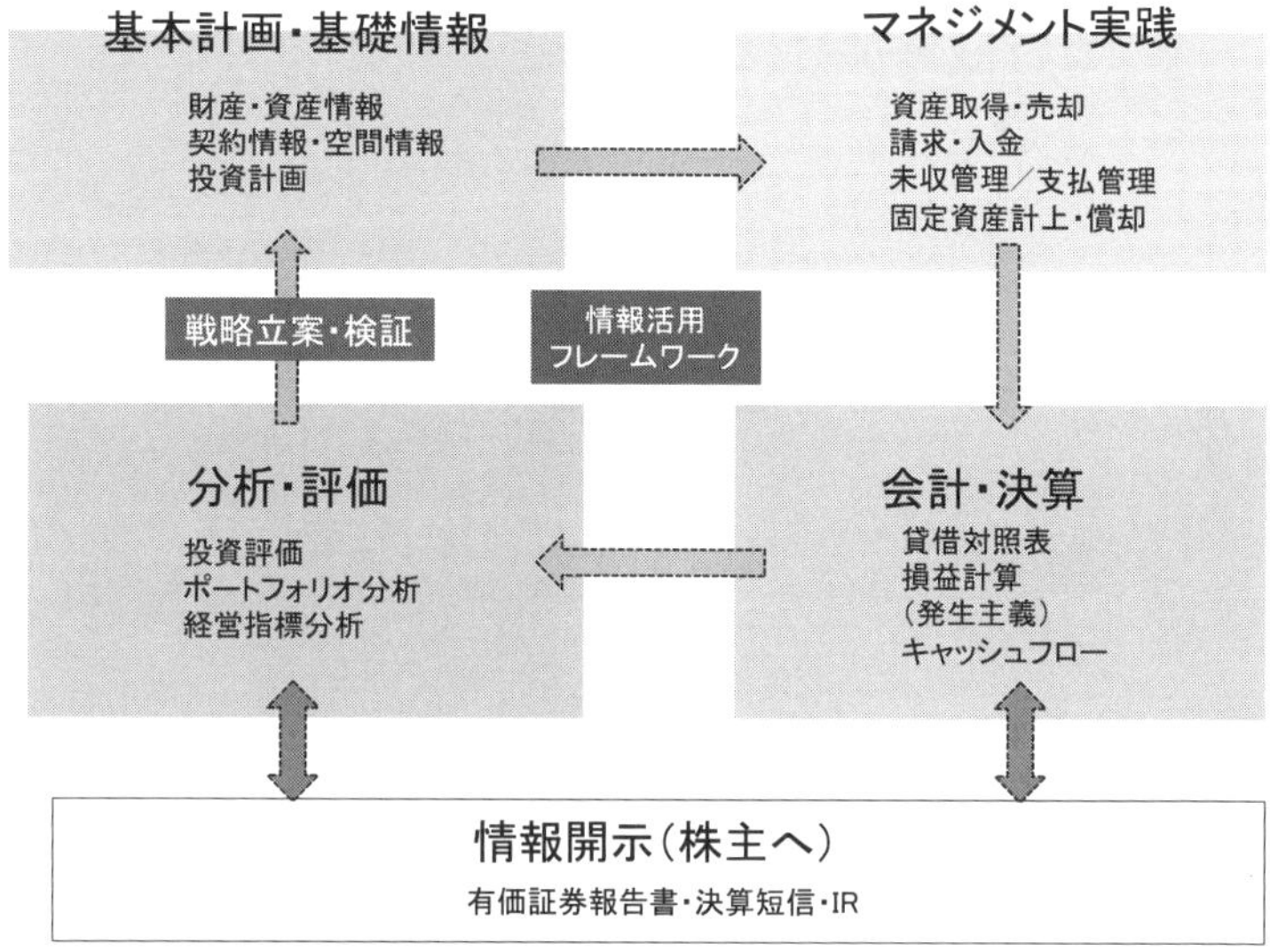

プロパティデータバンク㈱　板谷敏正　作成

の不動産投資を実施している。また、金融機関であるため金融庁の管轄下にあり、その統制は厳格化されている。

すべての企業や法人に同レベルの統制システムを適用することには検討課題も多いと考えられるが、不動産マネジメントと会計業務が整合している点は重要である。また、企業であるがゆえに、株主やユーザーなどへの情報開示にもこれらの情報は活用される。一連の情報の活用のフレームワークを、民間企業を想定して整理すると図10のように簡略化される。

所有、投資、賃貸あるいは賃借に関する基礎的なデータからスタートし、これらの基礎情報を不動産マネジメントに活用することが第1段階

図11　公共における戦略実践のためのフレームワーク

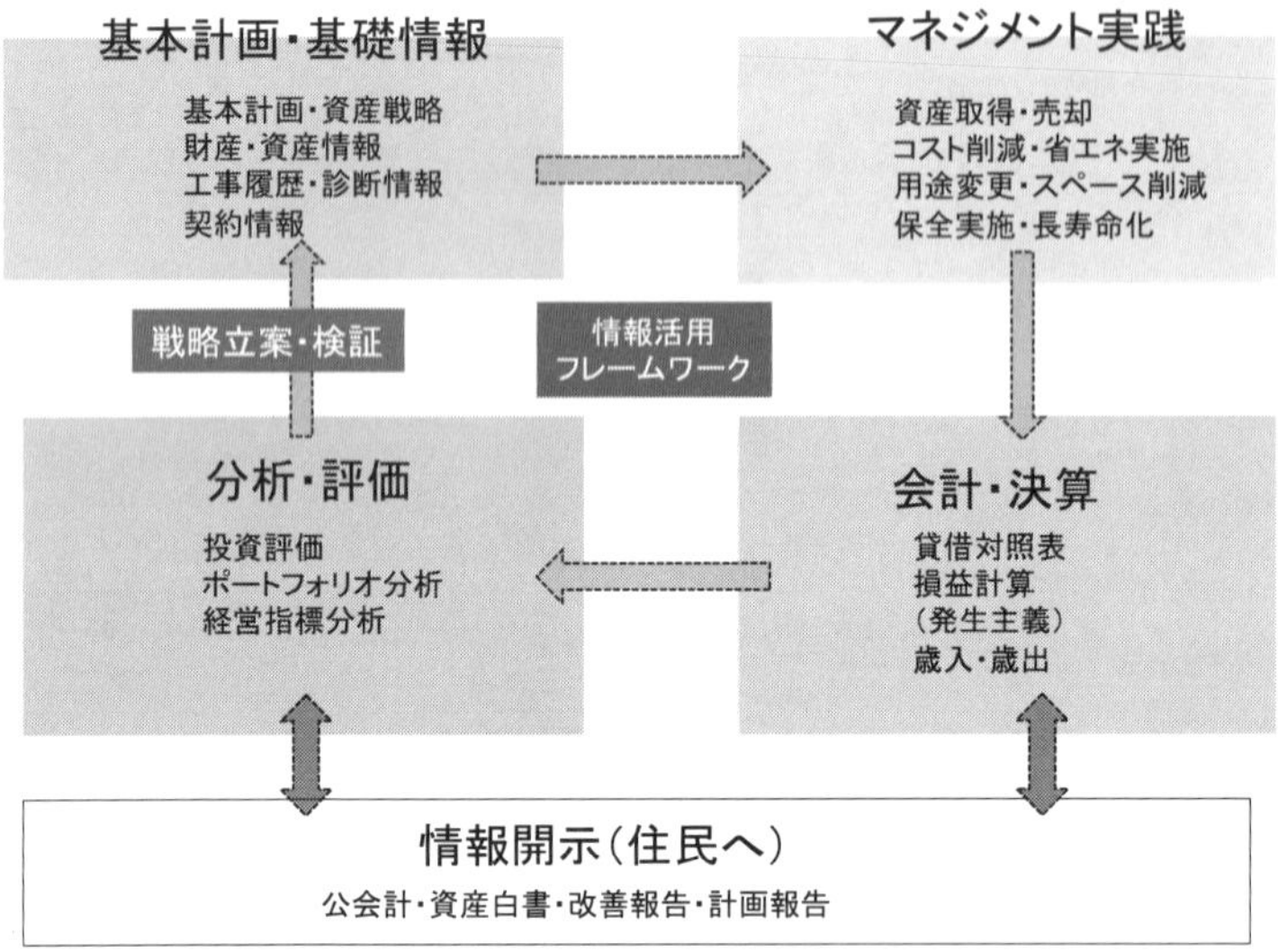

プロパティデータバンク㈱　板谷敏正　作成

である。電子化され標準化された情報であれば会計処理や決算情報として活用されるが、これが第2段階である。

通常はここまでであるが、本章で提案するフレームワークでは、蓄積されたこれらの情報を集約し、分析・評価を実施し、新たな戦略に展開する第3段階まで想定している。この過程で決算情報や経営情報は、企業であれば株主に情報開示される。図10に示すように一連の業務はサイクル（循環）となる。循環することにより新たな戦略立案に活用されることも重要であるが、決算や情報開示に活用されることが組み込まれることにより、情報はよどみなく入力され正確な情報として活用される。分析のために改めてデータ登録などを検討する必要は皆無となる。

公共施設においても同様なフレームワークの構築が必要である（図11）。施設台帳の作成よりも、むしろ一連のフレームワークの構築が重要であり、施設台帳はその過程で派生するものである。公共においても、施設基本情報や契約情報、あるいは投資計画などの基礎情報をスタートラインにすることは民間と同様である。基礎情報をもとに各種マネジメント業務を実践し、その過程で会計処理や公会計のもととなる仕訳データを作成することも民間と同様であるが、公共の場合は情報開示の対象が住民や地方公共団体に関係するステークホルダーとなる。

大阪市などでは、ファシリティマネジメント（ＦＭ）や資産流動化を促進するために専門の部署を設置するとともに、コスト削減や空間の有効利用などの目的別にさまざまな施策を展開している。特筆すべきことは、その進捗状況について住民などに詳細に開示していることである。登録された情報が活用されるとともに、正確な情報入力を促進するためのフレームワークが確立されている。

まとめ

地方公共団体で活用すべき施設情報のあり方や、その活用手法についての検討結果を紹介した。施設マネジメント分野の情報管理は法的な義務もなく、企業会計のように国際的なルールもないため、現状の業務体系のなかでの整備充実は時間を要しているが、施設コード体系などの活用による関連システムとの柔らかい連係により、中身の充実を図ることを提案したい。

また、情報やデータ間の連係だけでなく、戦略立案、戦略実行、評価・分析などのサイクルに加え、住民への情報開示などを加えた施設情報活用のフレームワーク構築を提案した。大きな流れを関係者で確認することにより、最終的には施設情報の充実や効果的な活用につながると考える。

冒頭に述べたように、現状把握は1度行って終わりでなく、保全計画やマネジメント計画の実施にともない、繰り返し行いながら情報を更新していくものである。施設の状況をつねに最新の状態で把握すること自体が計画の進捗を管理することにつながり、施設マネジメントを進める役割を担うのである。

先進的に公共施設マネジメントに取り組んでいた佐倉市（当時）の池澤氏は、施設情報の収集・整備について「……全ての情報が入らなければ運用することができないというものでもない。これまでの行政スタイルは、ある種の完璧主義によって、全て情報が入らないと気が済まない風土・体質をもっており、これがかえって情報を打ち込むことを目的化してしまい、逆に情報を入れると安心して、それで終わってしまう傾向をまねいていたように思う。重要なのは、情報を継続して最新の状態にしておくことであり、またその情報を何のために使うかを考えることである……」と述べている[2]。

情報の利用目的を明確にし、なるべく簡易で継続しやすい方法で現状把握のサイクルをまわし、施設と情報をともに最善の状況に保ち続けることこそが重要である。そのためには役割を明確化した組織体制の構築、住民などへ毎年度必ず最新情報を公開するというような、マニフェストとしての施設白書の位置づけも重要である。

門脇　章子　　板谷　敏正

参考文献
①「習志野市公共施設マネジメント白書――施設の現状と運営状況の分析」、習志野市、２００９・３
②月刊「地方自治職員研修」臨時増刊№93、施設マネジメントの再構築、公職研、２０１０・３

8章

経営戦略手法と
その実行

戦略論導入の背景

戦略というキーワードについて考えてみたい。戦略とは本来、戦争に勝つための総合的かつ長期的な計略のことであるが、戦争を前提としない現代社会や日常活動においても慣用的に活用されている。その場合は、広義の意味として「組織などの運営において、長期的かつ全体的な視点に立って競争を優位にすすめる方策」などと定義される。あるいは経済活動においては、市場に多くの競争相手が存在する状態を前提とし、「実際に競争をする以前に有利な状況を創出したり、競争を避けながら優位に展開するための策略」ととらえることもできる。

地方公共団体などの公共セクターにおいて従来から用いられているのは「構想」である。しかし構想も戦略と同様に、大きな視点かつ長期的な考え方にもとづく上位の方策である。しかしながら、現時点で多くの地方公共団体は長期構想を策定したうえで、さらにそれと連動する分野別の「戦略」を設定している。「方策」と称するよりも戦略のほうが先鋭的な印象を与えることが遠因にあると思われるが、この傾向は暗黙裏に「仮想の競争相手」を想定し、かつ勝利の定義を行っていると考えられる。

公共施設に求められる戦略論の背景と考え方

公共施設に関しては、人口減少にともなう税収の減少、公共施設の総量の過多や老朽化など課題が大きく深い。これらの課題を解決することを目的に公共施設戦略がつくられ、内容も施設統廃合や長寿命化、あるいは更新コストの削減などを主眼とした施策が盛り込まれている。本章ではこれらの各施策を繰り返すつもりはないが、戦争状態でないにもかかわらず、最終的に「戦略論」にまで至っているこれらの背景は、おおむね以下のようなことではないかと考える。

① 課題が深刻である。
② 次世代への継承が命題である。
③ 国、地方公共団体、民間の潜在的な競争がある。

多くの有識者は、地方公共団体においては人口減少やインフラの老朽化などに関連して公共や公共施設が抱える課題は深刻であり、将来の税収減少などを想定すると危機的状況であるため、「競争」や「戦い」と同様な厳しい状態であるととらえているのではないだろうか。わが国の国家財政に代表されるように、借金の過多や行政システムの肥大化に関する重い課題も含まれていると考えられる。戦略論旺盛の裏には、これらの戦いの厳しさが暗示されているのである。

また、高度成長期を経て完成された国土や都市基盤については、営々と次世代に継承していく必要がある。社会福祉費や年金などの次世代負担が大きいうえに、インフラの更新コストなどはさらなる次世代負担である。ぜひ現世代でこの課題解決に目途をつけて、次世代に国土や都市基盤を継承したいという強い思いが込められている面もあると考えられる。

公共や公共施設に関する戦略論のほとんどが中長期指向であり、将来負担の増加やインフラの破綻《はたん》などに警鐘を鳴らしている点がそれを裏づけている。つまり、厳しい戦いのゴールは「次世代への継承」である。さらに付け加えるとすると、「わが自治体は生き残る」という強い意識である。これが「目標の定義」である。

高度成長期、どこの地方公共団体も税収が増加していた時代には、競争を連想させる戦略論は不要であり、成長のための長期構想が主流であった。しかし、現時点では戦略論が主流であり、この背景には厳しい環境認識と課題解決に向けた強い思いがあると考えられる。本章ではこれらの状況を踏まえたうえで、公共施設マネジメントにおける「競争戦略」を確認し、整理してみたい。

また、組織を活用して競争を勝ち抜くための方策である競争戦略には、官民の差はないと考えられるため、企業における競争戦略論も大いに参考にしたい。なお、戦略は施策や方策の上位にあたるものであり、施設統廃合、長寿命化、コスト削減などの方策やそのための計画などの具体策については他章に譲りたい。

公共サービスの位置づけおよび現状の課題

公共というキーワードについても考えてみたい。公共とは、辞書による定義では「広く社会一般に利害や正義を有する性質」（広辞苑）、「広く社会一般に利害・影響をもつ性質で、特定の集団に限られることなく、広く開かれていること」（大辞林）と記されている。いずれも「公共＝政府・地方公共団体などの機関」ととらえるのではなく、その本質的な意味に立脚している。

本来の公共の意味についての議論は長く、いまだに時代とともに変遷している。公共哲学の観点からの多くの有識者が引用するのは、現代からさかのぼること50年前のハンナ・アーレントの著書『人間の条件』での定義である。そこでは公共を「万人によって見られ、開かれ、可能なかぎりもっとも広く公示されている現れ」「私たち全てに共通する世界」としている[①②]。組織や団体で規定するのではなく、公共の精神の本来のあり方を諭《さと》している。

現代においては、公共哲学の分野において多数の著書を残す山脇ら[③④]は、Ⓐ一般の人びとにかかわる、Ⓑ公開している、Ⓒ政府や国と整理しているが、同時にＮＧＯやＮＰＯによる多様な活動や、官から民をテーマに展開した小泉政権下のさまざまな民営化などは、これまでの公共の枠組みを大きく変えるものであり、むしろ、ⒶⒷに近い形態に帰着しつつあるとしている。いずれにしても、官と民を現在の法律や現存する団体の種類で分類するものでないことが示唆されている。

系譜は異なるが、１９９０年代以降、わが国でも提唱されているＮＰＭ（New Public Management）は、民間で実践されている経営理念や改革指向などの概念を、政府、地方公共団体に導入するというもので、文字どおり「新しい公共」の考え方である。具体的には民間経営で活用されている組織マネジメント、効率指向、あるいは顧客指向などを行政の現場に適用するもので、内閣府をはじめとする各省庁でも検討されている。これらの取り組みはこれまでの公共の範囲や領域を大きく変革するものではないが、公共の改革に民間ノウハウを活用する試みで、官民の境界線がゆるやかになり、官民が対立するものでないことを示し

図１　公共と民間の領域マップ

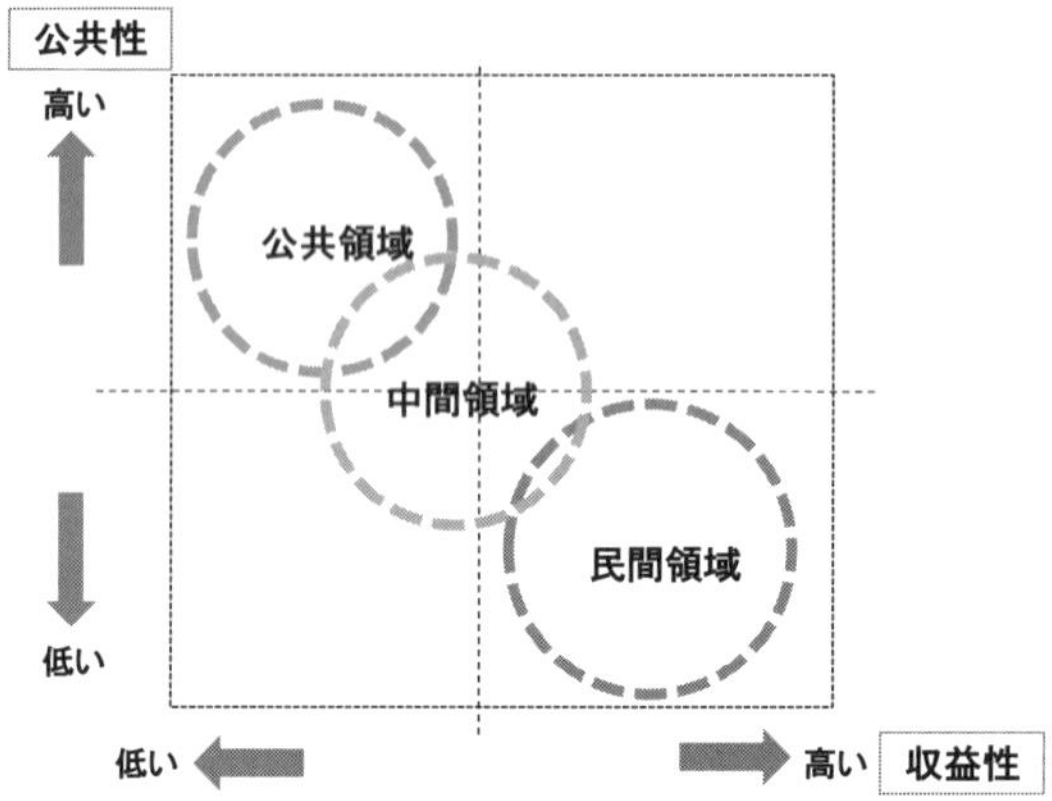

プロパティデータバンク㈱　板谷敏正　作成

ている。

少し議論は大げさになったが、公共施設マネジメントを戦略的側面から論じるためには、公共をあり方や官民の境界についてあらためて考えるとともに、その境界線の位置や求められる機能についても根底からの見直しが必要であると考える。

公共と民間の関係性の変化

前述したように、公共の定義は時代とともに変遷している。現在の政府や地方公共団体は、戦後の短い期間において定められた法律にもとづく組織あるいは団体であり、公共の民営化やＮＰＯなどの多様な活動の出現により、すでに変遷の段階に突入しているといえる。公共施設マネジメント分野において昨今注目されているＰＰＰやＰＦＩなどは、公共と民間の領域に変化をもたらしている。ＰＰＰやＰＦＩを、単純にコスト削減のための公

図２　公共と民間の領域マップ（新たな領域を追加）

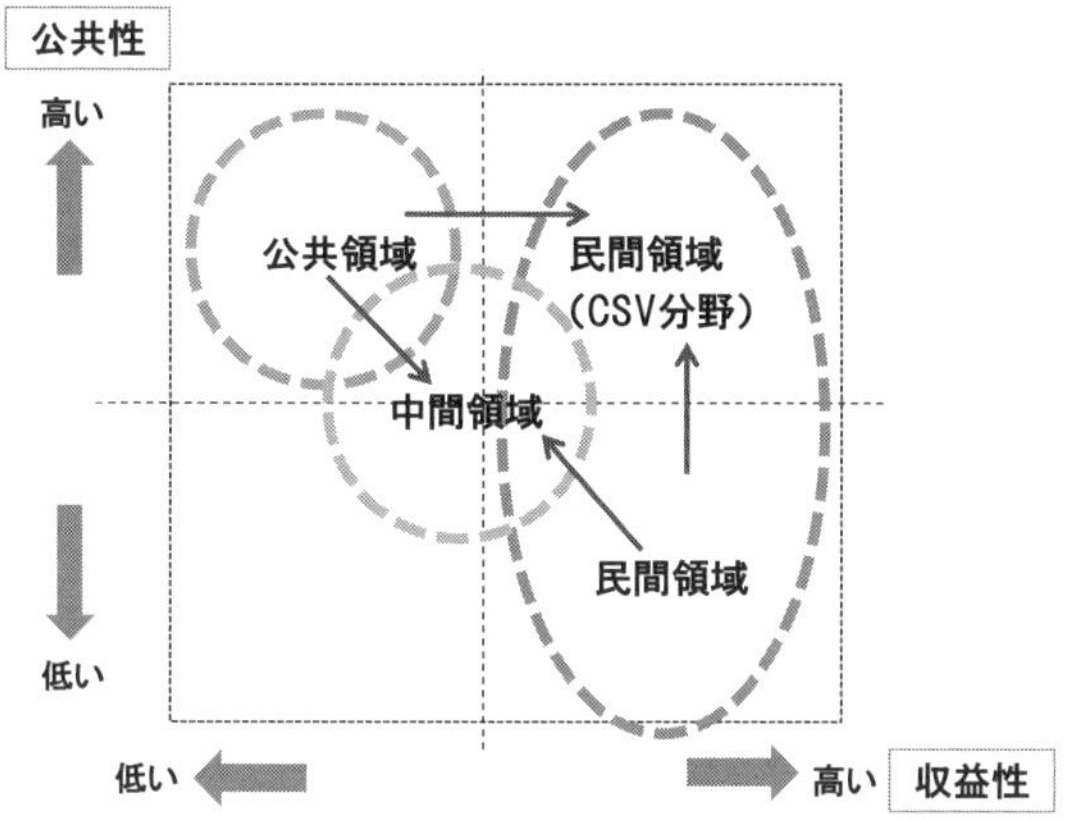

プロパティデータバンク㈱　板谷敏正　作成

共工事の発注方式の１つとしてとらえるのは早計であり、公共と民間境界領域を担う新分野を形成していると考えるべきである。

図1に示すように、従来の公共は公益性が高く収益性に劣る領域を担い、民間サービスは公益性が低く収益性が高い領域を担っていると定義されている。

この領域マップで整理した場合、ＰＰＰやＰＦＩで担う領域はこれらの中間であり、これまで公共が担っていた部分と民間領域の両方に重なる。これは公共工事の発注方式の一部の変化ではなく、あきらかに新領域の出現を意味している。つまり、新たな産業の創出にもつながる取り組みである。イギリスやフランスに代表される欧州においては、これら中間領域のビジネスとしての歴史は古く、すでに多くの公共サービスが民間に移行しているとともに、それを担う民間企業が成長し、実績を残している。

わが国においては、ＰＦＩが延べ払いの公共工事の温床と揶揄《やゆ》されたり、建設会社の工事受注のためのツールとしてとらえられているのは、いまだ産業化の議論がされない所以《ゆえん》でもある。ハンナ・アーレントらが提唱した現在の組織にこだわらない本来の公共の役割は、これら中間領域の出現によっても裏づけられ、実施母体によらず、公益性や社会性の高いサービスの提供が可能であることを示している。

民間により推進する新たな公共領域

本章ではさらに、公共サービスの民営化や民間への委託による中間領域の出現とともに、民間により実践されている第3の領域について提起したい。**図2**における右上の領域である。この領域は民間や企業において実践されている公益サービスである。

古くは電力供給や通信事業、民間による教育事業などがそのわかりやすい典型であるが、そもそも農業、建設、貿易、医療、金融などの各種社会サービスは、企業に代表される民間により提供されている。これらの営みは社会インフラを形成するとともに、多くの住民や生活を支えている。

つまり、財源を税金によらないだけで、巨視的にみれば社会インフラを提供する公共と何ら差異はない。宇沢[5]はこれら全般を広く「社会的共通資本」と定義し、その重要性や多様性を示唆している。

企業の競争戦略論の大家であるハーバード大学のマイケル・ポーター教授らは、この第3の領域に焦点をあて、民間企業による社会貢献性の重要性や必要性を提唱している。その

図3　ポーター教授らが示唆するCSV実践企業

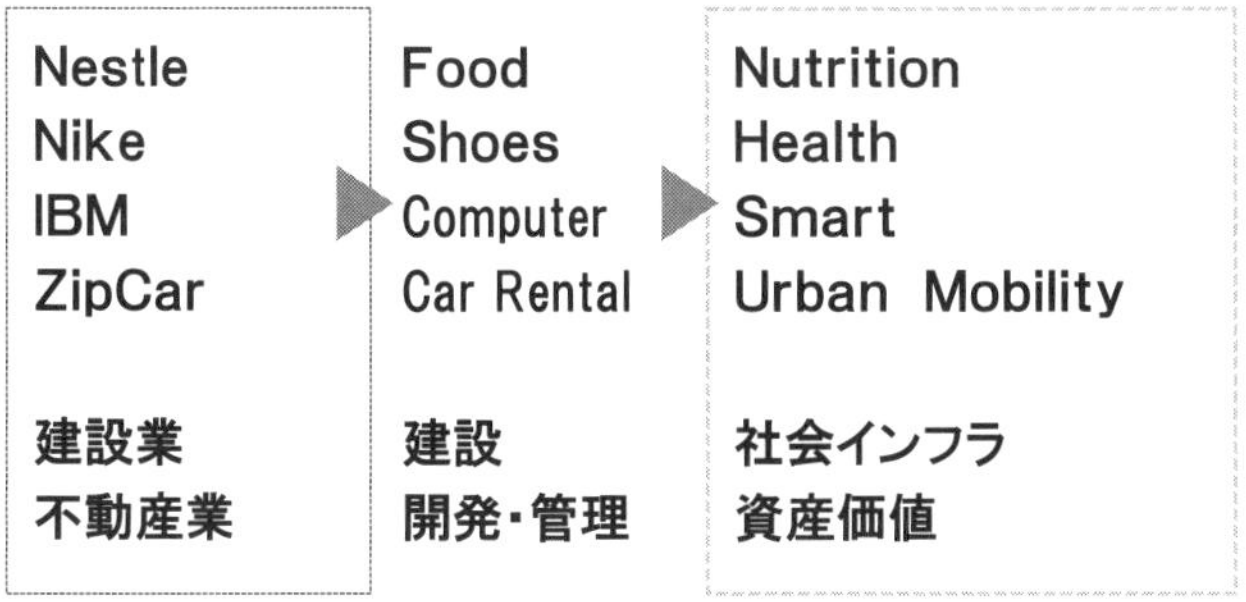

ハーバードビジネススクール　マイケル・E・ポーター教授レポートをもとに作成

考えは、Creating Shared Value（CSV）と称し、多くの企業活動の目的は本来社会への貢献であり、貢献度あるいは提供した価値のうちの一部を利益としてシェアをするというものである。これまでの企業による慈善活動や社会貢献ではなく、本業自身が本来的に社会貢献をしているという点に焦点をあてている。

さらにポーター教授は、グローバルな視野で考えた場合、企業こそがグローバルレベルの社会貢献が可能であり、公共団体による社会貢献や政治による富の再配分を凌駕《りょうが》する可能性があると示唆している。

つまり、この領域においては提供する価値が大きく、かつ社会への貢献が大きいほど企業は成長し、多くの利益を獲得できるとしている。また、長期的かつグローバルに活躍する企業は、もともと本業において十分に社会貢献していると指摘し、事例として**図3**に示す企業をあげている。

公共性の高い郵便事業の民営化や、同様に公共性の高い民間の宅配便事業などこの領域の事業は身近にも多いが、すべての企業活動がその本業のなかで社会インフラとして、その役割を果たしていることは再認識すべきである。

ひるがえって、公共施設マネジメントにおいても、公共と民間の中間領域だけでなく、民間が本来担うべき公共領域を再定義すべきであり、その領域の活性化は新たな公共の出現を意味していると考えられるとともに、公共の枠組みを変える契機にもなり得る。

経営戦略の定義とポジショニング

競争戦略論の著書の多いマイケル・ポーター教授によれば、競争戦略はおおむね以下の3つに整理され、そのどれもが欠けることはできないとしている。

① ポジショニング
② 選択と集中（トレードオフ）
③ バリューチェーンの構築

①ポジショニングは、どの領域を対象に価値を提供し続けるかという根源的な選択である。野球選手のイチローを例にとると、彼特有の振り子打法や1塁ベース寄りに構えることは、戦略ではなく戦術や工夫の1つにすぎない。イチローにおけるポジショニング戦略は、彼の運動能力や動態視力を最大限に生かすことができる野球という職業を選択したことであり、そのことにより、彼の潜在能力を最大限生かすことに成功したのである。

経営戦略においても同様で、保有する経営資源をもっとも優位に活用する分野の選択が、最初にとるべき選択肢なのである。選択した領域によっては、そもそも競争を避けることも可能になるのである。公共施設マネジメントにおいても、市町村の域内といった行政の範囲を想定するのか、より広域レベルを想定するのかという領域設定がポジショニング戦略である。また、施設重視のハードウェア提供か、サービス重視のソフト提供かの選択もポジショニング戦略の一端である。

②選択と集中は、あらゆる法人や組織には経営資源に限界があるため、領域を限定（選択）するとともに、ねらいを定めたターゲットに経営資源を集中することにより、競争を優位にするという考えである。昨今の地方公共団体で進められている公共施設の統廃合や施設総量の縮減などもその典型例といえるが、具体的な施策よりも公共サービスの限界を認識し、コンパクトな行政サービスを目指す「姿勢」こそが選択と集中そのものである。

また、選択と集中の同義としてトレードオフがある。トレードオフとは「捨てる」ことであり、集中するためには何かを捨て去る決断が必要である。一般企業においても、雪だるま式に事業や方策が肥大化し、なかなかスリム化できない例は多いが、自治にもとづく公共サービスにおいては、トレードオフこそがもっともむずかしい選択であるとともに、重要な経営判断である。

③バリューチェーンの構築は、法人のすべての活動が最終的な価値にどのように貢献するのかを体系的かつ総合的に確認する手法であるが、①②を実践するためのルールや手順であるとも位置づけられる。バリューチェーンは、顧客にとっての価値を創造する活動という切

り口から事業を分解し、それぞれの活動の特徴を正確に把握したうえで、より競争優位をもたらすにはどのような戦略をとればいいかを導き出すことを目的としている。

企業においては、①②③のすべてが不可欠であるが、本章では、公共サービスを対象とするので、①②を中心に議論し、企業活動を前提としている③については試行にとどめる。

公共施設マネジメントにおける戦略マップ

広義の経営戦略論について説明してきたが、公共施設マネジメントに話を絞りたい。前述の①と②は連続している行為でもある。ポジショニングを明確化することと、初期段階において主軸の事業に集中することとは近い意味がある。

イチローの例でいえば、野球を職業として選択することがポジショニングではあるが、同時に他の職業や生業をトレードオフしている。ポジショニングが始動段階の最初の選択であり、選択と集中、あるいはトレードオフは、その後も継続される施策や取り組みなどすべての面で実施されると考えられる。

もう1度、イチローを例にしていえば、高校時代に4番バッターでピッチャーであったイチローは、プロ入り後は野手に専念している。また、その後はホームランバッターではなく、世界一の出塁率を誇るとにかく足の速いバッターとして世界に君臨する。自分の身体能力を最大限発揮できるアスリート像に絞り込んでいる。

本章では、公共施設マネジメントにおいて初期段階のポジショニングや選択を確認することのできるマップを用意した。**図4**以降に示すポートフォリオ図がそれである。

図4　経営戦略とポジショニングのイメージ

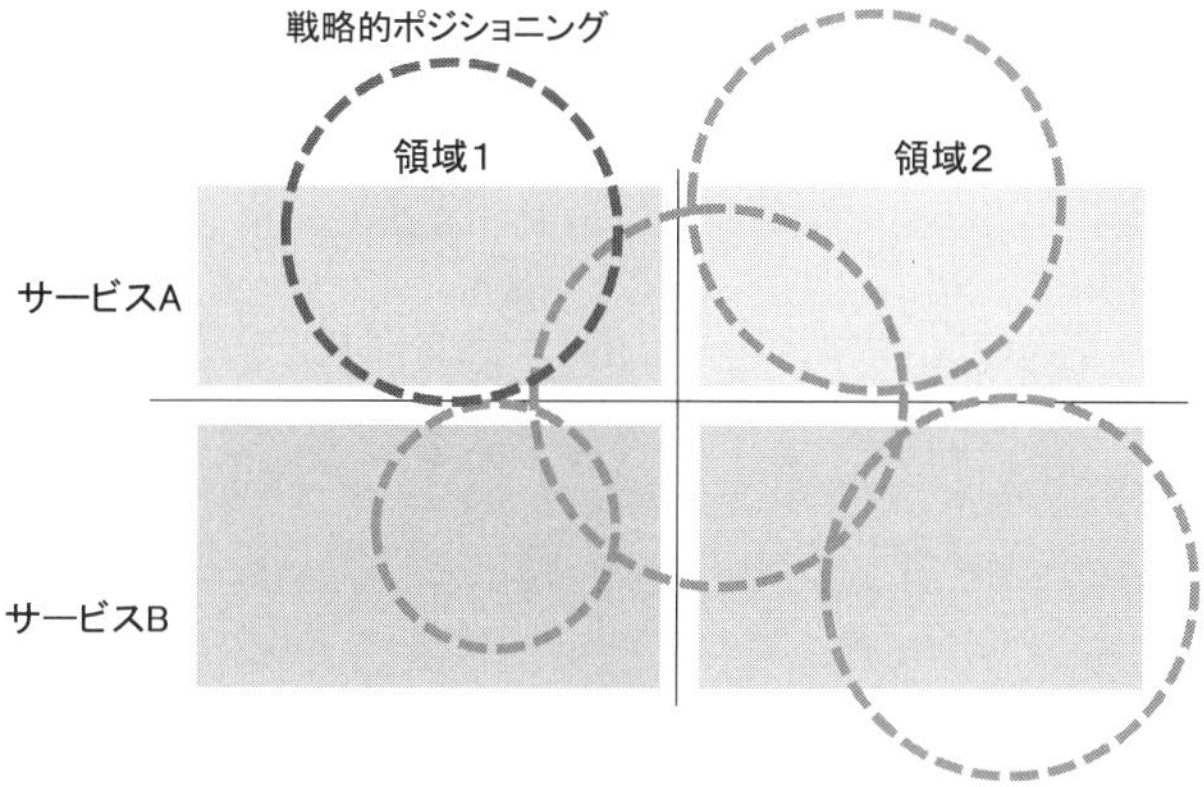

プロパティデータバンク㈱　板谷敏正　作成

図4は領域やサービス内容などを2つの軸で大きく分類したものである。従来のように広範囲な領域に向けて多種多様なサービスを提供する場合を想定しているが、ポジショニング戦略は、活躍する領域やその領域で提供するサービスの種類を選択（限定）するということである。図4でいうと、領域1のサービスAを選択するということである。リーダーは経営資源をこの領域に集中させ、付加価値増加や効率性などを徹底追求することにより、競争力を獲得することができる。同時にサービスBや領域2はトレードオフすることとなる。

戦略例：ハードサービスの提供に徹する（ポジショニング1）

横軸の領域枠を建設と運営管理の2領域に、縦軸のサービス提供内容をハード指向の施設サービスとソフトサービスの2領域に設定したポジショニングマップを図5に示す。とくに明記

図５　戦略例／ハードサービス集中とソフトサービス集中

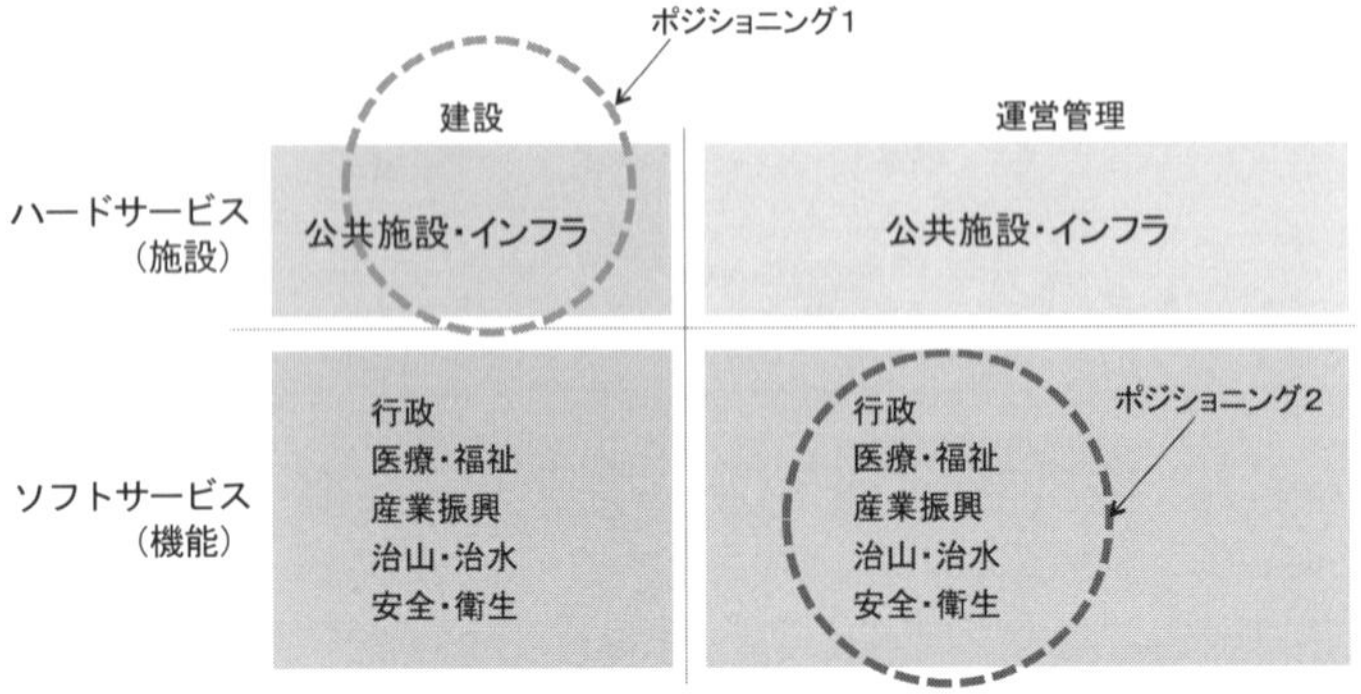

プロパティデータバンク㈱　板谷敏正　作成

していないが、従来の国や地方公共団体による公共サービスはこのマップのすべてを網羅している。公共施設の建設から運営まですべてをカバーするとともに、施設のみならず施設を活用した公共サービスを幅広く提供している。

実は、安全・衛生や教育分野のみならず、あらゆる行政事務に関して専用の施設は必要ではない面もある。借用した施設や民間施設を利用しても十分にサービスは提供可能であるが、従来の枠組みでは、土地も施設も自ら調達し、それを活用した公共サービスを実施している。

ポジショニング1はソフトとハードのうち、ハードの提供にみに選択と集中するという考え方である。さらに建設と運営管理においては建設に集中するものである。荒唐《こうとう》無稽《むけい》のような印象があるかもしれないが、いわゆる公設民営事業はすべてこの考え方に適合する。

公設民営事業においては、公共団体は土地や基盤となる施設を提供し、民間企業体がその後の運

表1　公設民営による鉄道事業の例

鉄道事業者名	運営主体	線区	公的主体の投資	公的主体の投資＋ランニングコストの負担	公的主体の保有	固定資産税の減免措置
青い森鉄道	第3セクター	全線	あり	あり	車両以外の鉄道資産	あり
三陸鉄道	第3セクター	全線	あり	トンネル・橋梁・車両	トンネル・橋梁	税相当額補助
上信電鉄	民間企業	全線	あり	インフラと車両	なし	あり
上毛電気鉄道	民間企業	全線	あり	インフラと車両	なし	なし
富山ライトレール	第3セクター	全線	あり	インフラと車両	なし	なし

公開資料をもとに作成

営を担うというものである。すでに全国各地の大学や交通機関、医療機関において事例や実績は数多く存在する。比較的多くの公有地を保有する地方公共団体がインフラを提供して、固定資産税の減免措置などを活用する一方で、運営ノウハウを保有する民間が工夫をこらしながら事業に邁進《まいしん》することができる。

表1に鉄道事業における上下分離方式により再生された鉄道事業の一覧を示す。鉄道事業の場合、かつての国鉄が運営していた路線や赤字化した民間路線の再生方法として上下分離方式が活用されている。分離後は運営会社の資産負担が軽くなるとともに、黒字のためのさまざまな工夫がこらされている。

しかしながら、公設民営にも課題が散見される。一時期、全国に公設民営大学が登場したが、その後の少子化や地域経済の低迷などを受けて、多くの学校が苦戦している。経営を立て直すために公立大学に転換したところも多い。

現在、公立大学として存続している高知工科大学、名桜大学、静岡文化芸術大学、鳥取環境大学などは、もともと公設民営大学として開学したものであるが、学生定員を満たせな

写真１　民間企業が運営するＴ市の図書館

撮影：プロパティデータバンク㈱　板谷敏正

い状態が恒常化し、経営も悪化していたため、公立化したものである。原因などの精査は必要であるが、そもそも人口が減少する地方において大学を新設すること自体を慎重に検討すべきであったと考えられる。

施設は地方公共団体が用意し、民間に運営委託をする事例は、公設民営、上下分離方式など従来の仕組みに加えて、指定管理者制度の活用により、さらに広がりをみせている。

事例は多数あるが、近年では九州のＴ市が市立図書館の指定管理者として民間企業であるＣ株式会社を選定した事例も新しい取り組みである。小規模な図書館であるが、全面リニューアルを経て、図書館内には書店やレンタルショップとカフェなどを設置し、来場者が急増している。休館日の廃止や貸し出し時間の延長などのサービス面の改善も進んでいる（写真１）。民間のノウハウを活用するだけでなく、図書館の利用形態やあり方にも変革を与えている。単に公共が実施していた業務を、コストダウンなどの目的のために外注するという業務委託ではなく、新しい公共サービス、あるいは官民協調による新たな住民サービスへの発展をねらっていると考えられる。

これらの一連の取り組みは、前述の①②の戦略に加えて、③のバリューチェーンの構築に成功していると考えられる。図書館における従来の行政業務を民間が仕様書どおりに実施するだけでなく、図書館と相乗効果のある書店、ＤＶＤレンタルショップやカフェなどを導入し連携することにより、集客を図るとともに、何よりも提供サービスが重層化している。

全面リニューアルにより各機能がゆるやかに連携するようになり、利用者の利便性も増加し、「図書館」ではない、新たな情報発信拠点をつくり出している。公共がポジショニングを明確にすることにより、公共コストの削減やスリム化を実現するとともに、官民連携した新サービスの創出も可能になると考えられる。

戦略例：ソフトサービスの提供に徹する（ポジショニング２）

公共サービスのうち、治山・治水のための土木施設や橋梁や道路などのインフラ施設は、公共により建設されるべきものであるが、行政事務や医療福祉などのサービスに必要な事務スペースについては、何も特別な施設を用意する必要はない。品質の高い公共サービスを幅広く供給することが目的であり、施設建設が目的ではないのである。

写真２　民間企業の工場を改修したＹ市役所

撮影：プロパティデータバンク㈱　板谷敏正

地域経済の活性化などを目的に、庁舎や官舎なども地方公共団体が自ら建設することが現在でも主流であるが、近年、各地方公共団体においてはさまざまな新しい取り組みが実行されている。

例えば、山梨県のＹ市役所の新庁舎は民間企業の工場を転用したものである。２００６年に１市１町１村が合併して誕生したＹ市の庁舎として旧Ｙ市の市役所が使われていたが、老朽化が激しかった。そのため、市では新たな公共施設を建設するのではなく、民間企業の建物を購入し、改修を実施して新庁舎として再生した（**写真２**）。

民間施設を購入、庁舎化したケースは、ほかに甲州市や宮城県石巻市などの例があるが、工場を転用することは珍しいケースである。交通至便の建物であり、市民の利便性も高い。また、何よりも公共投資が減されるとともに、民間施設の再利用であるため、地球環境への貢献度も高い。

戦略例：広域展開に徹する（ポジショニング３）

市町村、都道府県などはそれぞれに法律で定められた役割があり、また、境界については固定化されている。市町村合併などの統合の取り組みも過去にはあったが、その後は固定化している。地域行政と広域行政の役割分担や、きめ細かい地域性や風土を行政に反映させることが背景にあると思われるが、基本的に地方行政が対象としている領域は諸外国に比べて狭い。

日本の国土面積は面積約38万平方キロで、米国のカルフォルニア州（面積約42万平方キロ）とほぼ同じくらいである。人口は日本は約１億２７００万人、カリフォルニアが約４０００万人で日本は約３倍、ＧＤＰでは日本の約５兆９０００億ドルに対して、カリフォルニア州が約１兆８５００億ドルで、こちらも約３倍である。それに対して首長の数を比較すると、米国カルフォルニア州の知事はたった１人であるが、同一面積の日本の都道府県の首長は47人である。

制度の異なる国同士を簡単に比較できないが、米国と比較すると、日本の地方行政の狭小な点は歴然である。行政単位が細かいことにより、地域性を反映したきめ細かい行政を推進できるメリットもあるが、前述した課題を解決するための戦略や方策の幅も狭まる。小さな地方公共団体の単位でできることは少なく、選択肢も狭まる。

図６　地域と広域を選択する領域マップ

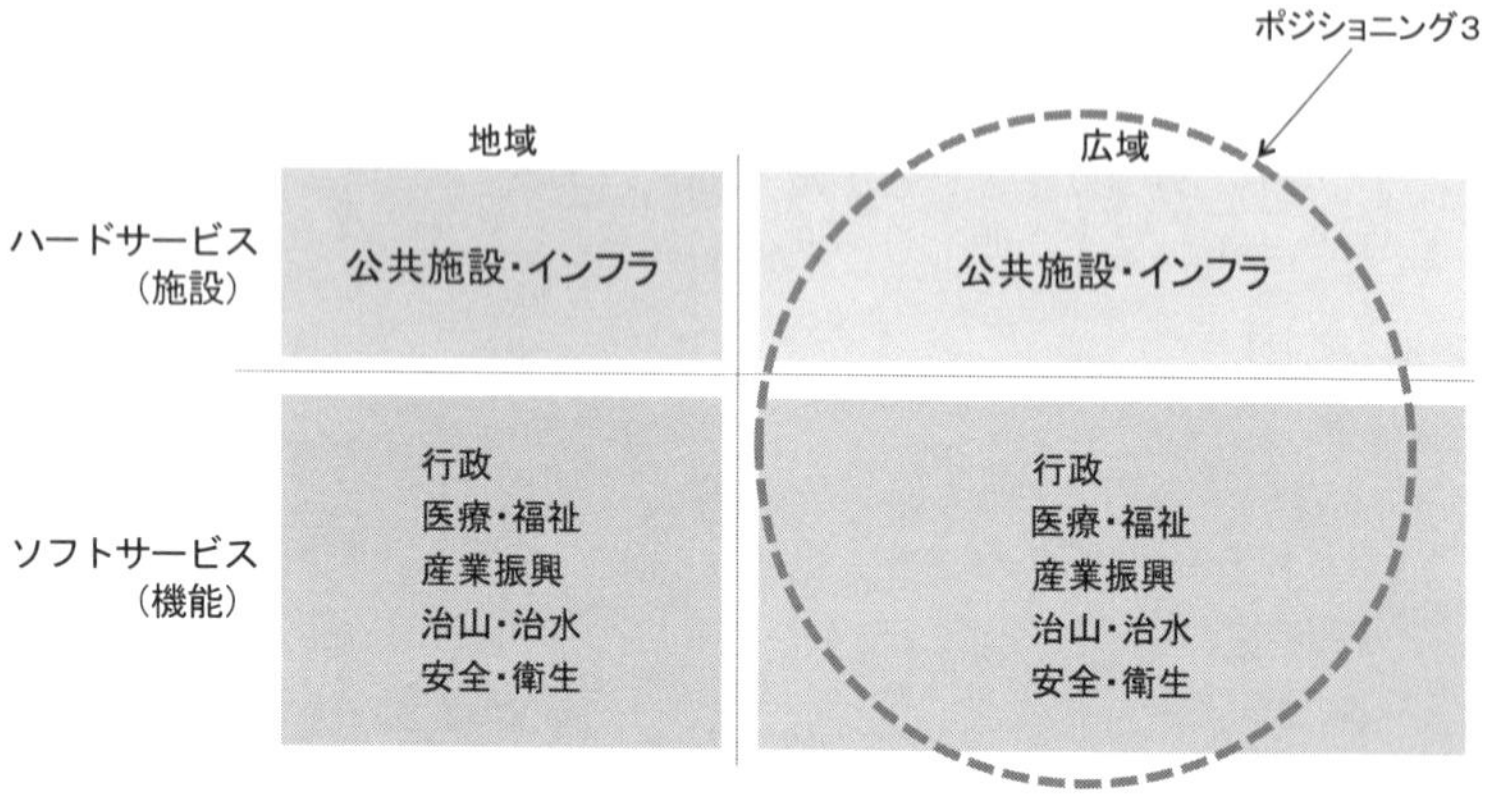

プロパティデータバンク㈱　板谷敏正　作成

また、投入できる人材やリソースも限られたものとなる。もし、現在の行政単位が江戸時代の藩などの区分けの影響を受けているとすれば、交通網や情報通信が発達した現代にはそぐわない。もっと大きな単位で戦略を立案し実施すべきである。

地方公共団体ごとに取り組むべきテーマもあるが、施設マネジメントなどの改革は地域によって著しい差異が発生するものではない。また、技術面や戦術ノウハウは共有化できる部分も多いため、より広域で実施したほうが効果的あると考えられる。これらの観点から、施設マネジメント業務はそもそも広域レベルで実施すべきものであり、都道府県などの広域行政域単位に、あるいはそれを超えた道州制レベルで議論すべき点は多々あると考えられる。

図６の領域マップはそのイメージである。横軸を地域と広域に設定している。地域に根ざしたきめ細かい行政サービスを追求する方法もあるが、効率化や大きな問題解決を目的にして、より広域

図7　各国の水道事業の民営化率

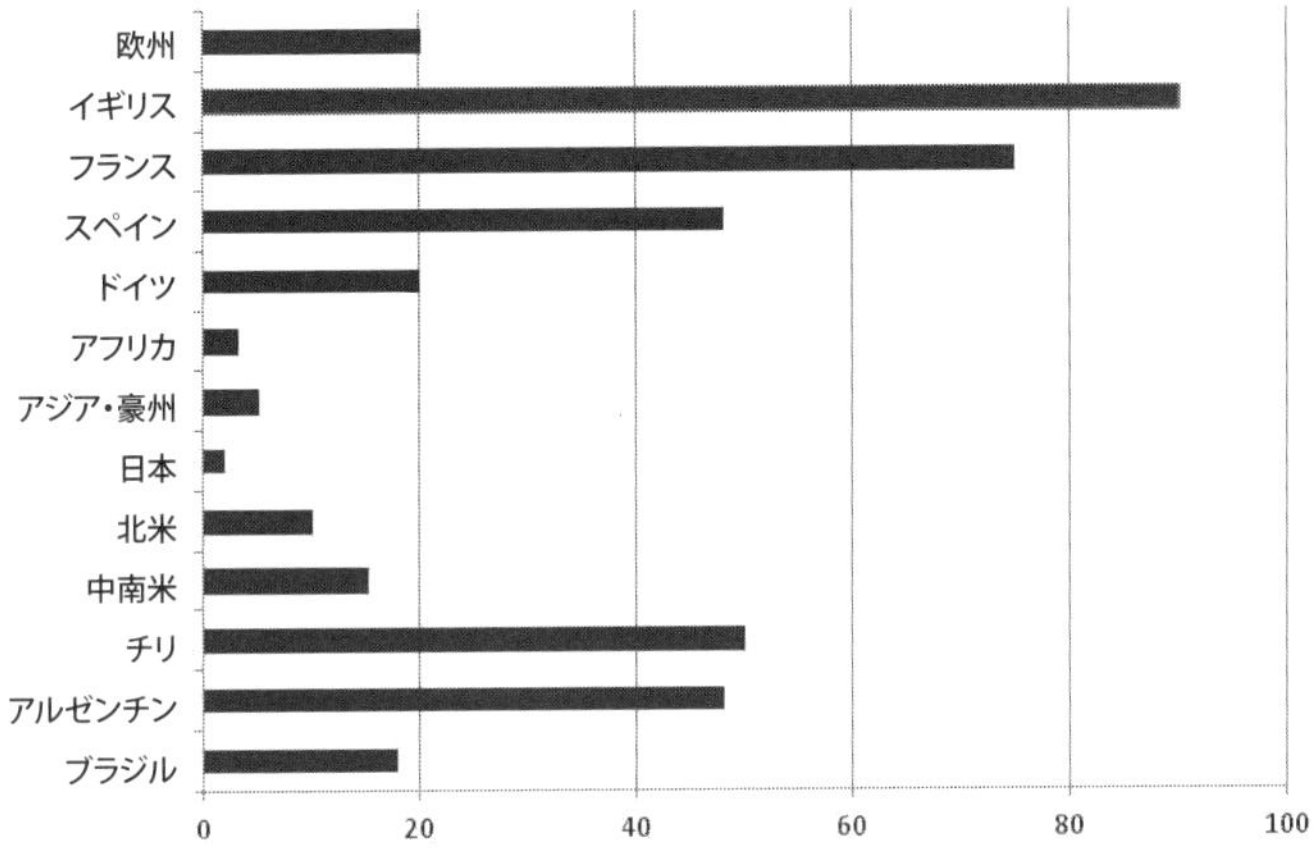

内閣府開示資料をもとに作成

に展開することも戦略の1つである。

現時点で行政の統廃合や道州制の導入を前提にした検討をすることは早計であるが、施設マネジメントのみを抽出し、広域レベルで問題解決をしたり、検討したりすることは十分可能ではないだろうか。

事例として世界の水メジャーの動向をあげたい。公共インフラはＰＦＩやＰＰＰの普及による民間企業の参画や、事業そのものの民間への売却などにより民営化が進展している。図7に各国の水道事業の民営化率を示す。日本は世界的にもきわめて低く、アフリカ並みである。民営化が進展することがインフラの充実と比例するわけではないが、欧米では新規建設案件への民間活力導入だけでなく、既存事業であるストック分野での民間参画も相当進展している。

注目すべき点は、事業を推進している民間企業の規模である。主要な水メジャー企

表2　世界の水メジャー企業の一覧

	起源	主要株主	供給人口
Ondeo	仏	Suez（100%）	1億2000万人
Veolia Water	仏	Veolia Environment（旧 Vivendi）（100%）	1億1000万人
Thames Water	英	RWE（100%）	4300万人
Aguas Barcelonas	西	Ondeo／Suez／Endesa（24.3%／1.5%／11.8%）	3500万人
SAUR	仏	Bouygues（100%）	3100万人
United Utilities	英	ロンドン株式市場上場	2800万人
Severn Trent Water	英	ロンドン株式市場上場	2200万人
American Water Works	米	RWE（100%）	1300万人
Anglian Water Group	英	ロンドン株式市場上場	1200万人
Canal de Isabel II	西	マドリード市（100%）	1200万人
ACE	伊	ローマ市／ミラノ株式市場上場（51%／49%）	1200万人
Berlinwasser	独	ベルリン市／Vivendi／RWE（50%／22.5%／22.5%）	1100万人

内閣府開示資料をもとに作成

業の一覧を表2に示す。その事業規模は巨大であり、1社で1億人以上に水を供給している企業も存在する。施設建設、運営管理、資材調達などさまざまなノウハウが必要とされると考えられるが、広域レベル、あるいはグローバルレベルでノウハウを蓄積するとともに、効率的な経営を推進することができる。

公共サイドが水事業をトレードオフすることによるメリットは、当該行政の公共サービスの効率が向上したり、民営化により品質が高まる可能性に限らない。受託している民間企業は都道府県や市町村、あるいは国などの枠組みを超えて大規模化することが可能となる。

前述の③バリューチェーンでたとえれば、スケールメリットを十分に生かした活動が競争力の源泉になると考えられる。スケールメリットを生かし、さらに効率化やノウハウの蓄積が可能となるのである。

前述の図書館運営の民間参画についても、この図書館の魅力が増大するとともに、受託者企業の成長によって、より広域レベルのインフラ産業が誕生す

図8　全国の地方公共団体が共同で運用・活用する保全情報システム

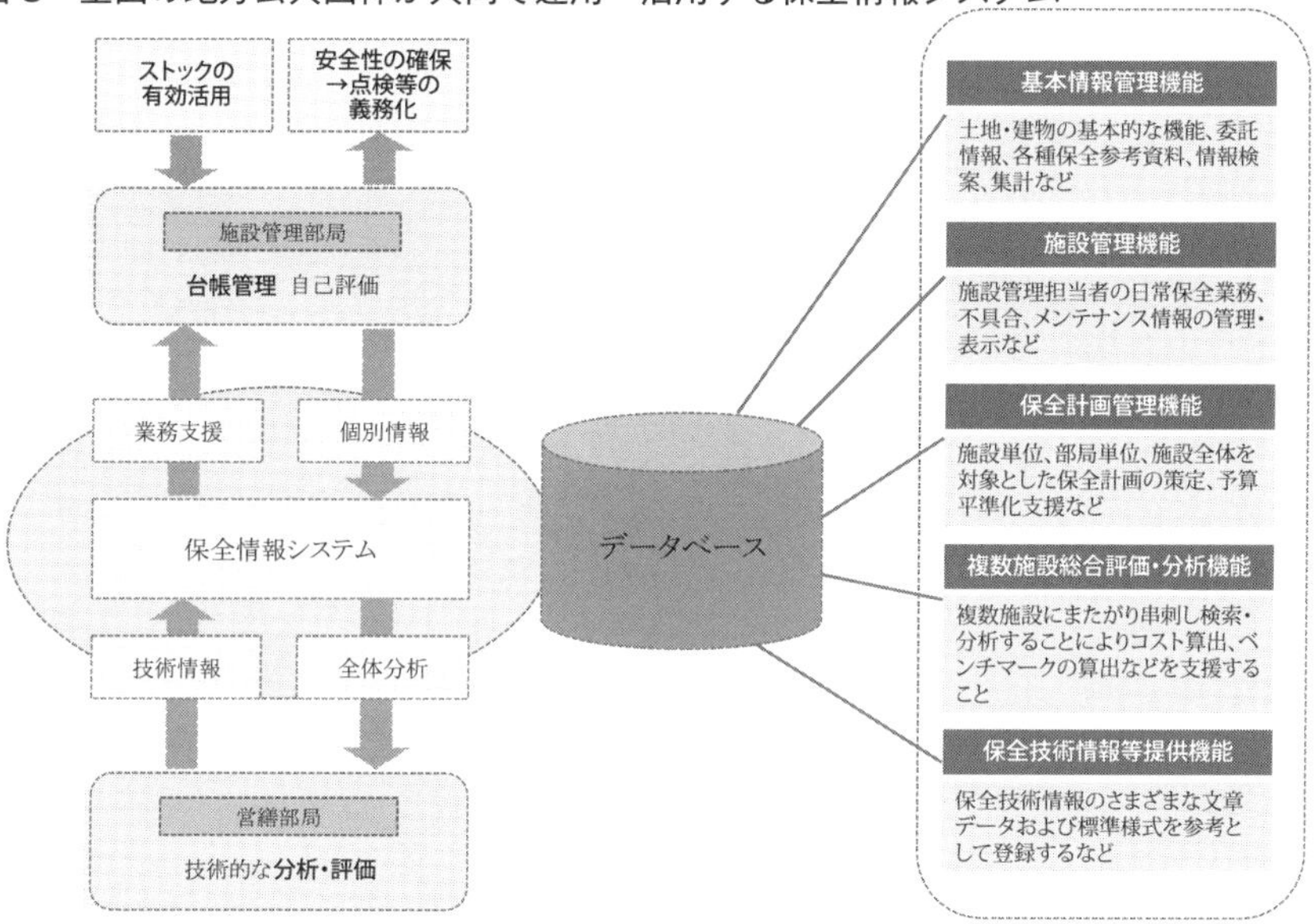

一般財団法人建築保全センター開示資料をもとに作成

る可能性を秘めている。つまり、全国の図書館を運営管理する大手民間企業の出現も十分想定できる。

公共施設マネジメント分野で、地方公共団体の枠組みを超えて全国レベルで取り組んでいる事例を紹介したい。

一般財団法人建築保全センターが全国の地方公共団体に提供している公共施設マネジメントを対象とするASP（Application Service Provider）サービス（通称BIMMS）である。都道府県の営繕部門などが協議会を設立し、共同の情報システムを構築している。機能を図8に示すが、基本的な資産情報管理や具体的な保全業務を支援する。

従来は地方公共団体がこれらの情報システムを独自に構築するケース

が多かったが、ＢＩＭＭＳはＡＳＰサービスであるため、地方公共団体は独自にシステムを開発、あるいは構築する必要はなく、インターネットを通じて簡易に利用することができる。当初より全国レベルの共同利用を前提に計画されているため、都道府県の利用に加え、近年は市町村の利用も増加し、２０１２年度末時点で70に近い地方公共団体が利用している。

　共同化の利点は圧倒的にコストが安くなる点と、標準化された最新のツールが利用できる点である。都道府県は別として、市町村においては施設管理の専門家や情報技術の専門家は少なく、独自に開発・構築するにはそもそもハードルが高かったが、共同利用により円滑な導入が可能となった。米国では政府の施設調達庁（ＧＳＡ）により、各政府の施設調達が共同化されている。

　わが国ではそこまでの展開にいたるには時間がかかると思われるが、公共施設マネジメントのＩＴＣ（情報通信技術）導入については全国レベルでの展開が進展し、スケールメリットを生かした活動が実を結びつつある。地方公共団体ごとのきめ細かいカスタマイズ要求などに課題は見受けられるが、多くの都道府県や市町村が利用することをぜひとも提唱したい。

　また、本件はＡＳＰサービスであるため、保全情報についてはデータセンターにおいて管理される。各地方公共団体のシステムであればデータは分散されているが、大量のデータが長期間にわたって集積される可能性がある。近年、これらの大量のデータは「ビッグデータ」と称されているが、総務省などにおいては、公共や行政のデータであれば、その内容を大いに開示し、民間企業や関連法人による分析・調査を促進し、新たな社会サービスの提供に活用することを推奨している。

元来、公共の情報は市民や納税者のものであり、開示して役に立つのであれば積極的に活用すべきである。ＢＩＭＭＳにおいてはいまだ普及の途上であり、こうした議論の段階にはいたっていないが、地方公共団体の枠を超えた保全情報の調査・分析が可能となれば、全国レベルのベンチマーキングや調査報告なども可能になると考えられる。

公共施設マネジメントにおける戦略

本章では公共施設マネジメント分野で実践されている新しい取り組みを経営における競争戦略の実践ととらえ、戦略マップに落とし込むとともに、ポジショニングの考え方や、そこから起因する優位性の獲得などについて整理してみた。

各地で実践されるさまざまな取り組みには、単なる発注方式の調整やコスト削減を目的とした改善活動の域を超えた、新しい領域への挑戦や戦略の実践が含まれている。また、官と民の境界があいまいになると同時に融合する場面も増えている。本章の冒頭に紹介した公共哲学の先人が示唆しているように、公共サービスは政府や地方公共団体などの法的に定められた公共法人のみが実践するものではなく、開かれた分野であり、広くあらゆる法人が実施できるものである。

紹介した事例をまとめると、公共セクターは、税収の減少や社会の成熟化などを背景にして、選択と集中を実行することにより、強靭《きょうじん》な経営体質に変化するべきである。その裏側では、民間やＮＰＯなどに委託できる部分は積極的にトレードオフすべきである。トレードオフされた分野では、例えば、世界的な水メジャー企業群が実践しているように、当該分野を

図９　官民が連携する新しい戦略マップイメージ

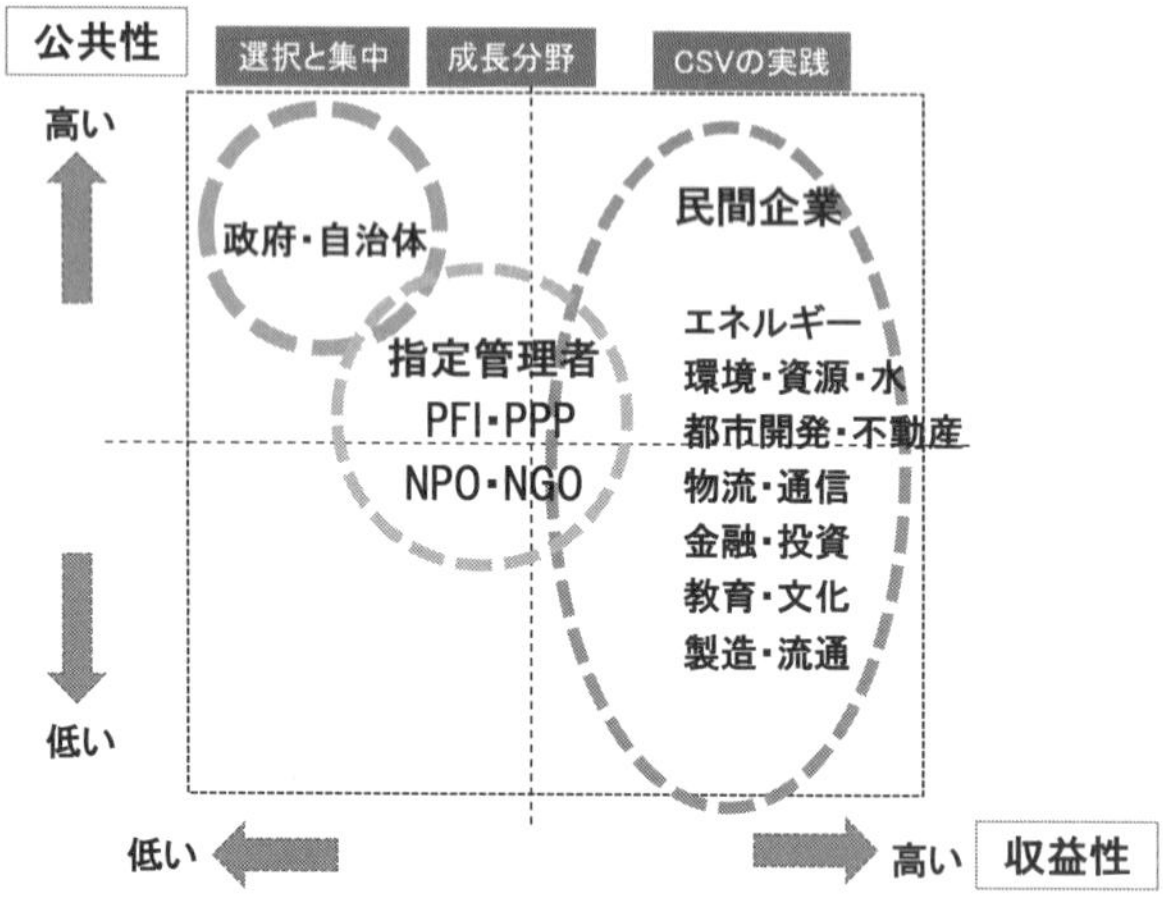

プロパティデータバンク㈱　板谷敏正　作成

成長分野としてとらえ、ノウハウを蓄積して民間の競争力を高めるべきである。

これらの全体のイメージを図9に示す。ポーター教授が指摘しているように、民間企業による社会貢献や公共インフラの提供も多彩であり、官民があますところなく公共サービスを実践していくべきものと考える。

まとめ

地方公共団体が抱える全体的な課題を民間企業の成熟産業にたとえて分析するとともに、事業ポートフォリオの見直しや選択と集中などによる大胆な経営戦略の必要性について記述した。すでに先進的な地方公共団体では、これら経営戦略に値する新たな取り組みが進展していることが把握された。

さらに、グローバルレベルにおいては、

民間企業による大規模な公共サービスへの進出や新たな社会貢献事業への参画などの事例を紹介した。やや広範な記述ではあったが、日本の地方公共団体それぞれの工夫も重要であるが、大胆な経営戦略を活用した改革を企図すべきではないかと考える。

板谷　敏正

参考文献

①「今こそアーレントを読み直す」、仲正昌樹、講談社現代新書、２００９・５
②「ハーバーマス」、中岡成文、講談社、２００３・７
③「公共哲学とは何か」、山脇直司、ちくま新書、２００４・４
④「公共性」、齋藤純一、岩波新書、２０００・５
⑤「社会的共通資本」、宇沢弘文、岩波新書、２０００
⑥「ＰＰＰではじめる実践地域再生」、日本政策投資銀行地域企画チーム、ぎょうせい、２００４・３
⑦「ＰＦＩで施設ができた」、日本ＰＦＩ協会、日刊建設工業新聞社、２００３
⑧「競争戦略論〈１〉」、マイケル・Ｅ・ポーター、Michael E. Porter　竹内弘高、ダイヤモンド社
⑨「地方公共団体における行政改革のさらなる推進のための指針」、総務省、２００６・８
⑪「新地方公会計制度実務研究報告書」、新地方公会計制度実務研究会（総務省）、２００７・10
⑫「地方公共団体における財務書類の活用と公表について」、地方公会計の整備促進に関するワーキンググループ（総務省）、２０１０・３

実践事例

青森県

青森県が所有する施設は、２００５年年度末で棟数約４４００棟、延べ床面積約２２８万平方メートル（２０１２年度末現在は棟数約３８００棟、延べ床面積約２１３万平方メートル）と膨大な量である。２０１２年度には、従来の建て替えの目安である建築後30年を経過する施設が全体の半数を超えるなど施設の老朽化が進み、その維持管理費が増大する状況にある。厳しい財政状況にあって、これら膨大な量の県有施設を効率的に管理し、効果的に活用することが課題となっていた。

また、県有施設に関する管理などの事務については、これまで部局および施設個別に行われており、標準的な管理方法などが示されていないことによる非効率な管理や修繕、各施設の情報が共有されないことによる遊休施設の放置などのさまざまな課題が生じていた。

こうした課題を解決するために、青森県では施設・設備などをはじめとする財産を経営資産ととらえ、総合的・

表１　青森県の施設マネジメントの主な取り組み

保有総量縮小の推進	効率的利用の推進	長寿命化の推進
・施設アセスメントによる資産分類	・職員公舎の集約・共同利用	・施設整備方針などの策定
・庁舎などの利活用と利用調整	・執務スペースの標準化	・施設維持管理業務の適正化
・不動産売買の促進	・庁舎などの余裕スペースの貸し付け	・施設情報システムの整備
・新たな施設経営手法の検討	—	・施設管理者による長期保全計画書の作成
・普及啓発活動		
・施設整備等チェックシステムの実施		

長期的観点からコストと便益の最適化を図りながら、財産を戦略的かつ適正に管理・活用していくという考えにもとづき、２００７年３月に「青森県県有施設利活用方針」を策定した。

青森県は保有総量の縮小、効率的利用および長寿命化の推進に向けて、**表1**のような取り組みを行っている。

効果

・有効活用に対する考え方の共有化
施設維持管理経費を実際に大きく節減したことなどにより、全体最適としての施設の有効活用に対する考え方の共有が図られた。

・職員のコスト意識の高まり
県有施設利活用方針が策定されたことにより、長期的なコスト縮減の重要性について職員のコスト意識が高まった。

・施設マネジメント推進体制の整備
県有施設利活用方針が策定されたことにより、施設の利活用を進めるための総括組織の新設と全庁横断的な調整会議の設置などの推進体制が整備された。

手法

・体制構築

青森県では、２００１年度に行政改革大綱にファシリティマネジメント（ＦＭ）導入の検討が位置づけられ、２００３年度に庁内ベンチャー制度でＦＭ導入の職員提案を知事が採択した。２００４年度より２年間は庁内ベンチャー事業として、ＦＭ導入のため施設情報システムの整備、施設維持管理業務の適正化などに着手した。

庁内ベンチャー事業においてＦＭの必要性と効果が認められ、２００６年度からはＦＭ推進段階として「青森県県有施設利活用方針」を策定し、施設管理の適正運用、戦略的な資産活用などを積極的に展開し、廃止庁舎の利活用案策定など部局を超えた総合的な施設管理システムの構築に取り組んできている。

２００７年度には、公有財産管理の充実・強化のため、分散していた財産管理、施設管理、ＦＭなどの各部門を統合し、総務部に財産管理課（２０１４年４月から行政経営管理課）を新設した。総務部長が公有財産の総括を行うことになり、組織基盤が整備され、効率的に施設マネジメントを推進する体制が整ってきている。また、２０１２年度は遊休施設を活用した「待機宿泊施設」の開業の支援や、庁舎や学校など１８９施設の設備機器の運用改善に着手している。最近では、２０１３年度に施設整備等チェックシステムを本格実施している。

表２　施設アセスメントにおける評価の観点

計画の観点	性能など	項目（例）	指標（例）
建物性能	安全性	順法性、防災対策、防災・防犯	建築年、耐震補強などの定性化
	機能性	バリアフリー対応、情報化対策	基準適合率など
	可変性	フレキシビリティー	用途別積載荷重計画上の床荷重など
	環境対応性	省エネルギー	環境調和性の達成度
	耐久性	残存年数値、建築劣化度、設備劣化度	仕様目標年数の残存年数など
外部需要	物理的価値	敷地面積、延べ床面積、最大増床可能面積	用途別の偏差値など
	地域インフラ	駐車場、道路アクセス	クレームの頻度など
	周辺施設	近隣の公共施設の数	近隣の公共施設の数
	経済的価値	立地条件、施設全体劣化度	利便性などの定性化
	順法性	集団規定適合	不適合規定の定性化
	地域特性	雪対策	対応項目の数
	文化的価値	施設の文化的側面	文化財指定、保存活動の定性化
利用状況	利用度	施設利用状況	オフィス標準面積など
管理効率	効率性	維持管理費効率、光熱水費効率	単位面積当たり金額の標準偏差
内部需要	満足度	利用者満足度、職員満足度	アンケート点数の平均

参考文献④をもとに作成

・施設情報の管理

▼施設情報システムの整備

　各施設の概要などの基本情報、光熱水費等の維持管理情報などの一元的管理と情報共有を図るための施設情報システムを、２００６年度から全県有施設（県営住宅および職員公舎を除く）を対象に稼働させた。

　導入にあたっては、施設情報を適宜適切に把握し、システム運営費を抑制するため、ＡＳＰ（Application Service Provider）方式の保全情報システムを採用した。各施設の入力データを比較分析したものや保全業務ＦＡＱ、そのほか施設管理業務に役立つ資料の情報提供も行っている。

▼施設アセスメントの実施

　県有施設の棚卸しをするため２０

図１　施設アセスメントから資産戦略への流れ

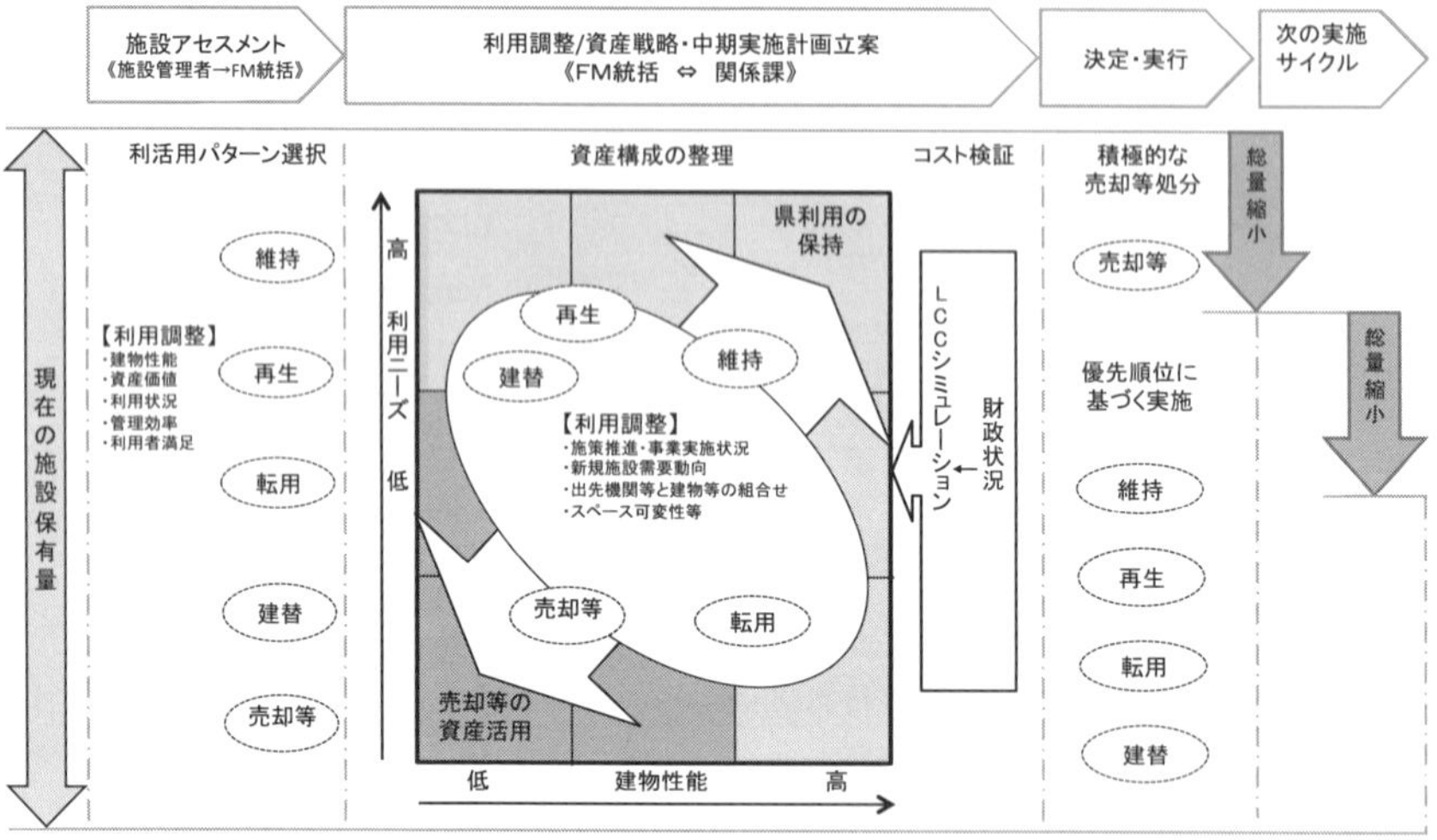

参考文献①をもとに作成

０５年度に開発した「施設評価手法」を活用し、２００７年度から２００９年度において、第1期の「施設アセスメント」１７１施設を対象に実施し、２０１２年度から第2期の実施に着手している。「施設アセスメント」は、基本情報、コスト、土地の情報、利用状況、管理効率、行政サービス、長寿命化の状況、施設の安全性、可変性、投資効果、資産価値などの多面的な状況を把握し、分析・評価情報を集約して、施設の利用調整などに活用する。

評価の観点は、建物性能、外部需要、利用状況、管理効率、内部需要としている。評価結果として得られる利活用パターンは、建て替え、転用、再生、維持、運用、廃棄（売却）、廃棄（解体）であり、この分類を踏まえ、資産戦略などの立案に活用することとしている（表2、図1）。

図２　仮説シナリオによる保有コストと効果額

LCCシミュレーションの設定条件	30年間の保有コスト（単純平均）	効果額（Aとの比較）（単純平均）
シナリオA　:現状（現在の施設量保持） 40年改築	5,771億円 （192億円／年）	
シナリオB　:Aに加え統廃合（行政改革などによる施設減） 施設減	5,567億円 （185億円／年）	△204億円 （△7億円／年）
シナリオC　:Bに加え長寿命化（60年または88年使用） 延命改修　60年改築　88年使用の場合	4,908億円 （163億円／年）	△863億円 （△29億円／年）
シナリオD　:Cに加え総量縮小（人口推計ベースに5%縮小） 総量縮小	4,575億円 （152億円／年）	△1,196億円 （△40億円／年）

参考文献①をもとに作成

・ライフサイクルコストの縮減

膨大な量の県有施設の老朽化が進行していることから、施設の利用状況や施設アセスメントの結果などを踏まえ、将来的な利用が見込めない施設について、積極的な売却などを行うことによる保有施設の総量縮小、施設の利用調整を図り、共同利用などによる集約化などの効率的利用を推進し、将来にわたり長く利用する施設については、適切な保全措置を講じて長寿命化を推進するとしている。

これらを推進するため、維持管理費、改修費および建て替え費などを含むライフサイクルコストを試算し、長期的な財政負担予測を行い、長期的に利用する施設を選別し、その計画的修繕と延命改修などの保全措置を重点的に講じるとしている（**図２**）。

・具体的な取り組み事例

▼庁舎などの利活用と利用調整

２００７年度に設置した県有不動産利活用推進会議において、土地・建物情報の共有をはじめ統廃合・遊休施設、民間借上事務所および空きスペースのある単独庁舎などについて、出先機関の集約・複合化などによる利活用および共同利用の調整を図っている。

▼不動産売却の促進

利用予定のない県有財産は、広報活動や予定価格公表などさまざまな工夫をし、一般競争入札を原則として年間10件程度の売却事務を行い、約6割の成約率となっていた。２００７年度は、売却不調物件について、宅地建物取引業者との専属専任媒介契約（4件）、インターネット公有財産売却システムによる売却（1件）を試行し、一定の広報効果などが認められたが、売却には至らなかった。

２００８年度からは、売却窓口の一本化や利活用の推進により、売却対象物件が年間50件以上に急増した。さらに、土地・建物一括売却は物件調査の専門性が高いこと、関連業務を個別に委託する必要があることなどの課題を踏まえ、物件調査や現地案内など売却業務の多くの部分を宅地建物取引業者に一括して委託し、売却の促進を図っている。また、２００９年度からは大規模物件および県外所在物件について、県有財産売却業務委託を実施している（表3）。

表３　県有財産の売却実績

年度	区分	対象件数	売却件数	売却金額（千円）	平均落札率
2005	直営	9	6	260,161	101.4%
2006	直営	9	4	326,460	107.9%
2007	直営	13	6	285,851	101.1%
2008	委託	46	20	178,989	111.6%
	直営	6	2	22,419	
	計	52	22	201,408	
2009	委託	70	36	315,045	124.3%
	直営	1	1	13,250	
	計	71	37	328,295	
2010	委託	52	21	218,546	107.0%
2011	委託	48	21	272,866	127.0%
2012	委託	47	20	1,033,057	131.8%
	直営	2	2	14,814	
	計	49	22	1,047,871	
2013	委託	36	14	386,700	161.6%
	直営	1	1	1,322	
	計	37	15	388,022	

参考文献④をもとに作成

▼新たな施設経営手法

敷地形状や接道の条件などにより売却が困難な廃止庁舎について、利活用のアイデア募集を行っている。提案されたアイデアに公共・公益性がある場合は、公民連携型での利活用を検討している。大都市圏では不動産価値が高いため、等価交換、証券化、定期借地・借家など多彩な手法が考えられるが、地方圏でも工夫することにより県民サービスの向上に寄与する利活用を検討している。

２０１１年度には、県立中央病院から徒歩５分程度の場所にある廃止した職員公舎を活用して、病院を利用する患者や家族が低額な料金で利用できる待機宿泊施設の民間事業者による整備について支援を行い、２０１２年度に「ファミリーハウスあおもり」として運営が開始されている。

▼効率的利用の推進

・職員公舎の集約・共同利用

職員公舎は全体的に空きが多く、また、部局、地区ごとに入居状況に偏りがあるため、関係部局と連携して検討を行い、「職員公舎集約・共同利用計画（２００８~２０１３年度）」を策定した。

また、策定後に空き室が増加していることを踏まえ、２０１２年３月および２０１４年３月に計画の改定を行い、７９４戸を廃止予定としている。空き家となった廃止予定公舎は売却を基本としており、２０１４年３月までで公舎４５５戸（97公舎）を売却した。また、２０１０年度には、単独庁舎の一部貸し付け公募・契約を行い、２０１１年度に貸し付けを開始している。

・執務スペースの標準化

本庁舎の執務室を配置する際に適用する共通の原則や標準的な指標を示し、不均衡是正や空きスペースの集約など機能的なオフィスレイアウトと省スペースを図ることを目的に、２００９年３月に「本庁舎オフィススタンダード」を策定した。

ここでは、オフィスづくりのビジョンとして「安全そして健康に働けるオフィス」「知的生産性を向上させ、コミュニケーションを活性化するオフィス」「訪問者によい印象を与え県のイメージアップに貢献するオフィス」などを掲げている。また、合同庁舎についても、２０１０年度に「合同庁舎オフィススタンダード」を策定している。。

▼長寿命化の推進

・施設整備方針などの策定

長期利用する施設の目標使用年数の設定、維持すべき性能水準および長期計画の策定方法などの技術的項目の手引きとなる「県有施設長寿命化指針」、および施設管理担当者に保全業務を説明する「県有施設保全マニュアル」を２００８年３月に策定した。さらに、施設の機能や性能を良好に保つこと、および施設の管理に携わる職員が保全の重要性を認識し、長期的なコスト管理を行うことを目的として、２００９年度に「長期保全計画書策定マニュアル」を策定し、施設管理者による作成を支援している。

・施設維持管理業務適正化

県有施設の維持管理業務実態調査（２００３年度契約分）を実施し、３割を占める清掃業務など委託について、仕様、積算基準の標準化、積算プログラム作成および参考数量の公開などによる適正化を試行し、２００７年度の委託業務から全施設に適用を拡大した。そのほか、暖房運転・点検保守、警備および昇降機などの業務委託について適正化を行った。

［施設維持管理業務適正化による削減額］

２００５年度契約：約１億１０００万円（対象：37施設）

２００６年度契約：約１億５０００万円（対象：70施設、設備など）

・県庁舎耐震・長寿命化改修計画

　１９６０年に竣工した県庁舎（南棟、東棟および議会棟）は、耐震強度が不足しているとともに、老朽化が進行していることから、６階建て（一部８階建て）の６階以上を撤去する減築による耐震改修および改修後40年程度使用することを目標とした長寿命化改修を行うこととして、２０１４年度に改修設計を予定している。青森県のＦＭを象徴するプロジェクトの１つとしている。

・普及啓発活動

　施設マネジメントの必要性などについて理解促進を図ることを目的に、県内の民間事業者、ＮＰＯ、市町村・県職員を対象にＦＭ講演会や、市町村でのＦＭの取り組みを普及させるための市町村ＦＭ研修会を開催している。また、施設管理担当職員に対する実務研修会を実施するなど、各施設における管理業務を支援している。

山下　光博

参考文献

①「青森県県有施設利活用方針」、青森県、２００８・３
②「ＰＲＥ戦略実践のために」、公的不動産の合理的な所有・利用に関する研究会、２０１１・11
③「施設マネジメントの再構築」、公職研、２０１０・３

④「公共ファシリティマネジメント戦略——施設資産の量と質を見直す」、社団法人日本ファシリティマネジメント推進協会、２０１０・９
⑤「青森県のファシリティマネジメント」、青森県ホームページ、http://www.pref.aomori.lg.jp/kensei/zaisan/facility-m-main.html

浜松市

浜松市は、２００５年に12市町村が合併し、２００７年に政令指定都市へ移行するなかで膨大な財産を保有することとなった。昭和50年代（１９７５～１９８４年）を中心に整備された施設は、老朽化や耐震補強などの改修時期を迎え、また、少子高齢化などにともない既存の施設が低稼働となり、余剰スペースが発生する一方、市民活動の活発化により、新たな市民ニーズへの対応も必要となっていた。さらに、地域人口や年齢構成と施設規模や必要機能の齟齬《そご》が生じるなど、地域バランスの不均衡が生じていた。

これらの課題解決のため市長の判断のもと、２００８年度から資産経営課および全庁を横断する協議組織である資産経営推進会議を設置し、一元化したデータをもとに資産経営に取り組んでいる。

２００８年度：資産経営課、資産経営推進会議設置、台帳の一元化完了
２００９年度：約４割の施設の「施設評価」を実施、「浜松市資産経営推進方針」策定
２０１０年度：残りの約６割の施設の「施設評価」を実施、「浜松市公共施設再配置計画・基本方針」策定
２０１１年度：「個別計画（施設ごとに具体的な計画）」策定

図1　2012年度施設評価結果

継続	廃止					対象外（簡易な倉庫や観測施設など）	計
	閉鎖	解体	管理主体変更	譲渡	貸し付け		
1113	161	64	187	13	22	454	1950
	383						

参考文献⑥をもとに作成

効果

用途別・利用圏域別区分による施設の整理と統廃合、利用目的の複合化と市民協働による施設の活性化、地域の実情に配慮した施設の設置により、２０１４年度までに20％の削減を数値目標として掲げる。

２０１２年度時点で、全１４９６施設に対し、３８３施設を削減予定に選定し、施設削減率は25・6％の予定となっている（**図1**）。

手法

・体制構築

２００８年度、企画部内に「資産経営課」および全庁横断的な「資産経営推進会議」を設置し、一元的な管理を実施する。月1回程度会議を開催し、全体的な視点から計画の進捗管理を行っている。

・施設情報の管理

▼施設情報の収集・整備

２００５年の合併時に一元化した公有財産情報をもとに、２００８年度に施設に関するすべての情報を一元化した資産経営システムを構築した（図2）。この資産経営システムから情報を吸い出し、施設ごとにマネジメント計画を検討するための施設カルテを作成する（図3）。

さらに、資産経営システムは、公会計などを管理する行政経営基幹システムと、施設ＩＤを共通化させ、施設ごとの貸借対照表（ＢＳ）、損益計算書（ＰＬ）の作成を可能とした。

▼情報の更新

毎年度各部署に照会してデータの更新を行い、計画の検証・見直しを実施している。

▼情報の開示

ホームページ上に、保有資産や維持管理経費、全体の進捗をまとめた「浜松市の資産のすがた」を毎年度公表している。施設ごとの評価結果、施設適正化計画や廃止計画についてもすべて公表している。

・マネジメント戦略

▼施設評価にもとづく施設計画の策定

品質と利用状況を中心に個別施設の状況を指標化し、５段階評価を行う「１次評価」、同類の利用用途を１つの群として、施設の経年的な劣化状況にもとづく対策の必要性を評価する「２次評価Ａ」、施設のハード的な評価と収支バランスなどのソフト的な評価のバランスを評価する「２次評価Ｂ」を資産経営システムにて実施する。評価結果、所管部局・施設へ

図２　資産経営システム概略図

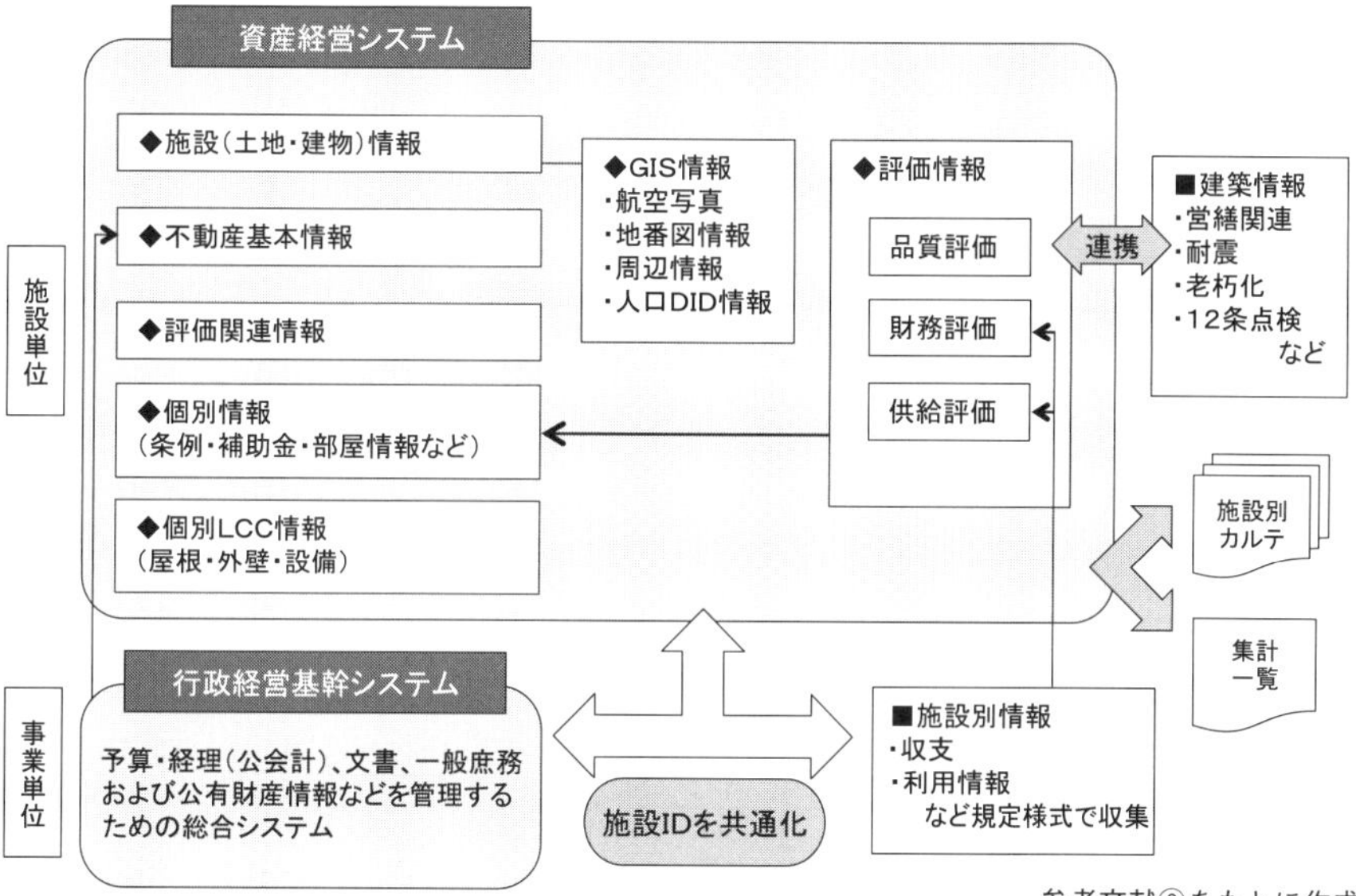

参考文献⑥をもとに作成

のヒアリングや詳細調査の実施により、施設を「継続」「改善」「見直し」「管理主体変更」「廃止」のいずれかに選定する。

▼徹底した進捗管理による計画の推進

施設評価で「継続」「改善」と評価された施設は「適正化計画」を作成し、毎年度のＰＤＣＡ(Plan,Do,Check,Action) 評価を行い、目標値にもとづく最適化に取り組む。「廃止」と評価された施設は「廃止計画」を作成する。それぞれの計画は対象施設の所管の部署が作成し、５カ年によるスケジューリングの明確化と進捗管理を実施し、着実な施設の廃止に向けて取り組む。

図３　施設カルテ（概要版）（例）

Ⅰ資産の基本情報									
ID	○○○○	施設名	○○センター						
所在地		○○区○○町○-○					所管課	○○課	
財産区分		行政財産	利用圏域別区分				利用用途	集会施設	
土地情報	土地面積	10000.00	㎡	地目	宅地	建物情報	延べ床面積	30000.00	㎡
	借地面積	0.00	㎡	借地料(円/年)	0		階数	地上○階地下○階	
	総面積	10000.00	㎡	借地位置	-		構造	鉄骨鉄筋コンクリート造	
施設情報	設置根拠	○○条例		運営主体	指定管理者		建築年月日	昭和○年○月○日	
	指定管理期間						補助金有無	有	IS値
	設置目的					主な利用者	市民、その他		

Ⅱ運営情報(円)				
項目		平成21年度(円)	平成20年度(円)	前年比(%)
収入	使用料・手数料			
	国県支出金			
	その他収入			
	収入計(A)			
支出	人件費			
	物件費(委託料)			
	物件費(修繕料)			
	物件費(その他)			
	指定管理料			
	減価償却費			
	その他			
	支出計(B)			
純行政コスト(B−A)				
利用状況	利用コマ数/年			
	利用可能コマ数/年			
	利用人数/年			
	開館日数/年			
	定員数(人)			
	貸出冊数/年(冊)			
	蔵書数(冊)			
	入居数(戸)			
	入居可能戸数(戸)			

Ⅲ施設評価情報				
財務評価	項目	H21	H20	用途別平均値
	純行政コスト/面積(円)			
	1人当たりのコスト(円)			
	1日開館当たりのコスト(円)			
	1定員当たりのコスト(円)			
	1冊当たりのコスト(円)			
	1戸当たりのコスト(円)			
供給評価	項目	H21	H20	用途別平均値
	施設利用率(%)			
	1日当たり(人)			
	貸出率(%)			
	入居率(%)			
数値評価	総合評価(品質・供給)5つ星中		☆☆☆☆	
	評価（１次評価:5が良、２次評価:Aが良）			
	１次評価	3.5	5段階中	
	２次評価A	B	5段階中	
	２次評価B	C	4段階中	

参考文献⑥をもとに作成

図４　文化センターの廃止と旧庁舎への機能移転

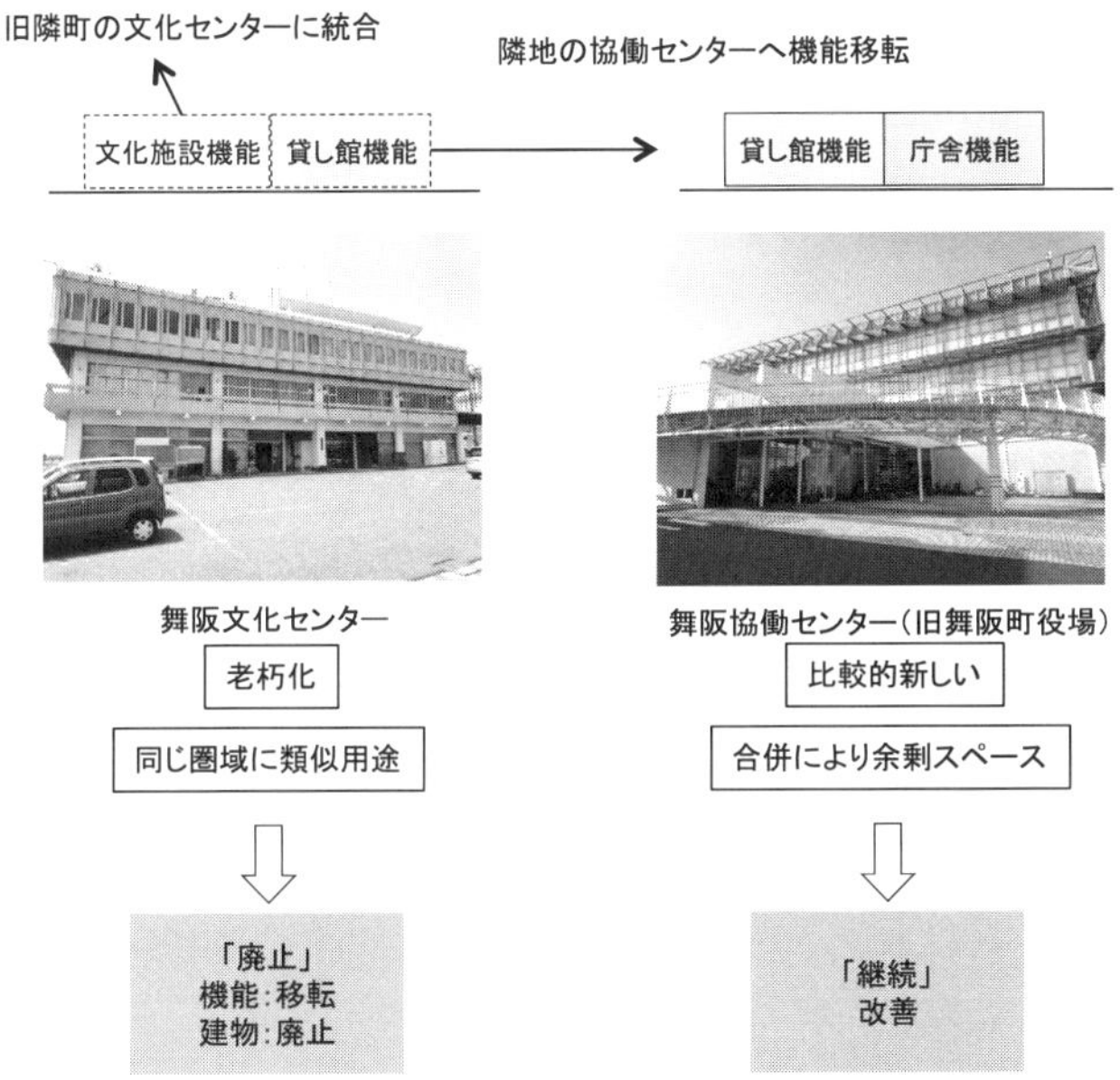

参考文献⑥をもとに作成　　写真撮影：門脇章子

・具体的な取り組み事例

▼旧庁舎、旧校などの利活用による施設の統廃合

（事例）

・旧庁舎を外国人学習支援センターや農協に貸し付け

・廃校を木工製品工場や定住促進施設に用途変更

・廃止の文化センターの貸し館機能を旧庁舎に移転（図４）

▼借地適正化

・新たな借地のとりやめ、借地の解消の方針を策定し、適正化を行う。

▼施設長寿命化

・施設長寿命化に関する方針を策定し、ＬＣＣシミュレーションによる中長期修繕計画、改修台帳を整備し、長寿命化事業として改修を実施。

▼民間活用

・指定管理者制度、ＰＦＩの導入

▼行政財産の有効活用

・庁内モニター、足ふきマット、接客カウンター椅子などの広告事業

・自動販売機設置場所貸し付け

▼土地の売却

・情報の一元化、民間への包括的委託導入などにより売却物件を拡大

・土地売り払い収入を「資産管理基金」へ積み立て

▼遊休財産の利活用

普通財産の実態調査を行い、「活用可能財産」「活用限定財産」「要調整財産」「その他」の新たな区分で分類し利活用する。

（事例）

・旧国鉄のトンネルをワインセラーとして有償貸し付け

・最終処分場にメガソーラーを誘致

門脇　章子

参考文献

①「浜松市資産経営推進方針　輝く浜松市の未来へ——持続可能な行財政運営のために」、浜松市、２００９・４
②「浜松市公共施設再配置計画・基本方針」、浜松市、２０１０・９
③「浜松市公共施設再配置計画・個別計画」、浜松市、２０１２・３
④「平成24年度浜松市の資産のすがた——持続可能な行財政運営を目指して」、浜松市、２０１３・４
⑤「浜松市における一元化データを活用した資産経営の取り組み」、松野英男（浜松市）、日本建築学会建築社会システム委員会「公共施設管理における情報管理のあり方」、pp.11—36、２０１２・９
⑥「ファシリティマネジメントによる浜松市における資産経営への取り組み　輝く浜松市の未来へ——持続可能な行財政運営のために」、松野英男（浜松市）、全国建設研修センター平成25年度建設研修、２０１３・６

神戸市

神戸市は、１９９５年の震災からの復旧・復興のため危機的な財政状況となり、一貫して徹底した行財政改革を行ってきた。しかし、少子高齢化による歳入歳出構造の変化により、財政的な制約が増大し、築後40年を経過した施設が２０１６年には20％に達して、施設にかかる管理および整備コストの財政負担が増大するため、ファシリティマネジメントの推進が位置づけられた。

２００９年度からファシリティマネジメント推進担当を設置し、一元化したデータをもとにファシリティマネジメントに取り組んでいる。

２００９年度　：ファシリティマネジメント推進担当設置

２０１０年度　：施設管理台帳の一元化・電子化を完了、「行財政改革２０１５」および「ファシリティマネジメント推進について基本的な考え方」策定

２０１１年度～：「行財政改革２０１５」の各年度の取り組み、実績を公表

２０１１年度～：個別プロジェクトの方針決定、調整を開始

２０１２年度～：ファシリティマネジメント推進予算の調整を開始

効果

〈２０１１～２０１５年度の数値目標〉

・日常的な管理コスト削減など：５カ年で５％削減
・建て替え周期を65年に長寿命化：ＬＣＣを５カ年で30％低減（40年で建て替えの場合と比べて）
・耐震改修の促進：２０１５年度までに耐震化率１００％達成
・エネルギー消費量の低減：エネルギー消費原単位を年平均１％低減
・段階的な施設総量の低減：30年間で10％削減

手法

・体制構築

２００９年度、行財政局内に「ファシリティマネジメント推進担当」および行政経営課や財務課、管財課、建築課、設備課などをメンバーとする「ファシリティマネジメント推進プロジェクトチーム」を設置し、ファシリティマネジメントについて全庁的に検討、調整、工程管理を行う体制を構築した。ファシリティマネジメント推進担当は、公共施設の最適化に取り組む各種の情報提供を行い、組織全体の共有化を図る。

２０１３年度には企画調整局内に「公民連携推進室」を設置し、ＰＦＩ事業や指定管理者制度、公設民営、包括的民間委託などの民間事業者との取り組みの窓口を一本化した。

・施設情報の管理

▼施設情報の収集・整備

２００９年度から２０１０年度にかけて、「公有財産台帳」をベースにファシリティマネジメント推進担当が現況調査を実施し、エクセルベースの「公共施設アセスメントシート」および「施設カルテ」の形式で情報を集約・管理している。「公共施設アセスメントシート」は、基本情報から資産価値などの多面的な状況を把握し、分析・評価情報を集約して、意思決定などに活用し、「施設カルテ」は基幹的な部位、設備の種類別に劣化や不具合情報などを把握し、定量的に評価する。

▼情報の開示

ホームページ上に毎年度、「行財政改革２０１５」について全体の進捗と短期の取り組み目標を公表している。

・マネジメント戦略

▼施設評価にもとづく施設計画の策定

公共施設アセスメントシートおよび施設カルテをもとに実施する。

▼施設性能評価

施設のハード面の状況を6つの指標について3段階評価し、合計点を0からマイナス１０

図１　施設性能評価基準（上）と評価結果（下）（例）

判定区分表	区分	健全度			耐震性能	法適合性	防災安全性	環境保全性	バリアフリー
		建築	電気	機械					
	A	0	0	0	0	0	0		0
	B	▲10	▲5	▲5	▲30	▲8	▲3		▲3
	C	▲20	▲10	▲10	▲35	▲15	▲5	（▲10）	▲5

判定区分の考え方

健全度の場合⇒改修の必要性が
A:ない程度の健全な状態
B:いずれ発生するため点検などにより状態を監視する
C:高い状態
耐震性能の場合⇒倒壊または倒壊危険性が
A:低い　B:ある　C:高い
法適合性の場合⇒建築基準法に
A:適合　B:対策が比較的容易　C:対策困難
など

整備優先順	調査年月	施設名	建築年	延床面積［千㎡］	健全度			耐震性能	法適合性	防災安全性	環境保全性	バリアフリー	合計
					建築	電気	機械						
1	H21.9	○○センター	1973年	2	B	C	C	C	B	A		−	▲73
2	H21.11	○○公民館	1969年	2	B	C	C	C	B	A		−	▲73
3	H21.10	○○庁舎	1977年	10	C	B	A	C	B	A		B	▲71
4	H21.10	○○センター	1969年	12	C	C	C	B	B	A		B	▲69
5	H21.11	○○体育館	1933年	3	C	B	C	B	C	A		−	▲68
6	H21.7	○○庁舎	1965年	4	B	B	A	C	C	A		B	▲68
7	H21.10	○○センター	1978年	9	C	C	B	B	B	A		C	▲66
8	H21.9	○○公民館	1973年	6	C	B	B	B	B	C		B	▲69
9	H21.11	○○庁舎	1979年	1	C	C	B	B	B	C		−	▲61
10	H21.9	○○センター	1977年	2	C	B	C	B	B	A		−	▲61
…	…	…	…	…	…	…	…	…	…	…	…	…	…

参考文献②をもとに作成

０点の範囲で算出する（**図１**）。マイナス40点を超過する施設は、優先的に資産・運営上の検討を要する「最適化検討施設」として抽出し、望ましい施設のあり方や利用形態を検討する。

・具体的な取り組み事例

▼施設総量の削減（目標：30年間で10％削減）

人口・財政の予測や将来ビジョンにもとづく施設再配置などの検討。

（事例）

・総合福祉センターの有効活用による心身障害福祉センターなど3施設の移転・集約（２０１６年度中予定）

・保育所の再編：1保育所の閉所、6保育所の統合

・公立保育所の私立保育園による建て替え・運営：４保育所
・軽費老人ホーム１カ所、特別養護老人ホーム１カ所の廃止
・学校の再編：４小学校の統合、２高校の統合、２養護学校の統合（２０１５〜２０１６年度開校予定）
・幼稚園の再編：２幼稚園の廃園
・老人いこいの家の段階的廃止：２施設の廃止
・知的障害者施設の民間法人による建て替え・運営（２０１５年度事業開始予定）
・再開発事業における特定建築者制度の活用

▼民間活用
・指定管理者制度、ＰＦＩの導入

▼施設長寿命化（目標：５カ年でＬＣＣ30％低減）
・「長寿命化対象施設」について中長期保全計画を策定し、施設カルテによる施設性能評価にもとづき、実情に応じた経済的かつ効果的な計画保全措置を実施。
・公共施設の建築・改修指針を策定し、低炭素社会で求められる公共建築物の長寿命化や省資源に資する技術の導入を行う。

▼耐震化（目標：２０１５年度までに耐震化率１００％）
・神戸市耐震改修促進計画が定める一般営繕施設について計画的・効果的に耐震化を実施する。計画達成予定である。

▼日常的な管理コストの削減（目標：５カ年で５％削減）
電力調達における入札対象施設の拡大など電力契約の見直しによる光熱費の削減。２区役所で実施している電力調達の入札を他区へも拡大。その他の高圧電力契約施設（50～５００キロワット）においても、順次入札による調達を進めている。

▼行政財産の有効活用
・ネーミングライツの導入：２０１１年度23施設
・自動販売機設置料金における競争性の導入：２０１１年度１２８台、前年比４２００万円の増収

門脇　章子

参考文献
①「神戸市行財政改革２０１５」、神戸市、２０１１・2
②「安全安心な公共施設を次世代に継承していくために——ファシリティマネジメントの推進について基本的な考え方」、

神戸市、２０１１・３

③「『神戸市行財政改革２０１５』に基づく断固たる行財政改革の実行――平成23年度の実績」、神戸市、２０１２・８

④「『神戸市行財政改革２０１５』に基づく断固たる行財政改革の実行――平成24年度の実績」、神戸市、２０１３・８

⑤「輝ける未来創造都市の実現に向けて『神戸市行財政改革２０１５』に基づく聖域なき行財政改革の実行――平成26年度の取り組み」、神戸市、２０１４・２

平井　健嗣

武蔵野市

武蔵野市が保有する施設は、２０１２年度当初で約１７０棟、延べ床面積約32・７平方キロメートルであり、そのうち5割程度が築30年以上となっている。

武蔵野市では、１９９８年より非合理的、非統一的、非計画的な施設整備に対して当時の建築課職員が疑問をもち、それをきっかけにファシリティマネジメント（ＦＭ）の必要性を提案し、今日までさまざまな取り組みがなされてきた。具体的には、市の基本構想・長期計画に「公共施設の計画的整備」が盛り込まれ、それまでの事後保全ではなく、予防保全の考え方へと移行し、計画的かつ統一的な施設整備が段階的に進行している。

１９９８年度：建築部建築課（当時）がＦＭの必要性を提起
１９９９年度：公共施設の「計画的整備」が基本構想・長期計画に含まれる。ＦＭ専門職員配置、「施設台帳（紙ベース）」作成
２０００年度：「公共施設整備計画検討委員会」設置
２００１年度：「公共施設の整備計画策定にあたって」作成、施設管理システムの開発着手
２００２年度：建設部建築課が財務部施設課に移管
２００４年度：ＦＣＩ（Facility Condition Index）指標を導入、「武蔵野市公共施設保全

表１　劣化保全の予算額推移（単位：千円）

年度	2001	2002	2003	2004	2005	2006	2007	2008	2009	2010	2011	2012
予算	73,883	55,116	46,360	22,914	295,719	306,283	303,928	461,011	308,993	311,168	715,977	703,700

参考文献⑤をもとに作成

表２　改良保全の実施額推移（単位：千円）

年度	2001	2002	2003	2004	2005	2006	2007	2008	2009	2010	2011	2012
実施	—	—	—	—	—	—	—	539,359	996,301	22,318	54,299	48,149
実施事例	—	—	—	—	—	—	—	・耐震補強	・耐震補強	・耐震補強 ・防火シャッター	・防火シャッター ・ハロゲン消火設備 ・EV リスタート	・ハロゲン消火設備 ・EV リスタート

参考文献⑤をもとに作成

表３　計画的施設整備の効果（導入前・導入実施後）

導入前		導入実施後
・主に事後保全 ・突発事故によるサービス低下のリスク	保全方法とリスク	・予防保全 ・安定的、継続的サービス提供
・スクラップ＆ビルドが主流	資産価値	・建物の長寿命化 ・資産価値の維持
・予測が困難 ・財政負担の平準化困難	中長期的財政計画	・施設整備にかかる負担の把握 ・財政負担の平準化を図れる
・合理化の追求弱い	LCC 削減効果	・「道づれ」など合理化による削減効果
・基本的には実施せず	劣化診断	・毎年、全施設について職員により実施
・施設主管課がそれぞれ判断 ・縦割りで統一性なし	改善要否の判断	・施設課が劣化状況の評価をもとに判断 ・横断的で統一的
・縦割りで統一性なし ・計画性薄い ・公平性薄い	施設整備の水準	・横断的で統一的 ・計画的 ・優先順位による公平性
・施設主管課 ・技術的根拠弱い	予算要求	・劣化保全、改良保全は施設課が一括要求 ・技術的根拠にもとづく説明
—	予算査定	・一般改修についても意見を求められる
—	庁内方針	・施政方針などへの記載

参考文献⑤をもとに作成

整備の方針」策定
２００５年度〜：「劣化保全整備」運用開始
２０１１年度：「武蔵野市公共施設白書」の作成

効果

▼保全整備の実績（２００１〜２０１２年度）（**表1**、**表2**）
▼計画的施設整備の効果（**表3**）

手法

・体制構築

建築課職員のＦＭの必要性の提起により、１９９９年度にＦＭ専門職員が配置され、翌年、企画・財政・防災・福祉・環境・施設担当部署の職員からなる「公共施設整備計画検討委員会」が設置された。２００２年度、建設部建築課が財務部施設課に移管し、企画・財務担当部署と施設担当部署との連携が強化された。

・施設情報の管理

▼施設情報の収集・整備

１９９９年度に紙ベースの施設台帳を作成。２００１年度から２００３年度にかけて、保全部位一覧および劣化カルテを管理するため、パソコンによるデータ管理に着手し、紙ベー

表４　ＦＣＩの目安

ＦＣＩ	評価　（米国）	評価（武蔵野市）
3%以下	―	良好な状態
5%以下	良好な状態	運用上支障がない状態（保全整備目標値）
5～10%	注意を要する状況	注意を要する状況
10%以上	悪い状況	悪い状況

参考文献①をもとに作成

表５　劣化保全整備運用手法項目

調査部位の抽出	長期修繕計画をもとに各施設の改善対象部位を抽出
現地調査	職員による改修時期部位・機器および不具合部位・機器の現地調査を実施（劣化カルテ）
劣化部位評価	「劣化度」「耐用超過年数」「事故歴」「危険率」「重要度率」「不具合影響度率」で評価し、順位づけ
保全整備計画作成	優先度と改修費用を算定し、次年度の「保全整備計画」を作成
予算要求の依頼	施設主管課へ優先順位と概算工事費を提示し、予算要求を依頼
保全整備計画説明	提案した全施設の改修工事を理事者に説明
実施工事決定	理事者、企画・財政部署で次年度事業を決定
工事実施	次年度、施設課工事担当で設計・監理のもと、改修工事実施

参考文献⑤をもとに作成

スの施設管理から施設管理システムを開発し、現場調査なども含めて総合的にとりまとめ、市有施設の状況を把握した。

・マネジメント戦略

▼劣化診断にもとづく計画的施設整備

武蔵野市では「劣化保全：施設の機能を維持していくために必要な最低限の建物部位、設備機器について予防保全で行う劣化改善」と独自の方針を定義し、屋上防水や外壁、受水槽、空調設備などの整備に取り組む。

２００４年度にＦＣＩ指標を導入し、これにより、施設の健全な維持に必要な費用を算出し、「武蔵野市公共施設保全整備の方針」策定、翌年度より運用を開始した。

・ＦＣＩ（Facility Condition Index）指標と評価表（表４）

ＦＣＩ（％）＝残存不具合費／施設の複成価格

※残存不具合費：耐用年数を超えているが未更新部位の更新費

※施設の複成価格：現在の建物を同じ規模で建て替えた場合の建設費

・劣化保全整備運用手法（表５）

・具体的な取り組み事例

▼劣化保全

・屋上防水の予防保全

事後保全では雨漏りによる内装改修費用がかさみ、学校などの運営にも支障をきたすため、まだ雨漏りがなくても、劣化が著しいものを改修。また、合理性にかんがみて「道連れ工事」も提案し実施する。

・トイレ改修（配管改修）

配管改修の「道連れ工事」としてトイレの全面改修を実施する。児童生徒のアンケート結果をもとに「居心地の良い空間」に改修する。

・手すり改修（バルコニー改修）

ある学校で手すりの欠落事故が発生したのを契機に、劣化カルテをもとに同様の仕様個所を横並びで調査し、優先順位をつけ、計画的に改修（写真１）。

写真１　手すり改修（バルコニー改修）

写真提供：武蔵野市財務部施設課

▼改良保全

・耐震性能整備

　１９８１年度より小中学校、庁舎、保育園、コミュニティセンターなどの耐震補強を順次実施。市庁舎はＢＣＰ（Business Continuity Plan：事業継続計画）に配慮し、中間免震構造を採用。東日本大震災以降は非構造部材（大空間天井、設備機器など）の調査を実施し、改修を実施。

・福祉性能整備

　２００２年度よりバリアフリー調査を行い、簡便な改修を実施する。２００９年度よりバリアフリー新法、東京都バリアフリー条例の施行にともない、新基準適合調査を実施し、２

０１０年度に改修基本方針（案）を作成。２０１１年度より改修に要する全体費用算出のための調査実施、２０１３年度より長寿命化を図る施設の改修に備えて、「わかりやすい改修基本方針」の検討を実施する。

・環境性能整備

２００５年度より主要施設の「エネルギー診断」を実施し、エネルギーの使用の合理化に関する法律（省エネ法）改正にともない、２０１１年度に施設課、環境政策課が共同で消費エネルギー削減のための調査・改善方法の検討を実施し、２０１２年度、環境政策課へ保全データを提供。２０１３年度、モデル地区におけるスマートシティの検討を実施。また、改築・改修時には「省エネルギー」「新エネルギー」「スケルトンインフィル」「材料のエコマテリアル化」「屋上・壁面緑化」などの導入を検討する（**写真２**）。

写真２　環境性能整備

屋上緑化

壁面緑化

屋上太陽光発電

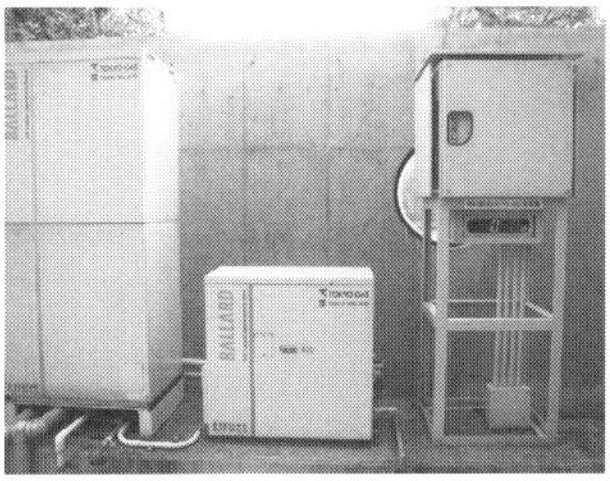
燃料電池

写真提供：武蔵野市財務部施設課

・防災安全性能整備

千葉県北西部地震（２００５年）が発生し、多数のエレベーター利用者がかご内に長時間閉じ込められる。２００９年度から２０１０年度にかけ、既存エレベーターへの「リスタート機能」整備のための調査を実施し、「必要性」と「工事費」を軸に「ポートフォリオ」を作成し、優先順位づけを行い、工事を複数年で実施し、工事費用の平準化を行った。

・既存不適格整備

小学生が階段のシャッター閉鎖時にランドセルを挟まれた死亡事故をきっかけに、建築基準法によって防火シャッターに対して「挟まれ防止装置」を義務づける（写真３）。

写真３　既存不適格整備
（防火シャッターの挟まれ防止装置）

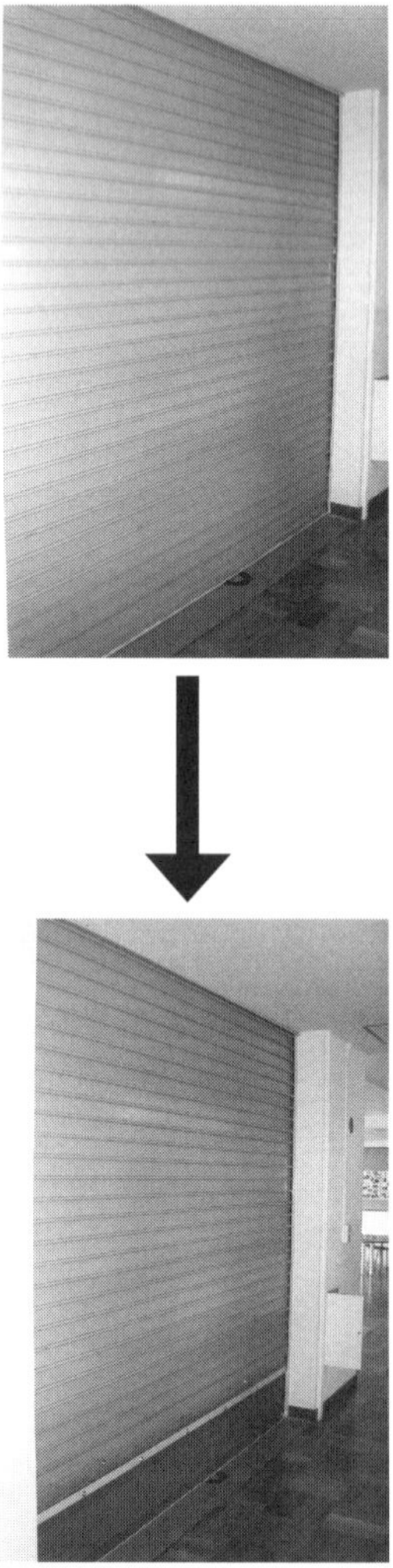

写真提供：武蔵野市財務部施設課

参考文献
①「東京都武蔵野市におけるファシリティマネジメントの取り組み」、BELCA NEWS（社）建築・設備維持保全推進協会、２０１０・５
②「武蔵野市公共施設白書」、武蔵野市、２０１１・９
③「武蔵野市公共施設再編に関する基本的な考え方」、武蔵野市、２０１３・３
④「武蔵野市の計画的施設整備と公共施設再編の取り組みについて」、Re：Building maintenance & management（一財）建築保全センター、２０１３・４
⑤「武蔵野市におけるＦＭの取組み」、長岡佳弘（武蔵野市）、平成25年度第1回自治体等ＦＭ連絡会議、２０１３・７

用語解説

《アルファベット順》

CRE戦略

CRE（企業不動産：Corporate Real Estate）を戦略的に活用し、企業価値の向上に役立てる仕組み。

CSV（Creating Shared Value）

社会にとっての価値と企業にとっての価値を両立させて、企業の事業活動を通じて社会的な課題を解決していくことを目指す新たな経営理念。

GDP（Gross Domestic Product）

国内において1年間に生み出された総付加価値のこと。

GSA（Genaral Services Administration）

米連邦政府一般調達局。

PFI（Private Finance Initiative）

公共サービスの効率化と品質向上のために、民間の資金とノウハウを活用して公共社会資本の整備や公共サービスを向上させる手法のこと。

PPP（Public Private Partnership）

公共施設やインフラについて、公共と民間がパートナーシップを組んで、効率的で質の高い公共サービスを行う仕組み。

PRE戦略

PRE（公共不動産：Public Real Estate）について、公共・公益的な目的を踏まえつつ、財政的な視点に立って見直しを行い、不動産投資の効率性を最大限向上させていこうとする考え方。

《五十音順》

アセスメント

査定。事前影響評価。

アセットマネジメント（AM）

資産を効率よく管理・運用すること。株式や不動産などの資産全般を対象に、安全性を確保しながら、投資利回りを最大化すること。公共インフラでよく使われているアセットマネジメントとは、インフラを効率よく管理し、低コストで維持、補修、更新していくこととして使われている。

一般会計

国や地方における会計区分の一種。特別会計と区分経理される。福祉、教育、消防など社会経済的に必要なサービスだが、その対価を直接利用料のかたちで徴収しないものを主に経理する。

イニシャルコスト

初期設置費用。導入時の費用。機器や設備などを導入する際にかかるコスト（費用）のこと。

インフラ資産

新地方公会計制度において、道路や橋梁、下水道など経済社会活動の基盤をなす資産のこと。公共団体がもつ資産のなかでも、とくにネットワーク性をもつものを指すことが多い。

インフレ期待

インフレーション（貨幣価値の下落）が、将来にわたって続くと予想すること。

オフバランス

バランスシート（貸借対照表）から保有している資産を譲渡な

どによって外すことで、財務体質を向上させること。

合併特例措置
平成の大合併の際に、合併にもとづく事業のために、合併地方公共団体が合併後10年間で債券を発行できるなどの措置のこと。債権発行に際しては、7割は国に負担してもらえることから、公共団体の直接負担額は事業費の3割程度で済むため、活用されている。

官民連携インフラファンド
更新時期にきているインフラ施設が膨大にあることから、この更新を官だけで支えるのではなく、民間資金を活用してファンドを創設することで、インフラ更新を進めること。

キャッシュフロー計算書
企業会計において、現金および現金同等物の増減を営業活動、投資活動、財務活動ごとに区分して表示する財務書類のこと。新地方公会計制度においては、資金収支計算書が該当する。

キャピタルゲイン
取得時の価格と売却時の価格の差額から得られる譲渡益のこと。

行政コスト計算書
新地方公会計制度において企業会計における損益計算書に相当する財務書類のこと。ただ、公共団体は利益の稼得を目的としていないため、コスト内訳の表示に力点がおかれる。

行政財産
国や地方において、行政サービスの提供ために公共部門で保有する財産のこと。公共が保有する財産でも、貸し付けや売却可能な資産については、普通財産として整理される。

クラウドコンピューティング
インターネットを経由して、ソフトウエア、データベース、サーバーなどの各種リソースを利用するサービスの総称。利用者はインターネットへ接続する環境があれば、表計算、ワープロ、電子メールなどのアプリケーションソフト、大規模データの保管、企業の顧客管理業務まで、さまざまなサービスを利用できる。

減価償却費
時間の経過や使用にともない使用価値が減少していく建物や物品などについて、一定期間において認められた価値の減少分。

減価償却累計額
毎年発生する減価償却費を積み上げたもの。

建設国債
国債のなかでも、とくに資産の形成に充当される国債のこと。

公営企業
地方公営企業。地方財政法にもとづき、一般会計とは別に特別会計によって経理される企業体のこと。上下水道、ガス、交通などがある。

固定資産台帳
新地方公会計制度において、貸借対照表に計上されるすべての資産が登録されている台帳のこと。

コード（ＩＤ）
略号。符号。電信符号。情報を表現するための記号や符号の体系。

コンセッション
不動産を保有したまま、運営権を外部に売却して行う資金調達の手法。所有権が持ち続けられるので、契約を通じて運営に関与できる仕組み。

コンパクトシティ
生産や生活に必要な機能が徒歩圏内にある、コミュニティの再生や住みやすさを指向するまちづくり。郊外のスプロール化を防止し、中心市街地での活動を推進するまちづくり。青森市、富山市、北九州市などが目指している。

再生エネルギー
太陽、風力、水力など自然の力を利用してつくるエネルギーのこと。

債務超過
貸借対照表において、左側の総資産より右側の負債が大きくなっている状態のこと。資産をすべて換金できても、負債を返済しきれない状態。

サイレントマジョリティ
積極的に発言はしないが、多数である者を指す。ものいわぬ多数派のこと。

資産
会計において、貨幣価値でもって表現され、かつ将来的に収益をもたらすことが期待される権利、物のこと。新地方公会計制度において、資産概念が拡張され、将来における貨幣の獲得能力がなくても、公共サービスなどの提供能力がある場合、資産とみなされる。

社会保障負担率
一般に、国民所得に対する租税の割合のこと。租税負担率とあわせて国民負担率ともいわれる。

受益者負担
利益を受ける者（受益者）が、利益に見合う価格の支払い（負担）をすること。その仕組みが最適となることが望ましいが、往々にして負担が軽いことが多い。

純資産変動計算書
貸借対照表における純資産の部が、1年間の行政活動においてどのような要因で変動したのかを示す財務書類のこと。

償却年数
時間の経過や使用にともない使用価値が減少していく建物や物品などについて、あらかじめ定められた「会計的な」寿命のこと。

仕訳
会計処理において、経済取引によって生じた収益や費用を、その原因と結果などに着目して、2つの勘定科目を設定すること。複式簿記で行う作業。

人口ボーナス期
生産年齢人口が高齢者人口や年少人口に比べてたいへん多いことによって、経済活動が活発化する期間のこと。

新地方公会計制度
総務省で検討が進んでいる企業会計の方式を加味した会計制度。現行の現金出納における地方公共団体の会計処理に、発生主義、複式簿記の観点を加えようとしている。

スクラップアンドビルド
老朽化により非効率な工場設備を廃止して、新しい設備に置き替えることで効率化を実現するように、建築物を解体し、更地にして機能的な建築にすること。行政において、肥大化を防ぐため、新規の部局を設置し、従来の部局を整理することをスクラップアンドビルド方式という。

スケール・スライム堆積障害

スケールは、水中に溶解している炭酸カルシウムなどが固体として析出したもの。スライムは、微生物あるいは微生物が分泌する物質。それらが堆積することで、配管類に障害を与えること。

ステークホルダー

企業の利害関係者のこと。株主や債権者、取引先、顧客など。地域住民や地域社会を含めていう場合もある。

ストック

ある一時点における残高。有高。形成された資産のこと。

生産性

経済活動において、追加的な資源の投入によって産出量が増える効率性の程度のこと。

税収弾性値

経済成長によって税収がどの程度増えるか、その割合のこと。例えば、ＧＤＰに対する税収弾性値が１であれば、ＧＤＰが１％増えるごとに税収も１％増えることになる。

成熟型社会

豊かさを持続する社会。

税負担率

租税負担率ともいう。一般に、国民所得に対する租税の割合のこと。

ゼロベースリセット

従来の概念をゼロにして、まったく基本から考えること。政策などでも、既往の政策をゼロにして、ほんとうに必要かどうかを考えること。

相続税評価方式

一般に路線価方式のこと。相続税や贈与税では、土地は路線価方式という評価方法を用いる。路線価とは国税庁が示す土地（全国の主要な市街地の道路）の価格。

貸借対照表

バランスシートのこと。ＢＳともいう。ある経済主体の一時点における資産、負債、純資産の残高を金額表現する財務書類の１つ。

耐用年数

物理的な耐用年数とは、物質的な耐えられる年数。法令的な耐用年数とは、減価償却年数として税法上の年数をいう。機能的な耐用年数とは、利用に耐えうる年数をいう。

長期修繕計画

建築物について、将来に見込まれる修繕工事および改修工事の内容、おおよその時期、概算の費用などを明確にした計画。

取替法

会計上、インフラ資産などにおいて、毎年使用に耐えなくなった部位の交換、取り替えにかかる金額を、減価償却費相当額として費用計上する方法のこと。

発生主義

現金を得る権利や支払の義務が確定した段階で、収益や費用の認識を行う会計処理上の手法。官庁会計における現金主義と対比される。

バランスシート
貸借対照表のこと。

バリアフリー
障害者、高齢者、妊婦、けがによる一時的な松葉づえ使用者などの社会的弱者に対して、生活上の物理的な障害、精神的な障壁を取り除く考え方。

バリューチェーン
事業活動を機能ごとに分類し、その部分で付加価値が生み出されているか、競合と比較してどの部分に強み、弱みがあるかを分析し、事業戦略の有効性や改善の方向を探索すること。

ヒートアイランド現象
道路や建物などからの放射熱、緑地の減少、風の道の遮断、空調排熱、自動車からの放熱などによって、外気温度が上昇する現象。この現象によって、都市部の等温線図が島のように浮かび上がって島のようにみえることから、ヒートアイランド現象と呼ばれる。

費用
会計において、経済的価値の減少のこと。現金が流出する場合が多いが、減価償却費のように現金の減少をともなわない場合もある。

ファシリティマネジメント（ＦＭ）
「企業・団体等が組織活動のために施設とその環境を総合的に企画、管理、活用する経営活動」と日本ＦＭ推進協会は定義している。土地、建物、設備などを、最適な状態（最小のコストで最大の効果）で保有、賃借、使用、運営、維持する経営活動。

プラント
生産設備などのこと。公共ではゴミ処理施設、上下水道施設などをいう。

フレームワーク
枠組み。骨組み。組織。体制。

フロー
ある一定期間に流れた量のこと。会計においては、１年間に発生した収入・支出や収益・費用を表現する経済量の流れ。

プロジェクトチーム
特定の事業や計画などを実現するために、特別につくられた組織形態をいう。

プロパティマネジメント（ＰＭ）
主に投資用不動産において、不動産所有者に代わり対象不動産の運営・管理を行い、その収益性を高めるマネジメント業務。建物や設備のメンテナンスや、収益向上へのコンサルティングなどの業務を総括したもの。

ベンチマーキング
主に企業が他社の優良事例（ベストプラクティス）を分析し、その経営手法を学び、取り入れることを指す。もともとは技術用語で、土地の測量をする際の基準点を指す。

簿価
会計において、資産や負債について、ある一定のルールで評価され、帳簿に記載されている価額のこと。

ポジショニング
自社の製品やサービスを他社と差別化するための、市場における戦略的位置づけのこと。

マネジメントコスト
マネジメントに使用する情報、管理者などのコスト。

ミスマッチ
求めるものと与えられるものが不一致であること。

有形固定資産
固定資産のなかでも、とくに有形のもの。建物、構築物、土地などを含む。

ユニバーサルデザイン（UD）
障害の有無にかかわらず、すべての人にとって使いやすいように初めから意図してつくられた製品、情報、環境のデザインのこと。故ロン・メイスが、１９８５年に提唱した概念。その際、策定した7原則は、①誰でも公平に利用できる、②使ううえで自由度が高い、③使用方法が簡単である、④必要な情報がすぐに理解できる、⑤ミスや危険につながらないようなデザイン、⑥無理のない姿勢で少ない力で楽に使用できる、⑦使いやすい大きさ、スペースである。

ライフサイクルコスト（LCC）
企画・設計段階から建設、維持管理、廃棄にいたる過程（ライフサイクル）で必要な経費の合計額のこと。

リレーショナルデータベース（RDB）
データベースの方式の１つ。データを複数の項目で構成された表で表す。固有の管理番号や項目名により、データを容易に抽出したり結合したりできる。

連結
新地方公会計制度において、一般会計や特別会計、一部事務組合などの財務書類を合算すること。

ロードマップ
行程表のこと。プロジェクトマネジメントなどで、具体的な目標に向けて優先順位をつけたうえで、達成までの大まかなスケジュールを時系列で明示すること。

監修者・執筆者紹介

小松幸夫（こまつ・ゆきお）　早稲田大学創造理工学部建築学科教授
１９４９年東京都に生まれる。東京大学工学部建築学科卒業後、同工学系研究科建築学専攻博士課程修了、工学博士。東京大学助手、新潟大学助教授、横浜国立大学助教授を経て現職。専門は建築構法計画であるが、建築経済関連の建築と一般社会の境界部分にかかわる研究多数。２００８年度日本建築学会賞（論文）受賞。日本建築学会施設マネジメント小委員会委員。

五十嵐健（いがらし・たけし）　早稲田大学理工学術院総合研究所　招聘研究員
１９４３年東京都に生まれる。早稲田大学理工学部建築学科卒業後、１９６７年不動建設株式会社入社、技術開発部長、事業開発副本部長を経て取締役中央研究所所長就任、２００３年退社。九州国際大学次世代システム研究所主任研究員を経て２０１４年３月まで早稲田大学理工学術院客員教授。企業研究会参与として企業戦略構築（技術開発と営業システムの連携）の研究・指導を実施。２０１１年から早稲田大学次世代建設産業研究会を主宰。著書に『２００年住宅のすすめ――長く使える家の経済学』など多数。日本建築学会施設マネジメント小委員会委員。工学博士。

山本康友（やまもと・やすとも）　首都大学東京都市環境学部客員教授
１９４９年埼玉県に生まれる。東京都財務局コスト管理室長、技術管理担当部長、工学院大学非常勤講師、２０１０年首都大学東京都市環境学部・戦略研究センター特任教授を経て、２０１４年度から現職。専門は建築生産、ＦＭ、地球環境対策。共著に『都市自治体におけるファシリティマネジメントの展望』『美《うま》し国への景観読本』など多数。日本建築学会施設マネジメント小委員会委員。工学院大学工学研究科建築学専攻後期博士課程満期退学、博士（工学）。

李祥準（い・さんじゅん）　首都大学東京都市環境学部建築都市コース助教
２００２年韓国の牧園（モクオン）大学建築学科建設管理専攻修士課程修了後、Arichibus Inc. に入社。２００５年早稲田大学大学院理工学研究科後期博士課程入学、早稲田大学助手を経て２０１２年から現職。博士（工学）。専門は建築経済、建築生産、建築構法、ＰＲＥ／ＰＦＭ。２０１３年第７回日本ファシリティマネジメント大賞（ＪＦＭＡ賞）奨励賞を受賞。ほかにＡＩＫ・ＡＩＪ学術発表論文賞など多数。日本建築学会住宅ストック小委員会委員。

松村俊英（まつむら・としひで）　ジャパンシステム株式会社ソリューションストラテジスト
１９６５年大阪府に生まれる。早稲田大学政治経済学部経済学科卒業後、銀行勤務、社団法人（現・公益社団法人）日本経済研究センター出向、ベンチャー企業設立などを経て、現在に至る。専門は管理会計、公会計、行政評価。共著に『地域金融機関のＡＢＣ原価計算』『「基準モデル」で変わる公会計』など。日本建築学会施設マネジメント小委員会委員。内閣府官民競争入札等監理委員会専門委員。早稲田大学パブリックサービス研究所招聘研究員。一般財団法人建築保全センター客員研究員。前橋工科大学客員研究員。

円満隆平（えんまん・りゅうへい）　金沢工業大学環境・建築学部建築デザイン学科教授
１９５２年東京都に生まれる。早稲田大学大学院理工学研究科後期博士課満期退学、工学博士。１９８４年清水建設株式会社

入社、地域計画部、ライフサイクルエンジニアリング部などを経て、２００４年から現職。専門はサステナブル建築、サステナブルコミュニティ、建物維持管理、建物再生、商店街再生。共著に『まちづくりのインフラの事例と基礎知識』など。複数の地方公共団体の公共施設再編・ストックマネジメント委員会委員・委員長を歴任。日本建築学会施設マネジメント小委員会委員・主査。

堤洋樹（つつみ・ひろき）　前橋工科大学工学部建築学科准教授

１９７２年埼玉県に生まれる。早稲田大学大学院理工学研究科後期博士課程修了、博士（工学）。早稲田大学助手、北九州市立大学エンジニアリングアドバイザー、九州共立大学准教授を経て現在に至る。専門は建築経済、建築生産、建築構法。建物の長寿命化の実現に向け、ソフト・ハードの両面からの研究成果多数。共著に『建築生産――ものづくりから見た建築のしくみ』など。日本建築学会施設マネジメント小委員会委員。

有川智（ありかわ・さとし）　東北工業大学工学部建築学科教授

１９６３年宮城県に生まれる。東北大学工学部建築学科卒業、同大学院工学研究科博士前期課程修了。東北大学助手、同講師、建設省建築研究所主任研究員、独立行政法人建築研究所上席研究員、国土交通省国土技術政策総合研究所室長などを経て、２０１２年から現職。専門は建築生産工学、ライフサイクルマネジメント。ＮＰＯ法人住まい・まちづくり支援ボード理事長、独立行政法人建築研究所客員研究員。日本建築学会施設マネジメント小委員会委員。博士（工学）。

門脇章子（かどわき・あきこ）　アソシエイツ株式会社代表取締役社長

１９７７年兵庫県に生まれる。東京都立大学大学院工学研究科建築学専攻修了、修士（工学）。２００２年ＹＫＫ　ＡＰ株式会社入社。住宅建材開発などを経て２００８年退社。設計事務所などの勤務を経て、２０１０年から２０１４年まで首都大学東京の特任研究員に就任、公共施設の研究を行う。２０１４年アソシエイツ株式会社を設立、現在に至る。建築設計などに従事。一般財団法人建築保全センター客員研究員を兼任。

板谷敏正（いたや・としまさ）　プロパティデータバンク株式会社代表取締役社長

１９６３年愛知県に生まれる。早稲田大学大学院理工学研究科後期博士課程修了、博士（工学）。１９８９年清水建設株式会社に入社。２０００年に社内ベンチャー制度を活用しプロパティデータバンク株式会社を設立、現在に至る。同社が提供する不動産管理クラウドはＪ－ＲＥＩＴ、大手企業、官公庁・自治体など多数法人が利用している。２００９年一橋大学からポーター賞受賞。共著に『ＣＲＥ（企業不動産）戦略と企業経営』など。芝浦工業大学客員教授を兼任。日本建築学会施設マネジメント小委員会委員。

山下光博（やました・みつひろ）　一般財団法人建築保全センター技術研究所第一研究部研究員

１９８１年北海道に生まれる。工学院大学工学部建築学科卒業後、同大学院工学研究科建築学専攻博士課程修了、博士（工学）。２０１２年から現職。２０１１年度日本ファシリティマネジメント推進協会奨励賞受賞。日本建築学会施設マネジメント小委員会委員。

平井健嗣（ひらい・けんじ）　株式会社ＫＭＫ代表取締役社長

１９８２年奈良県に生まれる。早稲田大学理工学部建築学科卒業後、同創造理工学研究科後期博士課程修了、博士（工学）。２０１２年から現職。専門分野は建築構法、建築経済。２０１４年第８回日本ファシリティマネジメント大賞（ＪＦＭＡ賞）奨励賞を受賞。早稲田大学理工学研究所招聘研究員、一般財団法人建築保全センター客員研究員を兼任。

公共施設マネジメントハンドブック

――「新しくつくる」から「賢くつかう」へ

発 行 日　2014年7月18日　初版第1刷 発行

　　　　　2016年7月29日　　　第2刷 発行

監 修 者　小松 幸夫

著　　者　五十嵐 健

　　　　　山本 康友

　　　　　李 祥準

　　　　　松村 俊英

　　　　　円満 隆平

　　　　　堤 洋樹

　　　　　有川 智

　　　　　門脇 章子

　　　　　板谷 敏正

　　　　　山下 光博

　　　　　平井 健嗣

発 行 人　和田　恵

発 行 所　株式会社日刊建設通信新聞社

　　　　　〒101-0054　東京都千代田区神田錦町3－13－7

　　　　　名古路ビル2階

　　　　　TEL 03-3259-8719　FAX 03-3233-1968

　　　　　http://www.kensetsunews.com

ブックデザイン　株式会社クリエイティブ・コンセプト

印刷製本　株式会社シナノパブリッシングプレス

ISBN978-4-902611-60-1